计算智能与组合软件测试优化

王曙燕　潘晓英　孙家泽　等　著

科学出版社

北　京

内 容 简 介

本书面向智能系统学科的前沿领域，针对软件测试中的热门关键技术，系统地讨论了组合软件测试中的关键技术以及计算智能方法在该领域中的应用，比较全面地反映了国内外智能组合软件测试的最新研究进展。内容包括软件测试基础、计算智能理论基础、软件可靠性、软件可靠性建模、基于群体智能的软件可靠性分配、面向故障的软件测试、灰盒测试、组合覆盖准则、基于粒子群算法的测试用例自动生成与约简、基于模拟退火的测试用例自动生成与约简、基于协同进化的测试用例自动生成与约简和基于族群进化算法构造最有组合测试用例集。

本书取材新颖、内容深入浅出，可作为软件工程专业研究生及高年级本科生的教材，也可作为软件测试人员的参考用书，还可供从事相关领域研究的教师和科技工作者参考使用。

图书在版编目(CIP)数据

计算智能与组合软件测试优化 / 王曙燕等著. —北京：科学出版社，2013.6
ISBN 978-7-03-037863-7

I. ①计… II. ①王… III. ①计算智能－应用－组合软件－测试－最优化 IV. ①TP311.5

中国版本图书馆 CIP 数据核字(2013)第 132443 号

责任编辑：潘斯斯 张丽花 / 责任校对：刘 洋
责任印制：闫 磊 / 封面设计：迷底书装

科 学 出 版 社 出版
北京东黄城根北街 16 号
邮政编码：100717
http://www.sciencep.com

北京凌奇印刷有限责任公司 印刷
科学出版社发行 各地新华书店经销
*

2015 年 12 月第 一 版 开本：720×1000 B5
2015 年 12 月第一次印刷 印张：14
字数：270 000

POD定价： 58.00元
(如有印装质量问题，我社负责调换)

前　　言

随着软件产业的更新换代和软件企业规模的扩大，软件测试的重要性日益凸显，软件测试行业在国内逐渐兴起。软件测试(Software Testing)作为软件工程学科的一个重要分支，随着软件的发展而发展，已经成为软件质量保证的关键技术之一，也是软件开发过程中的一个重要环节。

智能计算与智能优化是近年来计算机及信息学科的热点研究方向，并且在近 10 年来迅速发展，其应用领域也越来越广，从工业控制、模式识别、知识自动获取、经济管理、生物医学到网络智能自动化等领域都取得了激动人心的研究成果和广泛的应用。

为培养新世纪的高素质人才，并且在软件工程中的软件测试领域开辟新的解决思路，本书将软件测试基础及智能计算这两个独特的视角相结合，系统地介绍软件测试的基础知识及智能计算在组合软件测试领域的作用。全书共四部分：第一部分介绍软件测试和计算智能的相关基础知识；第二部分介绍软件可靠性的基础理论、软件可靠性模型，以及基于群体智能的软件可靠性分配；第三部分为灰盒测试与组合覆盖准则，包括面向故障的软件测试、灰盒测试和常见的组合覆盖准则；第四部分为计算智能在组合测试中的应用，包括粒子群算法、模拟退火算法、协同进化算法、族群进化算法等在组合测试用例生成和约简中的应用。

在国家自然科学基金计划、陕西省工业攻关计划的资助下，项目组从 2005 年开始展开相关课题的研究，在软件测试、计算智能等领域取得了一定的研究成果，特别是在智能组合软件测试方面。本书试图将这两个前沿领域的相关研究展现给广大读者，希望通过整理和总结，引起更多研究者对这些新兴领域的关注。由于其中的一些理论还处于发展阶段，书中的诸多看法只是科学研究中的一己之见，难免有失偏颇，欢迎广大读者批评指正。

本书受国家自然科学基金项目(No.61050003)的资助，是西安邮电大学软件测试项目组近 8 年集体智慧的结晶。本书由王曙燕主编，第 1 章由王曙燕编写；第 2、11 章由潘晓英编写；第 5、9 章由孙家泽编写；第 4、6 章由王小银编写；第 7 章由王春梅编写；第 8 章由曹小鹏编写；第 10 章由王博编写；第 12 章由陈皓编写；第 3 章由贾冀婷编写。王曙燕和潘晓英对全书进行了统稿。感谢科学出版社、西安邮电大学各级领导及西安邮电大学计算机学院的老师给予的大力支持和帮助。

书中存在不足之处，敬请有关专家和读者提出宝贵意见。

编　者

2013 年 4 月

目　　录

第 1 章　软件测试基础

1.1　软件测试概述

1.1.1　软件测试的起源与发展[1]

软件测试是伴随着软件的产生而产生的。在早期的软件开发过程中，软件规模很小，复杂程度低，软件开发的过程混乱无序、相当随意，测试的含义比较狭窄。开发人员将测试等同于“调试”，目的是纠正软件中已知的缺陷，常由开发人员自行完成这部分工作。对测试的投入极少，测试介入也晚，常等到形成代码，产品已经基本完成时才进行测试。

直到 1957 年，软件测试才开始与调试区别开来，成为一种发现软件缺陷的活动。由于一直存在“为了让我们看到产品在工作，就得将测试工作往后推一点”的思想，人们的潜意识里对测试的目的就理解为“使自己确信产品能工作”。测试活动始终滞后于开发的活动，测试通常被作为软件生命周期中最后一项活动而进行。当时人们也缺乏有效的测试方法，主要依靠“错误推测(Error Guessing)”来寻找软件中的缺陷。因此，大量软件交付后仍存在很多问题，软件产品的质量无法保证。

到 20 世纪 70 年代，这个阶段开发的软件仍然不复杂，但人们已开始思考软件开发流程的问题，尽管对“软件测试”的真正含义还缺乏共识，但这一词条已经频繁出现，一些软件测试的探索者建议在软件生命周期的开始阶段就根据需求制订测试计划。这时也涌现出一批软件测试的专家，Bill Hetzel 博士就是其中的领导者。1972 年，软件测试领域的先驱 Bill Hetzel 博士在美国的北卡罗莱纳大学组织了历史上第一次正式的关于软件测试的会议。

到 20 世纪 80 年代初期，软件和 IT 行业开始大发展，软件趋向大型化、高复杂度，软件的质量越来越重要。这时，软件测试的一些基础理论和实用技术开始形成，并且人们开始为软件开发设计各种流程和管理方法，软件开发的方式也逐渐由混乱无序的开发过程过渡到结构化的开发过程，以结构化分析与设计、结构化评审、结构化程序设计，以及结构化测试为特征。人们还将“质量”的概念融入其中，软件测试定义发生变化，测试不单纯是一个发现错误的过程，而且将测试作为软件质量保证(SQA，Software Quality Assurance)的主要职能，包含软件质量评价的内容。Bill Hetzel 在《软件测试完全指南》(Complete Guide of Software Testing)一书中指出：“测试是以评价一个程序或者系统属性为目标的任何一种活动。测试是对软件质量的度量。”这个定义至今仍被引用。软件开发人员和测试人员开始共同探讨软件工程和测试问题。软件测试已有行业标准(IEEE/ANSI)，IEEE 于 1983 年提出的软件工程术语中给软件测试下的定义是：“使用人工或自动的手段来运行或测定某个软件系统的过程，其目的在于检验它是否满足规定的需求或确定预期结果与实际结果之间的差别”。这个定义明确指出：软件测试的目的是为了检验软件系统是否满足需求。它再也不是一个一次性的，而且只是开发后期的活动，而是与整个开发流程融合成一体。软件测试已成为一个专业，需运用专门的方法和手段，需有专门人才和专家来承担。

20 世纪 90 年代，软件行业迅猛发展，软件的规模变得非常大。在一些大型软件开发过程中，测试活动需花费大量的时间和成本，而当时几乎完全是手工测试，测试的效率非常低，同时，由于软件复杂度不断提高，从而出现了很多通过手工方式无法完成测试的情况。为了解决这样的问题，测试工具开始出现并逐渐盛行，测试工具的选择和推广也越来越被重视。在测试过程中，通过使用工具进行部分的测试设计、实现、执行、比较等工作，从而提高软件测试的自动化程度及测试效率。

近几年来，随着计算机和软件技术的飞速发展，软件测试技术研究也取得了很大的成果：测试专家总结了测试模型，如 V 模型、W 模型等；在测试过程改进方面提出了 TMM(Testing Maturity Model)的概念；在单元测试、自动化测试、负载压力测试，以及测试管理等方面涌现了大量优秀的软件测试工具。软件测试虽然有了如此大的发展，但仍落后于软件开发的发展水平，使得软件测试面临很大的挑战。

(1) 测试人才缺乏。我国软件产业已经获得长足的进步，但测试人员缺乏，这在很大程度上制约了软件产业的发展，因此加紧建立和健全软件测试人才培养成为当务之急。

(2) 软件测试理论不成熟。软件测试行业的兴起很大程度上取决于测试理论的成熟度。目前，软件测试过程还存在一些问题没有定论或没有明确定论，如软件测试的终止标准、如何评价测试价值等。

(3) 测试技术有待提高。目前，国内软件测试技术比较落后，手工测试比重较大，自动化的性能测试、白盒测试、代码测试、安全测试等都处于初级阶段，软件测试的质量、进度、成本和风险都无法有效保证和控制。

1.1.2 软件测试的基本概念

(1) 软件测试。软件测试是指为了发现错误而执行程序，根据软件开发各阶段的规格说明和程序的内部结构而精心设计一批测试用例，并利用这些测试用例运行程序，以发现程序错误的过程。广义指软件生存周期中所有的检查、评审和确认工作，其中包括对软件需求分析、设计阶段，以及完成开发后维护阶段的各类文档、代码的审查和确认。狭义指识别软件缺陷的过程，即实际结果与预期结果不一致。

软件测试 = 验证(Verification)+确认(Validation)："验证"指保证软件正确实现某一特定功能的一系列活动。"确认"指的是保证软件实现满足用户需求的一系列活动。

(2) 软件测试的目的。软件测试的目的是使软件缺陷降低到一定程度，以较少的用例、时间和人力找出软件中的各种错误和缺陷，以确保软件的质量，最终确保软件的功能符合用户的需求，把尽可能多的问题在发布或交付前发现并改正。

(3) 软件测试的原则。软件测试的原则包括权衡投入/产出比(Good-enough)；保证测试覆盖程度非穷举测试；测试应追溯到用户需求；尽早测试，测试过程与开发过程相结合；测试规模由小及大，由单元到系统；由独立的第三方参与测试；不能为了便于测试而修改程序；明确测试软件该怎么办，不该怎么办；软件测试是证伪而非证真；重视无效数据和非预期使用习惯的测试；充分注意测试中的群集现象；用例定期评审，适时补充修改用例；应当全面检查每一个测试结果；测试现场保护和资料归档。

(4) 软件测试的规律。① 木桶原理。软件质量的关键因素是分析、设计和实现，测试应该是融于其中的补充检查手段，其他管理、支持，甚至文化因素也会影响软件最终的质量。测试是提高软件质量的必要条件，最直接、最快捷的手段，但绝不是一种根本手段。② 80–20 原则。分析、设计、实现阶段的复审和测试工作能够发现和避免 80%的 Bug，而系统测试又能找出其余 Bug 中的 80%，最后约 5%的 Bug 可能只有在用户的大范围、长时间使用后才会暴露出来。

(5) 测试用例。测试用例是指为某个特殊目标而编制的一组测试输入、执行条件，以及预期结果，以便测试某个程序路径或核实是否满足某个特定需求。

(6) 软件测试的重点。测试用例的设计是整个软件测试工作的核心，测试用例反映对被测对象的质量要求，决定对测试对象的质量评估。测试工作管理，尤其对于对包含多个子系统的大型软件系统，其测试工作涉及大量人力和物力，有效的测试工作管理是保证有效测试工作的必要前提。测试环境建立，测试环境应该与实际测试环境一致。

(7) 软件测试度量。软件测试度量指测试覆盖率，有多少需求、代码已经被测试。缺陷发现率，缺陷何时被发现，并且有多少缺陷已经被发现；缺陷可以根据严重程度来分类；需记录的值有缺陷数目和缺陷的严重程度。测试成功率，有多少测试已经通过，并且有多少是运行正常的，需记录的值有已通过的测试用例数目和可利用的测试用例数目。

(8) 软件测试的分类。软件测试分为功能测试、可靠性测试、容错测试、恢复测试、易用性测试、性能测试、可维护性测试、可移植性测试、安全测试、用户文档测试。

(9) 软件的可测试性。软件的可测试性包括指标可确认，可以明确确认软件是否符合要求，如有明确的要求和指标；可观察，用于确认的结果可以进行有效的观察；可控制，相对应的测试环境可以进行控制，从而保证测试有效；可分解，软件可以进行分解，对分解的结构进行测试。

软件测试作为一种有效提高软件质量的手段，不是可有可无，也不是随心所欲的，而应尽早规划规范化的软件开发的需求。

软件测试贯穿于软件定义和开发的整个期间，包括需求分析、概要设计、详细设计，以及程序编码等各个阶段所得到的文档，包括需求规范说明、概要设计规范说明、详细设计规范说明，以及源程序。

1.1.3 软件测试的分类与方法[2]

软件测试是一项复杂的系统工程，从不同的角度考虑可以有不同的划分方法。对测试进行分类是为了更好地明确测试的过程，了解测试究竟完成哪些工作，尽量全面测试。

按是否执行被测软件的角度，可分为静态测试和动态测试：前者不利用计算机运行待测程序，而应用其他手段实现测试目的，如代码审核，主要是让测试人员对编译器发现不了的潜在错误进行分析，如无效的死循环、多余的变量等；动态测试则通过运行被测试软件来达到目的。

1）按阶段划分

(1) 单元测试是对软件中的基本组成单位进行的测试，如一个模块、一个过程等。它是软件动态测试最基本的部分，也是最重要的部分之一，其目的是检验软件基本组成单位的正确性。因为单元测试需知道内部程序设计和编码的细节知识，所以一般应由程序员而非测试员来完成，往往需开发测试驱动模块和桩模块来辅助完成单元测试。因此，应用系统有一个设计很好的体系结构就显得尤为重要。

一个软件单元的正确性是相对于该单元的规约而言的。因此，单元测试以被测试单位的规约为基准。单元测试的主要方法有控制流测试、数据流测试、排错测试、分域测试等。

(2) 集成测试是在软件系统集成过程中所进行的测试，其主要目的是检查软件单位之间的接口是否正确。它根据集成测试计划，一边将模块或其他软件单位组合成越来越大的系统，一边运行该系统，以分析所组成的系统是否正确，各组成部分是否合拍。集成测试的策略主要有自顶向下和自底向上两种。

(3) 系统测试是对已经集成好的软件系统进行彻底的测试，以验证软件系统的正确性和性能等满足其规约所指定的要求，检查软件的行为和输出是否正确并非一项简单的任务，它被称为测试的“先知者问题”。因此，系统测试应该按照测试计划进行，其输入、输出和其他动态运行行为应该与软件规约进行对比。软件系统测试方法很多，主要有功能测试、性能测试、随机测试等。

(4) 验收测试旨在向软件的购买者展示该软件系统满足其用户的需求。它的测试数据通常是系统测试的测试数据的子集。所不同的是，验收测试常有软件系统的购买者代表在现场，甚至是在软件安装使用的现场。这是软件在投入使用之前的最后测试。

(5) 回归测试是在软件维护阶段对软件进行修改之后进行的测试，其目的是检验对软件进行的修改是否正确。“修改是否正确”有两重含义：一是所作的修改达到预定目的，如改正错误，能够适应新的运行环境等；二是不影响软件其他的正确功能。

(6) Alpha 测试。Alpha 测试是指在系统开发接近完成时对应用系统的测试。测试后，仍然会有少量的设计变更。这种测试一般由最终用户或其他人员完成，不能由程序员或测试员完成。

(7) Beta 测试。Beta 测试是指开发和测试完成时所执行的测试，而最终的错误和问题需在最终发行前找到。这种测试一般由最终用户或其他人员完成，不能由程序员或测试员完成。

2）按测试方法划分

(1) 白盒测试也称为结构测试或逻辑驱动测试，是指基于一个应用代码的内部逻辑知识，即基于覆盖全部代码、分支、路径、条件的测试。它是指导产品内部工作过程的测试，可通过测试来检测产品内部动作是否按照规格说明书的规定正常进行；按照程序内部的结构测试程序；检验程序中的每条通路是否都有能按预定要求正确工作，而不顾它的功能。白盒测试的主要方法有逻辑驱动、基路测试等，主要用于软件验证。

“白盒”法需要全面了解程序内部逻辑结构，对所有逻辑路径进行测试。“白盒”法是穷举路径测试。在使用这一方案时，测试者必须检查程序的内部结构，从检查程序的逻辑着手，得出测试数据。贯穿程序的独立路径数可能是天文数字。即使每条路径都经过测试，仍然可能有错误：第一，穷举路径测试不能查出程序违反了设计规范，即程序本身是个错误的程序；第二，穷举路径测试不可能查出程序中因遗漏路径而产生的错误；第三，穷举路径测试可能发现不了一些与数据相关的错误。

白盒测试可以借助一些工具来完成，如 Junit Framework，Jtest 等。白盒测试的内容有如下四方面：

① 对程序模块所有的独立执行路径至少测试一次。

② 对所有的逻辑判定，取“真”与取“假”的两种情况都至少测试一次。

③ 在循环的边界和运行的边界限内执行循环体。

④ 测试内部数据结构的有效性。

(2) 黑盒测试是指不基于内部设计和代码的任何知识，而基于需求和功能的测试。黑盒测试也称为功能测试或数据驱动测试。它是已知产品所应具有的功能，通过测试来检测每个功能是否都能正常使用。在测试时，把程序看作一个不能打开的黑盒子，在完全不考虑程序内部结构和内部特性的情况下，测试者在程序接口进行测试。它只检查程序功能是否按照需求规格说明书的规定正常使用，程序是否能适当地接收输入数据而产生正确的输出信息，并且保持外部信息(如数据库或文件)完整。黑盒测试方法主要有等价类划分、边值分析、因果图、错误推测等，主要用于软件确认测试。

“黑盒”法着眼于程序外部结构，不考虑内部逻辑结构，针对软件界面和软件功能进行测试。“黑盒”法是穷举输入测试，只有把所有可能的输入都作为测试情况使用时，才能以这种方法查出程序中所有的错误。实际上，测试情况有无穷多个，人们不仅测试所有合法的输入，而且还对那些不合法，但可能的输入进行测试。

黑盒测试也可以借助一些工具，如 WinRunner、QuickTestPro、Rational Robot等。黑盒测试的内容有如下六方面：

① 如何测试功能的有效性。

② 如何测试系统行为和性能。

③ 何种类型的输入会产生好的测试用例。

④ 系统是否对特定的输入值特别敏感。

⑤ 如何分隔数据类的边界。

⑥ 系统能够承受何种数据率和数据量。

(3) 灰盒测试方法是指综合白盒测试和黑盒测试的测试方法。白盒测试又称为结构测试，在测试过程中测试者可以看到被测的程序，通过分析程序的内部结构，根据其内部结构设计测试用例。理想的白盒测试应该使选取的测试用例覆盖所有的路径，然而，这是不可能的，而且白盒测试不关注测试程序的外部功能。黑盒测试又称为功能测试，在测试过程中被测程序视为黑盒，测试者在完全不考虑程序内部结构和内部特征(或对上述信息无从获知)的情况下，根据需求规格说明书设计测试用例，推断测试结果是否正确。黑盒测试的不足在于测试用例选择时，只考虑程序的输入，以及在该情况下的输出，并没有考虑程序的内部结构。因此，程序内部结构是否规范、结构化程度的好坏、系统的性能如何等都无法测试。

白盒和黑盒测试各有其自身的特点，但也都存在明显的不足，主要表现在只考虑程序某一方面的属性和特征，没有综合考虑。为进行较全面的程序测试，必须把测试工作分两次进行，分别用白盒和黑盒各测试一次。这样不但浪费时间，而且测试的效果不一定好。灰盒正是基于这一点提出的。

灰盒测试是介于白盒和黑盒之间的一种综合测试法，灰盒测试以程序的主要性能和主要功能为测试依据，测试方法主要根据程序的程序图、功能说明书，以及测试者的实践经验来设计。这里所说的主要性能和主要功能凭借测试者的经验来确定，即可以把那些不容易发生错误的变量输入和流程图中的不影响或不改变内部逻辑的细节忽略。事实上，许多测试工作是在不完全了解程序内部逻辑的情况下进行的，这也就是“灰盒”的由来。

同时，灰盒测试涉及输入和输出，但通常使用关于代码和程序操作等在测试人员视野之外的信息设计测试。在现在的测试工程中，最常见的灰盒测试是集成测试。但是灰盒测试已经由原来单一的白盒测试和黑盒测试的一些测试方法的简单叠加，衍生出许多新颖的分析方法。与白盒测试和黑盒测试相比，灰盒测试具有以下特性：

① 灰盒测试通常是在集成测试前期进行的。灰盒测试通常在程序员完成白盒测试之后，在功能测试人员进行大规模集成测试之前进行的。

② 灰盒测试需要了解代码工程的实现方法。

③ 灰盒测试是通过类似于白盒测试的方法进行的，是通过编写代码，调用函数或者封装好的接口进行的。

④ 灰盒测试是由测试人员进行的。

(4) ALAC(Act-like-a-customer)测试是一种基于客户使用产品的知识开发出来的测试方法。ALAC 测试是基于复杂的软件产品有许多错误的原则，最大的受益者是用户，缺陷查找和改正那些客户最容易遇到的错误。

它的出发点也是著名的 Pareto 80-20 规律。一个软件产品或系统中全部功能的20%是常用的功能，用户的 80%时间都在使用这 20%功能。测试发现的所有错误中的 80%很可能集中在 20%的程序模块中。由于测试的时间有限，像客户那样做，对常用的功能进行测试。ALAC 测试方法适合一些特别的场合，如产品只是一个演示版，开发预算很低，没有足够时间进行测试，可降低测试成本，缩短测试时间。

1.1.4　软件测试模型及演变

所谓测试模型(Test Model)，是测试和测试对象的基本特征、基本关系的抽象。它是测试理论家们根据大量的实际测试应用总结出来的，能够代表某一类应用的内在规律，并对应于适合此类应用的一组测试框架。目前，主流的软件生命周期模型或软件开发过程模型有：瀑布模型、快速原型模型、螺旋模型、增量模型、渐进模型、快速软件开发，以及 Rational 统一过程等，这些模型对于软件开发过程具有很好的指导作用，但是在这些过程方法中，软件测试的地位和价值并没有体现出来，也没有给软件测试足够的重视，利用这些模型无法更好地指导测试实践。软件测试是与软件开发紧密相关的一系列有计划、系统的活动，显然软件测试也需要测试模型指导实践。

1) V 模型

软件测试模型与软件测试标准的研究随着软件工程的发展而越来越深入。在 20 世纪 80 年代后期，Paul Rook 提出了著名的软件测试 V 模型，旨在改进软件开发的效率和效果。V 模型反映测试活动与分析设计活动的关系。图 1-1 从左到右描述基本的开发过程和测试行为，非常明确地标注了测试过程中存在的不同类型的测试，并且清楚地描述了这些测试阶段和开发过程期间各阶段的对应关系。

V 模型图中箭头代表时间方向，左边下降的是开发过程阶段，与此相对应的是右边上升的部分，即测试过程的各个阶段。

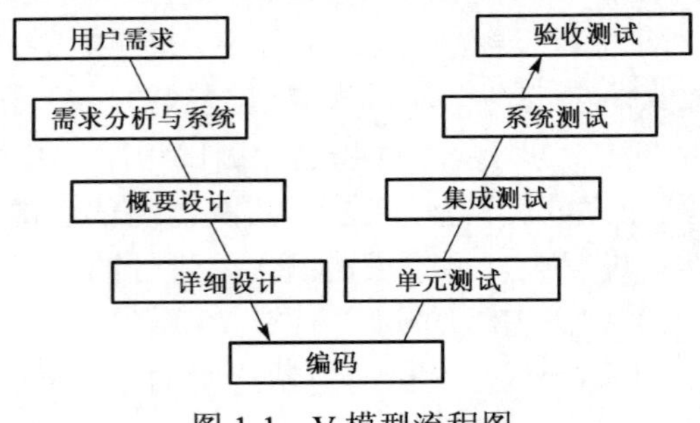

图 1-1　V 模型流程图

V 模型的软件策略包括低层测试和高层测试：低层测试是为了确保源代码正确，高层测试是为了使整个系统满足用户的需求。

V 模型指出，单元和集成测试应检测程序的执行是否满足软件设计的要求；系统测试应检测系统功能、性能的质量特性是否达到系统要求的指标；验收测试确定软件是否满足用户需求或合同的要求。但 V 模型存在一定的局限性：它仅仅把测试作为在编码之后的一个阶段，是针对程序进行的寻找错误的活动，而忽视了测试活动对需求分析、系统设计等活动的验证和确认的功能。

2）W 模型

Evolutif 公司针对 V 模型的缺陷，相对于 V 模型，提出了 W 模型，W 模型增加了软件各开发阶段中应同步进行的验证和确认活动。如图 1-2 所示，W 模型由两个 V 字型模型组成，分别代表测试与开发过程，明确表示测试与开发的并行关系。

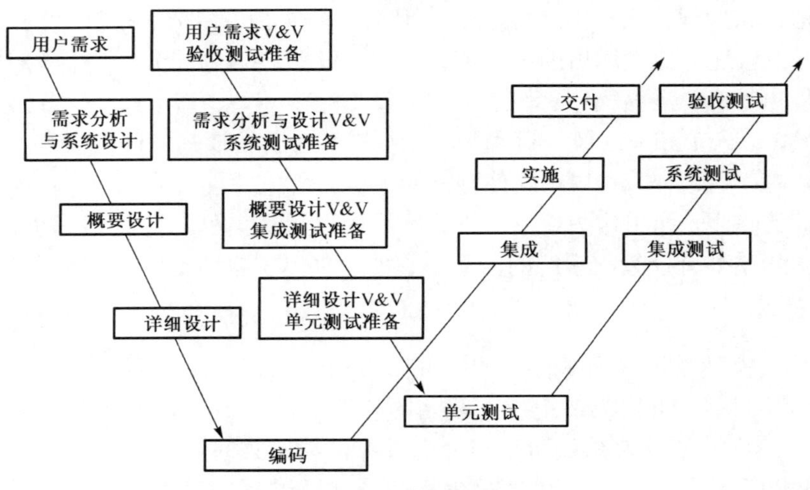

图 1-2　W 模型流程图

W 模型强调：测试伴随整个软件开发周期，而且测试的对象不仅仅是程序，需求、设计等同样需测试，即测试与开发是同步进行的。W 模型有利于尽早全面发现问题。例如，需求分析完成后，测试人员应该参与对需求的验证和确认活动，以尽早地找出缺陷。同时，对需求的测试也有利于及时了解项目难度和测试风险，及早制定应对措施，这将显著减少总体测试时间，加快项目进度。

W 模型也存在局限性。在 W 模型中，需求、设计、编码等活动被视为串行的；同时，测试和开发活动也保持一种线性的前后关系，上一阶段完全结束，才可正式开始下一个阶段工作。

3）H 模型

V 模型和 W 模型均存在一些不妥之处。首先，它们都把软件开发视为需求、设计、编码等一系列串行活动，而事实上，虽然这些活动之间存在相互牵制的关系，但在大部分时间内，它们是可以交叉进行的。虽然软件开发期望有清晰的需求、设计和编码阶段，但实际上严格的阶段划分只是一种理想状况。试问，有几个软件项目是在有了明确的需求之后才开始设计？所以，相应的测试之间也不存在严格的次序关系。同时，各层次之间的测试也存在反复触发、迭代和增量关系。其次，V 模型和 W 模型都没有很好地体现测试流程的完成过程。

解决以上问题的方法是采用 H 模型。它将测试活动完全独立出来，形成一个完全独立的流程，将测试准备活动和测试执行活动清晰地体现出来。H 模型如图 1-3 所示。

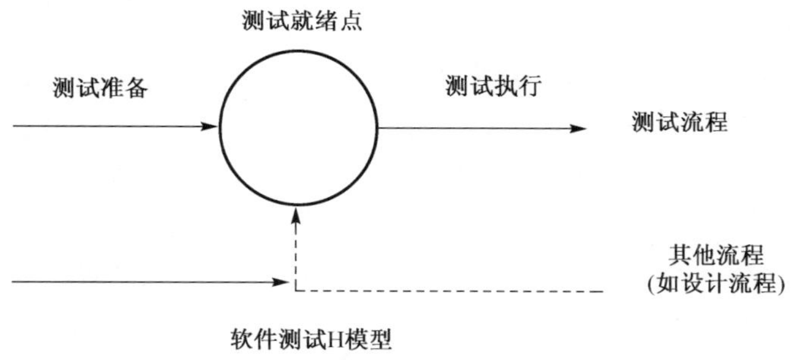

图 1-3　H 模型流程图

H 模型图仅演示在整个生存周期中某个层次上的一次测试“微循环”。其中，其他流程可以是任意的开发流程，也可以是其他开发流程，如 SQA 流程，甚至是测试流程自身。换言之，只要测试条件成熟，测试准备活动完成，测试执行活动就可以进行。

H 模型可概述为以下内容。

（1）软件测试不仅指测试的执行，还包括很多其他的活动。

（2）软件测试是一个独立的流程，贯穿产品整个生命周期，与其他流程并发地进行。

（3）软件测试尽早准备，尽早执行。

(4) 软件测试是根据被测物的不同而分层次进行的。不同层次的测试活动可以是按照某个次序先后进行的，但也可能是反复的。

在 H 模型中，软件测试模型是一个独立的流程，贯穿于整个产品周期，与其他流程并发地进行。当某个测试时间点就绪时，软件测试即从测试准备阶段进行执行阶段。

除了上述三种常见的模型外，还有其他几种模型，如 X 模型、前置测试模型等。X 模型提出针对单独的程序片段进行相互分离的编码和测试，然后经过频繁的交接，通过集成最终合成为可执行的程序。前置测试模型结合开发和测试，要求对每个交付的内容进行测试。这些模型都针对其他模型的缺点进行修正，但本身仍然存在一些不足之处。所以，在软件测试过程中，正确选取模型是很关键的问题。

1.1.5 生命周期软件测试方法

按照传统的软件生命周期的观点，测试是在编程活动之后进行的，是软件开发的最后一个阶段。随着人们对软件工程化的重视，以及软件规模的日益扩大，软件分析、设计的作用越来越突出，而且有资料表明，60%以上的软件错误并不是程序的错误，而是需求分析和系统设计的错误。如果在需求和设计阶段就能发现软件的缺陷，那么修正所需的花费比在编程完成后再进行测试所需的花费少很多。因此，软件需求和设计阶段的测试工作显得非常重要，这就使得传统的测试概念扩大，从而提出了软件全生命周期测试的概念。

生命周期测试方法表明测试与软件开发平行，在软件开发所有的阶段进行测试，确保在尽可能早的阶段点修正缺陷，从而减少测试成本。与软件开发一样，生命周期测试需要正式的测试流程来支持，即在软件开发团队组建时，测试小组也同时建立。在一个项目开始时，测试计划和测试条件也随之开始，并在生命周期的各阶段结束点测试系统，以确保能正确开发系统和尽可能在生命周期最早的可能点发现软件的缺陷。

在需求阶段，重点是确认定义的需求是否符合机构的要求；在设计和编程阶段，重点是验证设计和程序是否实现需求；在测试和安装阶段，重点是检查实现的系统是否符合系统规格说明；在维护阶段，系统重新测试以决定改变的部分和未改变的部分是否能继续工作。

1) 需求阶段测试

据软件工程统计结果发现 60%以上的系统错误是由于错误的需求或缺少需求导致的，在需求上发生错误将导致相互纠缠和重复劳动，因而测试费用的 80%花在需求错误的追踪上。

需求测试贯穿整个软件开发周期，通过需求测试可以知道软件测试的各个阶段，有助于设计整个测试的过程、测试计划的安排、测试用例的设计，以及软件的确认要达到哪些要求等。有一个正确的需求分析，则大部分缺陷不会进入设计和编码阶段，测试所需的费用自然大大减少。因此，需求阶段测试所有的花费都是值得的。

简单来说，需求阶段测试的目标就是保证需求分析正确和充分。具体地说，需求阶段测试的目标是保证需求正确表现用户的需求，需求已经被定义和文档化，项目的花费和收益成正比，需求的控制被明确，有合理的流程可以遵循，有合理的方法可供选择。需求阶段的测试要素分析包含以下内容。

（1）需求设计是否遵循已定义的方法。

（2）提交已定义的功能说明。

（3）定义系统界面。

（4）已经估计性能标准。

（5）容忍度被预先估计。

（6）预先定义权限规则。

（7）需求中预定义文件完整性。

（8）预先定义需求的变更流程。

（9）预先定义失败的影响。

在需求阶段测试中，建立风险列表，进行风险分析和检查，以此确定项目的风险；建立控制目标，确保有足够的控制力度来保证软件项目的开发和测试；在彻底分析需求的充分条件后，生成基础的测试用例。澄清和确定哪些需求是可测试的，舍去含糊不可测试的需求，建立产品的测试需求和确认测试需求。

2）设计阶段测试

在设计阶段，设计人员需根据需求分析详细定义要交付的产品——硬件和软件的需求、操作手册说明书、数据保留的策略、输入/输出说明、过程说明、控制说明、系统流程图等。测试的任务是对设计进行评审，分析测试要素，给测试要素打分；当需求分析改变时，设计文档也应修改；测试需对修改的部分进行检查，以保证设计和需求一致。

设计阶段包括概要设计和详细设计。在概要设计阶段，测试人员应阐述测试方法和测试评估准则，编写测试计划，组织成立一个独立的测试小组，安排具有里程碑的测试日程；在详细设计阶段，测试人员须开发或获取确认支持工具，生成功能测试数据和测试用例，以此来检查设计中遗漏的情况、错误的逻辑，以及模块接口不匹配、数据结构不合理、错误的 I/O 假定、用户界面不充分的情况等。

设计阶段的评审是对实际阶段处理的完整性进行的正式评价。在对设计进行评审之前，为评审分配足够的时间，成立评审组，并对组员进行培训；在评审时，通报项目组，和项目组一起进行评审，并且只对文档进行评审；最后，将评审的结果写成正式报告。

在设计阶段使用静态和动态测试工具测试系统的结构。评分工具和设计评审工具是广泛使用的两种测试工具。评分是标识风险的一种工具，根据得分的结果确定系统的风险程度；设计评审是对实际阶段处理的完整性进行正式的评价，是测试设计规格说明的工具，风险越高，设计评审越详细。

另外，可利用评分工具对测试要素进行分析，给测试要素打分，具体要求如下所述。

(1) 是否设计了对数据完整性的控制。

(2) 是否设计了权限的规则。

(3) 是否设计了审计追踪。

(4) 是否设计了发生意外情况时的计划。

(5) 是否设计了如何达到服务水平的方法。

(6) 是否定义了权限的流程。

(7) 是否定义了完整的方法学。

(8) 是否设计了保证需求一致的方法。

(9) 是否进行了易用性的设计。

(10) 设计是否是可维护的，且是简单的。

(11) 交互界面设计是否完毕。

(12) 是否定义了成功的标准。

3) 编码阶段测试

在编码阶段，测试需解决的首要问题是编码是否和设计一致；其次是系统是否可维护，系统的规格说明是否正确地实现，编码是否按照既有的标准进行，是否有充分的测试计划评价可执行的程序，程序是否提供足够的文档资料，程序内部是否有足够的注释等。在测试完成后，形成下列输出：编码说明书、程序文档、计算机程序列表、可执行的程序、程序流程图、操作介绍和单元测试结果。

编码阶段已经开发了很多的测试工具，如支持程序走查和检查的代码静态分析工具和支持单元“黑盒”测试和单元“白盒”测试的动态测试工具。在编码阶段的测试活动中，有八个方面需特别关注，即

(1) 完成对数据和文件完整性的控制。

(2) 定义完毕授权的规则。

(3) 实现审计追踪。

(4) 规划出意外情况发生后的处理计划。

(5) 编码工作是依据规定的方法完成的，这样易于进行测试和维护工作。

(6) 编码与设计相一致，包括编码的正确性、易用性、内聚性和耦合性。

(7) 代码是可维护的，这在一定程度上决定项目维护的难易程度。

(8) 在性能上定义程序成功的标准。

4）测试阶段

测试阶段就是传统软件工程中的软件测试。在全生命周期软件测试方法中，由于在需求、设计、编码阶段都进行了测试，因此测试阶段的问题相对于传统的软件测试中的问题少一些。在测试阶段要进行第三方的正式确认测试，检验所开发的系统是否能按照用户提出的要求运行。在测试阶段使用户能成功安装被测系统进行测试。

典型的测试类型如下所述。

手册与文档测试：测试软件的操作说明文档是否全面、正确、简单，且满足标准，即测试软件文档的易用性。

一致性测试：包括测试软件的授权、安全和性能是否能达到需求分析中的要求。

符合性测试：验证软件系统中相应的标准、指南、规程执行测试等。

功能测试：运行部分或全部系统，确认用户的需求被满足。这包括可靠性、文件完整性、审计追踪、功能正确性、互连等项测试。检验系统在各种环境和重复的事务条件下能够正确地执行系统的需求，控制计算机文件的完整性，追踪一个原始事务到总的控制，按用户规定的需求测试应用功能及与其他应用系统能正确通信。

覆盖性测试：检验软件代码各个语句及分支等是否全部执行到。

性能测试：通过测量响应时间、CPU 使用和其他量化的操作特征，评估软件系统的性能指标。

压力测试：以大信息量的数据进行输入，测试软件的性能。这是一个高代价的测试，应根据需求来选择。在线系统必须进行压力测试。

强度测试：将系统置于强度下进行验收测试，测试系统对极端条件的反应，标识软件的薄弱点，指出系统能够承受的正常工作量。

操作测试：在没有开发人员知道和帮助的情况下，由操作人员进行测试，以评估操作命令的完整性和系统是否容易操作。

恢复测试：故意使系统失败，测试人工和自动的恢复过程。

5）安装阶段测试

在进行安装测试时须保证被测试系统没有问题，校验产品文件的完整性，安装须遵循一定的方法和步骤；注重对程序安装的正确性和完整性进行核对，如果安装失败，系统要有相应的解决方案；最后，也是最重要的是须保证系统综合的性能达到用户要求。

在安装阶段测试中，首先根据系统安装手册制定安装计划，确定安装流程图，准备安装文件和程序清单，给出安装测试的预期结果，并对安装过程中各项可能发生的结果进行说明准备，将程序运行的软硬件要求放入产品说明中。同时，检查系统用户手册和操作手册是否可用。

安装过程进行如下工作。

(1) 对程序安装的正确性和完整性进行核对。

(2) 校验产品文件的完整性。

(3) 安装的审查，追踪并记录。

(4) 安装之前，该系统已经被证实没有问题。

(5) 如果安装失败，系统相应地提供解决方案。

(6) 安装过程进行权限控制。

(7) 安装遵循一定的方法、步骤。

(8) 需要的配套程序和数据已经放进产品中。

(9) 已交付使用说明。

(10) 相关文件已经完整。

(11) 接口已经被合理调整。

(12) 综合的性能达到用户要求。

6) 验收阶段测试

软件验收的流程是定义用户角色，定义验收标准，编制验收计划，执行验收计划和填写验收结论。用户角色的定义指确定软件的用户范围；验收标准包括功能、性能、接口质量、过载后的软件质量、软件的安全和稳定等方面的标准；验收计划包含项目描述、用户职责描述、验收活动描述、验收项的评审和最终的验收测试步骤；执行验收计划就是按照验收计划进行测试和评审；验收结束后，填写验收结论，验收问题必须在进入下一个活动之前被接受和更改。

7) 维护阶段

软件交付使用后的阶段称为维护阶段。软件维护阶段的工作重点是测试和培训。由于软件产品的特殊性质，测试过后，并不代表软件没有错误，只能说有些错误还没有被发现。因此，在软件交付使用后，仍旧需对其进行维护。维护人员需开发一些测试用例，预先发现一些问题，并且能够根据运行情况的变化和用户的反馈对软件适当进行修正。另外，在软件交付使用的同时，也须制订培训计划，编写培训材料。培训计划包括对系统进行概览，对系统假定的一些错误给出处理方法；培训材料则包括用户使用方法，对错误列表上的问题给出解释，对输入数据进行解释等。

1.1.6　软件测试过程管理

软件测试过程模型或软件测试生命周期模型提供软件测试的流程和方法，为测试过程管理提供依据。测试过程管理牵涉的范围非常广泛，包括过程定义、人力资源管理、风险管理等。下面从软件测试过程模型来介绍软件测试过程管理的思想。

现代软件测试过程管理不仅锁定在测试阶段，而且软件测试过程管理在各个阶段的具体内容是不同的，但在每个阶段，测试任务最终都完成从计划、设计、执行到结果分析、总结等一系列相同步骤，这构成软件测试的一个基本过程。通过软件测试过程管理，尽量达到软件测试成本最小化、测试流程和测试内容完备化、测试手段可行化和测试结果实用化的理想目标。

软件测试是软件工程中的一个子过程，为使软件测试工作系统化、工程化，必须合理地进行测试过程管理，包括签订第三方独立的测试合同，制订测试计划，组织项目人员，建立项目环境，监控项目进展等。软件测试过程管理主要集中在软件测试项目启动，测试计划制定，测试用例设计，测试执行，测试结果审查和分析，以及如何开发或使用测试过程管理工具，包括如下基本的内容。

1）测试项目启动

首先要确定项目组长，只有把项目组长确定下来，就可以组建整个测试小组，并可以和开发部等部门开展工作。接着参加有关项目计划、分析和设计会议，获得必要的需求分析、系统设计文档，以及相关产品/技术知识的培训和转移。

2）制定测试计划

确定测试范围、测试策略和测试方法，以及对风险、日程表、资源等进行分析和估计。

3）测试设计和测试开发

制定测试的技术方案，设计测试用例，选择测试工具，编写测试脚本等。测试用例设计时需事先准备充分，然后开始进行，最后让其他部门审查测试用例。

4）测试实施和执行

建立或设置相关的测试环境，准备测试数据，执行测试用例，对发现的软件缺陷进行报告、分析、跟踪等。测试执行无需很高的技术，是测试的基础，直接关系到测试可靠性、客观性和准确性。

5）测试结果的审查和分析

测试执行结束后，对测试结果进行整体和综合分析，以确定软件产品质量的当前状态，为产品的改进或发布提供数据和依据。从管理上完成测试结果的审查和分析会议，以及测试报告写作、审查。

（1）测试计划阶段。测试计划是进行测试的路由图，在需求活动一开始就着手编写测试计划，随着开发过程的逐步展开添加内容，在编程活动和单元测试活动之后完成测试计划的编写。测试计划按国家标准或行业标准规定的格式和内容编写。

测试计划针对测试目的来规定测试的任务、所需的各种资源和投入、人员角色的安排、预测可能出现的问题和风险，以指导测试的执行，最终实现测试的目标，保证软件产品的质量。

测试计划是一个重要文档，因此在形成测试计划的过程中需对测试计划和测试用例进行检查，发现错误和遗漏时能在开发过程的早期对测试计划进行必要的增加和修改，减少测试用例的错误。因此，形成一份完整、精确、全面的测试计划、准备、检查、修改和继续5个步骤。

（2）软件测试设计和开发。测试计划完成之后，测试过程就要进入软件测试设计和开发阶段，软件测试设计建立在测试计划书的基础上，认真理解测试计划的测试大纲、测试内容及测试的通过准则，通过测试用例来完成测试内容与程序逻辑的转换，作为测试实施的依据，以实现所确定的软件目标。软件设计是将软件需求转换成为软件表示的过程，主要描绘出系统结构、详细的处理过程和数据库模式；软件测试设计则将测试需求转换成测试用例过程，描述测试环境、执行测试范围、层次和用户的使用场景，以及测试输入和预期的测试输出等。所以，软件测试设计和开发是软件测试过程中的一个技术深、要求高的关键阶段。

在软件测试设计和开发阶段，按国家标准GB/T 9386—1988《计算机软件测试文件编制规范》的要求编写《测试设计说明》、《测试规程说明》和《测试项传递报告》等文档。

（3）测试执行阶段。测试用例的设计和测试脚本的开发完成之后，开始执行测试。测试的执行有手工测试和自动化测试。手工测试在合适的测试环境上，按照测试用例的条件、步骤要求，准备测试数据，对系统进行操作，比较实际结果和测试用例所描述的期望结果，以确定系统是否正常运行或正常表现；自动化测试通过测试工具运行测试脚本，得到测试结果。自动化测试的管理相对比较容易，测试工具完整执行测试脚本，并能自动记录测试结果。在本阶段，编写《测试日志》和《测试事件报告》文档。

（4）测试执行结束和测试总结。测试执行全部完成，并不表明测试项目结束。测试项目结束的阶段标志是将测试报告或者质量报告发出后，得到测试经理或项目经理的认可。除了测试报告或质量报告的写作之外，还对测试计划、测试设计和测试执行等进行检查、分析，总结项目，编写《测试总结报告》。

（5）测试文档与测试过程的关系。GB/T 9386—1988《计算机软件测试文件编制规范》对测试文档与测试过程关系有明确规定，如图1-4所示。

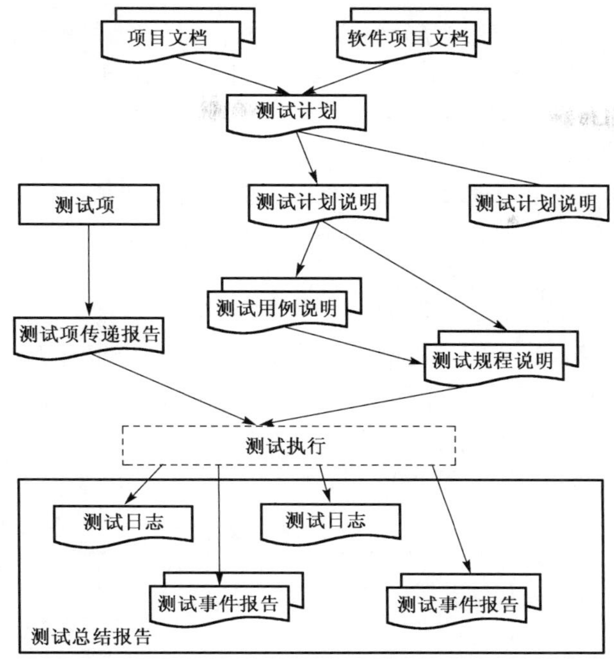

图 1-4　测试文档与测试过程的关系图

1.2　组合软件测试

由于软件输入空间无限，使得测试人员不可能遍历软件的所有输入。其实，遍历软件所有的输入一般也是没有必要的。退一步讲，对 n 个输入参数中的任意 m 个输入参数所有的取值组合覆盖到是可行的，称为强度 m 的组合测试。由此引出组合测试的一系列理论研究，Mandl 等最早将组合测试引入软件测试中，即采用正交拉丁方对 Ada 编译器进行测试。其后，研究人员对组合测试的缺陷检测能力进行分析，如 Kuhn 等根据 3 份缺陷分析报告分析了组合覆盖强度与缺陷检测率间的关系并发现成对组合测试可以发现 70%的缺陷，3-way 组合测试可以发现 90%的缺陷，为发现所有缺陷，覆盖强度仅需达到 6-way。目前，组合测试已经广泛应用于兼容性测试、GUI 测试、Web 应用测试和高度可配置的系统(Highly Configurable System)中。

在软件的功能测试中，可以通过检查系统参数所有的取值组合来进行充分的测试。例如，对一个具有 k 个参数的待测系统(Software Under Test，SUT)，这些参数分别有 $v_1,v_2,\cdots,v_k$ 个可能取值，完全测试这个系统需要 $v_1 \times v_2 \times \cdots \times v_k$ 个测试用例。对于一般的被测系统而言，这个组合数是一个很庞大的数字，如何从中选择一个规模较小的子集作为测试用例集是测试用例生成(Test Case Generation)中一个很重要的问题。在测试性能和代价上的一个折中方法就是组合测试(Combinatorial Testing)，因为根据观察，对于很多应用程序来说，很多程序错误都是由少数几个参数的相互作用导致的。例如，Kuhn 和 Reilly 分析了 Mozilla 浏览器的错误报告记录，发现超过 70%的错误是由某两个参数的相互作用触发的，超过 90%的错误是由 3 个以内的参数互相作用而引发的。这样，可以选择测试用例，使得对于任意 t(t 是一个小的正整数，一般是 2 或者 3)个参数，这 t 个参数所有可能取值的组合至少被一个测试用例覆盖，称这种测试准则(Test Criterion)为 t 组合测试。

1.2.1 组合软件测试原理

组合测试是一种有效的测试用例生成技术。考虑表 1-1 中的一个基于 Internet 的软件系统，系统客户可以选择不同的浏览器、操作系统、网络连接类型和打印机配置。若要对系统执行充分的兼容性测试，需要 $3^4 = 81$ 个测试用例；若采用成对组合测试，如表 1-2 所列，仅需 9 个测试用例。

表 1-1　一个基于 Internet 的软件系统

浏 览 器	操 作 系 统	连 接 类 型	打印机配置
Firefox	Windows	LAN	Local
IE	Macintosh	PPP	Networked
Other	Linux	ISDN	Screen

表 1-2　最优成对组合测试用例集

浏 览 器	操 作 系 统	连 接 类 型	打印机配置
Firefox	Windows	LAN	Local
Firefox	Linux	ISDN	Networked
Firefox	Macintosh	PPP	Screen
IE	Windows	PPP	Networked
IE	Linux	LAN	Screen
IE	Macintosh	ISDN	Local
Other	Windows	ISDN	Screen
Other	Linux	PPP	Local
Other	Macintosh	LAN	Networked

由表 1-2 可知，组合测试用例集合可以用一个矩阵来表示，矩阵的每一行表示一个测试用例，每一列代表系统的一个参数，每一项(Entry)代表测试用例相应参数的取值。Cohen 等给出了覆盖数组(Covering Array，CA)和混合覆盖数组(Mixed Covering Array，MCA)的定义，用以描述测试用例集[3]。

定义 1(**覆盖数组**)　覆盖数组($N; t, k, v$)是一个值域大小为 v 的 $N\times k$ 矩阵，任意的 $N\times t$ 子矩阵包含在 v 值域上所有大小为 t 的排列。其中，t 被称为强度(Strength，国内某些文献将其翻译为“水平”)，k 被称为阶数(Degree)，v 称为序(Order)。一个覆盖数组如果具有最小的行数，则被称为最优的。这个最小的行数称为覆盖数(Covering Array Number，CAN)，记为 CAN(t, k, v)。

一般而言，强度为 t 的覆盖数组被称为 t 覆盖数组（t-Covering Array）。特别说明，$t=2$ 的覆盖数组称为成对覆盖数组（Pairwise Covering Array）。覆盖数组要求矩阵的每一列具有相同大小的值域，表 1-2 中的测试集合即是一个覆盖数组 CA(9; 2, 4, 3)。由于任意两个参数之间的组合至少有 $3^2=9$ 种，故这个覆盖数组是最优的。

对于真实的程序，并不一定都满足每一个参数具有相同的值域的条件。于是，可以进一步扩展覆盖数组的概念。

定义 2（混合覆盖数组）　混合覆盖数组（$N; t, k, v_1v_2\cdots v_k$）是一个由 v 个符号组成的 $N\times t$ 矩阵，其中 $v=\sum_{i=1}^{k}v_i$，并具有以下性质：

① 第 i 列的所有符号是一个大小为集合 v_i 的元素 S_i。

② 任意的 $N\times t$ 子矩阵包含在相应值域上所有的 t 元组。

类似可以定义混合覆盖数组的强度 t 及覆盖数 $\mathrm{MCAN}(t,k,v_1v_2\cdots v_k)$。

在记录 CA 或者 MCA 时，可以把一些具有相同值域的项合并，并省略参数的个数 k。例如，如果矩阵有 3 列，其值域大小都是 2，则记为 2^3。在这种情况下，一个 $\mathrm{MCA}(N;t,k,v_1v_2\cdots v_k)$ 可以表示为 $\mathrm{MCA}(N;t,s_1^{p_1}s_2^{p_2}\cdots s_r^{p_r})$，其中 $k=\sum_{i=1}^{r}p_i$。下面用一个对真实程序进行测试的例子来说明混合覆盖数组.

例（ldd 的测试）　Linux 程序 ldd 的主要功能是打印目标文件 FILE（包括编译好的可执行程序或者动态链接库）依赖的动态链接库，它的用法是：

```
ldd [OPTION] FILE
```

假定对 ldd 进行功能测试，根据 ldd 的用法，影响程序的参数包括所有选项（OPTION）及输入文件（FILE）。在实际测试时，显然无法穷举所有的文件，于是将 FILE 通过等价类划分（Equivalence Partitioning）抽象成 3 个等价类：无输入文件（Unused）、无效文件（Invalid File）及有效文件（Valid File）。这样，根据 ldd（Version 2.6.1）的使用说明，可以列出 ldd 的所有控制参数，如表 1-3 所示。

表 1-3　ldd 参数

ldd 的参数	Meaning	Levels
FILE	Object program or shared library	Unused, Invalid File, Valid File
--version	Print the version number of ldd	Unused, Used
-v	Print all information	Unused, Used
-u	Print unused direct dependencies	Unused, Used
-d	Perform relocations and report any missing objects	Unused, Used
-r	Perform relocations for both data objects and functions, and report any missing objects or functions	Unused, Used
--help	Usage information	Unused, Used

由表 1-3 可知，ldd 有 6 个二值参数，1 个三值参数。那么，对于这样一个简单程序所有可能的输入有 $3^1 \times 2^6 = 192$ 种。假定需测试任意 3 个参数之间所有的取值组合，可以用表 1-4 的 18 个测试用例来对 ldd 进行测试，显然这一组测试用例构成一个 MCA(18; 3, $3^1 2^6$)。可以证明，对于这个实例至少需要 18 个测试用例，即这个测试集合是最优测试集。

表 1-4　ldd 测试用例

Test No.	FILE	--version	-v	-u	-d	-r	--help
1	Unused	Unused	Unused	Unused	Unused	Unused	Unused
2	Unused	Unused	Used	Unused	Unused	Unused	Used
3	Unused	Used	Unused	Unused	Used	Used	Used
4	Unused	Used	Used	Used	Unused	Used	Unused
5	Invalid File	Unused	Unused	Unused	Unused	Unused	Unused
6	Invalid File	Unused	Used	Unused	Unused	Unused	Used
7	Invalid File	Used	Unused	Unused	Used	Used	Unused
8	Invalid File	Used	Used	Used	Unused	Used	Unused
9	Valid File	Unused	Unused	Unused	Used	Used	Used
10	Valid File	Unused	Used	Used	Used	Unused	Unused
11	Valid File	Used	Unused	Used	Unused	Unused	Used
12	Valid File	Used	Used	Unused	Unused	Used	Used
13	Unused	Unused	Unused	Used	Used	Used	Used
14	Unused	Used	Used	Used	Used	Unused	Used
15	Invalid File	Unused	Used	Used	Used	Used	Used
16	Invalid File	Used	Unused	Used	Used	Unused	Used
17	Valid File	Unused	Unused	Used	Unused	Used	Unused
18	Valid File	Used	Used	Unused	Used	Unused	Unused

区别 CA 和 MCA 的原因主要在于，在构造这些矩阵时，某些数学构造方法只适用于 CA。采用其他构造方法，尤其是在利用计算机搜索的自动化方法时，CA 可以看成 MCA 的一个特例，在处理时并没有区别。下文如无特别说明，所指的覆盖数组包含 CA 及 MCA。

Seroussi 和 Bshouty[10]的工作表明，构造最优 t 覆盖数组这个问题是 NP 完全的。同时，Lei[11]等也证明了这个问题的判定问题，即判断一个被测系统是否有一个大小为 N 的成对覆盖集也是 NP 完全的。所以，不大可能找到一种对所有实例都很高效的构造算法。这两个问题，即寻找最优覆盖数组和其判定问题，目前都已有较多的研究。

1.2.2　组合软件测试过程

假设影响待测软件 SUT 的因素共有 n 个，形成集合 $F=\{f_1, f_2, \cdots, f_n\}$，其中因素 f_i 经过等价类划分等前期处理后包含 a_i 个可选取值，从而形成该因素取值的集合

$V_i(1 \leqslant i \leqslant n)$，不妨设$V_i = \{0,1,\cdots,a_{i-1}\}$，称 n 元组$\text{test} = (v_1, v_2, \cdots, v_n)(v_1 \in V_1, v_2 \in V_2, \cdots, v_n \in V_n)$为 SUT 的一条测试用例，相应称一个由多个这样的 n 元组所构成的集合为 SUT 的一个测试用例集。在组合测试中，组合测试用例集往往又被称为组合覆盖表(简称覆盖表，Covering Array)，即覆盖表中的每一行对应 SUT 的一条测试用例。在下文中，对组合覆盖表的组合测试用例集不严格区分。

组合测试的目的在于对软件中各个因素之间的相互作用进行测试。不同的组合覆盖标准决定测试用例集对于因素间交互作用的不同覆盖能力，也决定其不同的错误检测能力，因此应根据待测软件选择合适的组合覆盖标准。在分析已有工作的基础上，将现有组合覆盖标准分为 N 维组合覆盖和变力度组合覆盖等两大类，下面分别对其进行介绍。[4, 5]

1) N 维组合测试

如不考虑因素之间的相互作用，则只需设计一组测试用例，使其覆盖每一个因素所有的可能取值即可，即满足单因素覆盖标准。

定义 1(单因素覆盖) 设$\boldsymbol{A} = (a_{i,j})_{m \times n}$为一个 $m \times n$ 的矩阵，其第 j 列表示 SUT 的因素 f_j，其中所有元素均取自集合 $V_i(j = 1,2,\cdots,n)$，即 $a_{i,j} \in V$。若对于任意 $j(1 \leqslant j \leqslant n)$，$\boldsymbol{A}$ 中第 j 列均包含 V_j 中所有的 a_j 个元素，则 $\boldsymbol{A}$ 为单因素覆盖表，并称 $\boldsymbol{A}$ 满足单因素覆盖的要求。

若假设任意两个因素间均存在相互作用，则必须保证覆盖任意两个因素间所有的取值组合，即满足二维组合覆盖标准。

定义 2(二维组合覆盖) 设$\boldsymbol{A} = (a_{i,j})_{m \times n}$为一个 $m \times n$ 的矩阵，其第 j 列表示 SUT 的因素 f_j，其中所有元素均取自集合 $V_i(j = 1,2,\cdots,n)$，即 $a_{i,j} \in V$。如果 $\boldsymbol{A}$ 中任意 i, j 两列均满足：V_i、V_j 中符号所有的二维组合均在这两列所形成的二元有序组中至少出现一次，则 $\boldsymbol{A}$ 为二维组合覆盖表，并称 $\boldsymbol{A}$ 满足二维组合覆盖的标准。

在上述定义的基础上进行扩展，可以得到任意 $N(1 \leqslant N \leqslant n)$ 维组合覆盖的定义。

定义 3(N 维组合覆盖) 设$\boldsymbol{A} = (a_{i,j})_{m \times n}$为一个 $m \times n$ 的矩阵，其第 j 列表示 SUT 的因素 f_j，其中所有元素均取自集合 $V_i(j = 1,2,\cdots,n)$，即 $a_{i,j} \in V$。给定正整数 $N(1 \leqslant N \leqslant n)$，如果 $\boldsymbol{A}$ 中任意 N 列，即第 $i_1, i_2, \cdots, i_N$ 列均满足：$V_{i1}, V_{i2}, \cdots, V_{iN}$ 中符号所有的 N 维组合均在这 N 列所形成的 N 元有序组中至少出现一次，则 $\boldsymbol{A}$ 为 N 维组合覆盖表，记作 $\text{CA}(m; N, F)$，并称 $\boldsymbol{A}$ 满足 N 维组合覆盖的标准。

单因素覆盖可以看作是 N 维组合覆盖在 $N = 1$ 时的一种特殊情况。但相对于 $1 < N < n$ 的 N 维组合覆盖，单因素覆盖标准相对简单，最好情况下 $\boldsymbol{A}$ 的规模仅为 $m = \max_i\{a_i\}$，N 维组合覆盖的另外一种特殊情况是 $N = n$ 时的完全组合覆盖，此时有 $m = \prod_{i=1}^{n} a_i$。由于单因素组合覆盖和完全组合覆盖的特殊性质，因此一般将其与 N

维组合覆盖区别看待。如无特殊强调，下文所指的 N 维组合覆盖均只考虑 $2 \leqslant N \leqslant n$ 时的情况。

使用 N 维组合覆盖表设计测试用例集进行测试的方法称为 N 维组合测试方法，其中正整数 N 称为组合覆盖的力度。使用 N 维组合测试方法可以保证对待测软件中任意 N 个因素之间的交互作用进行覆盖，从而保证检测出这些交互作用可能引发的错误。例如，对一个如图 1-5 所示的面向对象系统进行类交互测试时，每次测试均需从 4 个类簇(Class Cluster)中各选取一个子类组成一个具体的配置作为测试用例。将每个类簇作为一个因素，其中的两个子类作为该因素的两个可选取值，若采用二维组合覆盖，则可以找到一个规模为 6 的组合测试用例集，如表 1-5 所示。

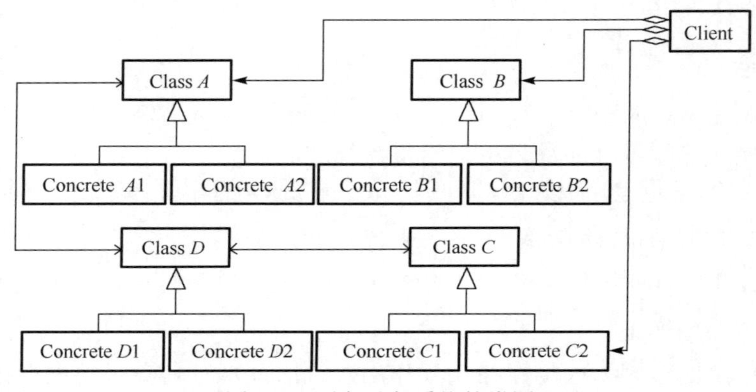

图 1-5　面向对象系统的类图

表 1-5　二维组合测试用例集

No.	Class A	Class B	Class C	Class D
1	*A*1	*B*1	*C*1	*D*1
2	*A*1	*B*1	*C*2	*D*2
3	*A*1	*B*2	*C*1	*D*2
4	*A*2	*B*1	*C*2	*D*2
5	*A*2	*B*2	*C*1	*D*1
6	*A*2	*B*2	*C*2	*D*1

2）变力度组合测试

组合测试成功应用的关键在于对待测软件的内部特征，如因素间交互的力度等信息有所了解，并在此基础上利用这些信息设计测试用例。在很多软件系统中，因素之间的交互关系可能比较复杂，不同因素间交互的力度往往也是不同的，这就给传统的 N 维组合测试方法在这类系统中的应用带来一些问题：一方面，并不是任意 N 个因素之间均存在相互作用；另一方面，可能存在某些相互作用涉及的因素数量多于 N 个。例如，若针对图 1-5 中的系统采用表 1-5 所给出的测试用例集进行测试，

则一方面类簇 B 与类簇 D 之间不存在直接的相互作用，对两者之间的取值组合进行覆盖是没有必要的；另一方面，类簇 A、B、C 由于共同为 Client 提供服务而存在一个三维的相互作用，这在二维组合测试用例集中又无法体现。因此，人们开始考虑变力度组合测试(Variable/Mixed Strength Combinatorial Testing)，即对于不同的因素集合给予不同的组合覆盖力度。目前，对于变力度组合测试的研究又可分为两类，在本文中分别称为狭义和广义的变力度组合测试。

狭义的变力度组合测试考虑在传统 N 维组合覆盖的基础上进行加强，即在对所有因素均施加 N 维组合覆盖的同时，对系统中的部分重要因素施加强度更高的组合覆盖标准。

定义 4(狭义变力度组合覆盖)　对于一个 N 维组合覆盖表，若 F 中存在的 $t(t \geqslant 1)$ 个互不相交的子集式 $F_i \in F(i=1,2,\cdots,t)$，这些子集构成集合 C，其中 $F_i(i=1,2,\cdots,t)$ 包含 n_i 个因素，且这些因素对应列所组成的 $m \times n_i$ 子矩阵 $\boldsymbol{A}_i$ 满足 $N_i(N_i > N)$ 维组合覆盖的条件，则 $\boldsymbol{A}$ 为变力度组合覆盖表，记作

$$\mathrm{VC}\boldsymbol{A}(m;N,F,C)$$

该变力度组合覆盖标准在一定程度上对 N 维组合覆盖标准进行扩展，但其对于因素间复杂交互关系的处理仍不够理想，仅能解决上述两个问题中的后者。此外，该标准要求各个覆盖子集之间互不相交，也可能影响其适用度，因此称其为狭义的变力度组合测试方法。在此基础上，有必要针对更为一般化的情景定义新的组合覆盖标准和相应的组合测试模型，即广义的变力度组合测试。

考虑广义的变力度组合测试时，应首先给出描述因素间相互作用的模型。对于 F 中相互之间存在交互作用的因素，可以将其放入 F 的一个子集 $r \subseteq F$，从而使得 r 中所有因素间存在一个 $|r|$ 维的相互作用。对于一个给定的 r，相应的组合测试用例集必须覆盖 r 中因素所有的 $|r|$ 维取值组合。同样，系统中所有的因素间相互作用均可抽象为这样的子集。假设系统中存在 t 个不同的因素间相互作用，则可得到由 F 的 t 个不同子集所组成的集合，相应的组合测试用例集须保证覆盖 R 中所有子集所对应的因素间相互作用。例如，对一个具有 n 个因素的系统进行二维组合测试，必须保证覆盖 $R=\{\{f_i,f_j\} \mid f_i,f_j \in F \text{且} i \neq j\}$ 中所有的 $|R|=n\times(n-1)/2$ 个二维相互作用。

定义 5(覆盖需求及交互关系)　称上述集合 R 为系统 SUT 的因素交互关系(Interaction Relationship)，R 中的每一个元素 $r_k \in R(k=1,2,\cdots,t)$ 均为系统 SUT 的一个组合覆盖需求(Combinatorial Coverage Requirement)，简称覆盖需求。

定义 6(广义变力度组合覆盖)　设 $\boldsymbol{A}=(a_{i,j})_{m\times n}$ 为一个 $m \times n$ 的矩阵，其第 j 列表示 SUT 的因素 f_j，其中所有元素均取自集合 $V_i(j=1,2\cdots,n)$，即 $a_{i,j} \in V$。给定一个覆盖需求 $r_k \in R(k=1,2,\cdots,t)$，由 r_k 中的 n_k 个因素所对应的列可组成一个 $m \times n_k$ 的子阵 $\boldsymbol{A}_k$，若该 n_k 个因素所有的 n_k 维取值组合均在 $\boldsymbol{A}_k$ 中出现至少一次，则称 $\boldsymbol{A}$ 覆盖或

满足覆盖需求 r_k 。若任取 $r_k \in R(k=1,2,\cdots,t)$ ，均有 ***A*** 满足 r_k ，则 ***A*** 为满足因素交互关系 *R* 的组合覆盖表。

一个给定的因素交互关系 *R* 即对应一个特定的组合覆盖标准，满足因素交互关系 *R* 的组合覆盖表 ***A*** 同样满足这一给定的覆盖标准。例如，可以用一个因素交互关系 $R=\{\{A,B,C\},\{A,C\},\{C,D\}\}$ 来描述如图 1-5 所示的系统中各个类簇间的交互和协作关系，进而针对该系统得到一个具体的组合覆盖标准。

3）非经典组合测试

在传统的组合测试方法中，一般假设待测软件中的因素取值之间互不影响，但在实际应用中，软件中的各个因素间往往存在一定的依赖关系，从而导致这些因素中某些取值的组合受约束。按照 Bryce 和 Colbourn[12]等的理论，这种约束一般可以分为两类：第一类为非强制性约束（Soft Constraint），受到非强制性约束的因素取值组合（Avoid Tuple）在测试用例集中出现与否不影响测试用例集的错误检测能力，如果在设计测试用例时考虑这种非强制性约束，就有可能在不降低错误检测能力的前提下进一步减小测试用例集的规模，从而降低测试成本。例如，使用 One-Test-At-a-Time 策略生成测试用例集时，被种子测试用例覆盖的组合在进一步生成测试用例时即可看作是受到非强制性约束。第二类为强制性约束（Hard Constraint），受到强制性约束的受限组合（Forbidden Tuple）在测试用例集中不允许出现，否则影响测试用例的错误检测能力。例如，对如图 1-5 所示的系统，若已知子类 *A*1 和 *B*2 是不兼容的，则 3 号测试用例将直接失败，从而导致（*C*1, *D*2）、（*B*2, *D*2）等仅被该条测试用例覆盖的配置组合无法应有地检测。

（1）非强制性约束。如上文所述，使用 One-Test-At-a-Time 策略生成测试用例集时，被种子测试用例覆盖的组合在进一步生成测试用例时即可看作是受到非强制性约束。由此可见，只需在算法开始前对集合 Uncover 进行预处理，令 Uncover = Uncover −{受到非强制性约束的组合}，使其不包含被约束的组合后，AETG、TCG、DDA、PSST、PICT 等基于 One-Test-At-a-Time 策略的算法便均可支持非强制性约束条件下的组合测试用例生成问题。此外，基于 in-parameter-order 策略的算法也具有同样的性质。由于上述原因，目前关于非强制性约束的专门研究相对较少，仅有 Bryce 等曾经研究非强制性约束条件下的 DDA 算法。

（2）强制性约束。在强制性约束条件下生成组合测试用例集时，可能出现隐含约束组合（Implied Forbidden Tuple）的问题。例如，考虑对如图 1-5 所示的系统进行二维组合测试，若给定两个约束条件（*A*1, *B*2）和（*B*1, *C*1），则由于 *A*1 只能和 *B*1 同时出现，所以（*A*1, *C*1）也是一个受限组合，也应该在测试用例生成时给予考虑。针对该问题，Cohen 等提出将强制性约束条件转化为布尔公式，使用 SAT 工具寻找隐含约束组合的方法。[6]

除上述问题外，Bryce 等还指出，判断是否存在一条测试用例，使得其中不含受限组合，本身就已是一个 NP 完全问题。但由于强制性约束条件下的组合测试用例生成问题在实际应用中具有比较重要的意义，因此人们对该问题进行较多的研究。

2006 年，Grindal 和 Offutt 等总结并提出 4 种不同类型的策略[7]，分别在测试用例生成前、测试用例生成时，以及测试用例生成后对受约束组合加以考虑。这里按照进行约束处理时所处的上述 3 个不同阶段，对现有的成果进行简要的分类和介绍。

在测试实践中，受开发周期及测试成本的限制，人们往往希望在满足给定组合覆盖标准的前提下，尽可能减小测试用例集的规模。但由于 N 维及变力度组合测试用例集生成问题的 NP 完全性质，难以在多项式时间内针对一般情况生成最小组合测试用例集，因此人们大多尝试使用各种近似算法求解。

1.2.3　组合软件测试模型方法

好的测试都是基于模型的。由于软件输入空间无限，使得测试人员不可能遍历软件的所有输入。其实，遍历软件所有的输入一般也是没有必要的。优秀的测试设计往往能够从繁多的测试用例中挑选出有效的用例，用尽可能少的测试输入覆盖尽可能多的软件需求，这离不开合适的测试模型。

组合测试模型是一种相对简单，并且应用十分广泛的模型，具有如下特点。

(1) 输出是由输入变量之间的逻辑关系决定的。

(2) 输出结果不依赖变量的先后顺序。这一特点是理解组合模型的关键。

对于符合组合模型的输入而言，测试用例设计时需注意以下两点。

(1) 考虑输入变量的不同取值，以及这些取值之间的不同组合。

(2) 从应用系统中抽象出正确的逻辑表达式，不遗漏任何一种逻辑组合关系。

组合模型最常用的两种测试技术分别为正交设计技术和组合覆盖测试技术。

正交实验设计方法：依据 Galois 理论，从大量的(实验)数据(测试例)中挑选适量而典型的点(例)，从而合理地安排实验(测试)的一种科学实验设计方法。

采用正交设计法设计测试用例主要包括以下步骤。

(1) 确定影响因素。这里的影响因素指对软件运行结果有影响的软件运行条件，一般情况下是指软件的输入，以及其他软件运行的环境。这些因素可以通过对软件需求规格、软件概要设计、软件详细设计等文档分析而获得。

(2) 确定因素的取值范围或集合。因素的取值范围指软件输入的取值范围或集合，以及可用的硬件资源。同样，通过分析软件需求规格等文档获取这些信息。

(3) 确定每个因素的水平。根据因素的取值范围或集合，采用等价类划分、边界值分析等软件测试技术，在每个因素的取值范围或集合里挑选出有效等价类、无效等价类、正好等于、略大于或略小于边界值等典型的测试点。例如，对于用下拉框进行输入的字段，下拉框所有的取值都构成该因素的水平集合。

(4) 选择正交表。根据确定的因素和水平，选择合适的正交表。如果没有合适的正交表可用或需要的测试用例个数太多，则须对因素和水平进行调整。

(5) 设计测试用例。组合覆盖测试技术是一种设计测试用例的方法，它利用组合产生能够覆盖规定组合的测试用例。根据不同的覆盖程度，可以分为单因素覆盖、成对组合覆盖、三三组合覆盖等。这种方法力求用尽可能少的测试用例覆盖尽可能多的影响因素。

下面重点讨论成对组合覆盖测试用例的生成方法。

基本用例选择方法：首先确定出一个基本测试用例，基本用例由每个因素中最重要的水平值组合而成。根据预先定义的标准，如最常用的、最简单的、最小的、最可能使用的等找出最重要的水平值。

成对组合(Pair-Wise)又称为两两组合、对对组合，是将所有因素的水平按照两两组合的原则而产生的。成对组合覆盖的概念是 Mandl 于 1985 年在测试 Ada 编译程序时提出的。Cohen 等应用成对覆盖测试技术对 Unix 中的 sort 命令进行测试，测试结果：模块覆盖率 93.5%，判断覆盖率为 83%。由此可见，运用成对组合覆盖技术设计出的测试用例具有经济有效的特点。

假设某功能有 3 个因素(或者称为输入项)，每个因素(输入项)有两个不同的取值，分别为($A1$，$A2$)、($B1$，$B2$)、($C1$，$C2$)。

引入成对组合的概念之后，可以用成对组合集合来表示通常的测试用例集。对于某个给定的测试用例，它能覆盖一定数量的成对组合元素。例如，测试用例($A1$，$B1$，$C1$)覆盖($A1$，$B1$)，($A1$，$C1$)，($B1$，$C1$)共 3 个成对组合元素。

所谓测试设计，就是设计出一组测试用例以依次对软件进行测试。显然，不同的测试用例集所覆盖的成对组合元素数量是不同的。在同样大小的测试用例集条件下，覆盖的成对组合元素数量越多，表明该测试用例集的测试效果越好。因此，如何选择测试用例集是一个值得研究的问题。对于上例，有 8 个成对组合元素需覆盖，从 8 个候选测试用例中挑选出最少的测试用例，达到 100%的成对组合覆盖，选择方案如下：

($A1$，$B1$，$C2$)、($A1$，$B2$，$C1$)、($A2$，$B1$，$C1$)、($A2$，$B2$，$C2$)

1.2.4 组合软件测试的现状和趋势

目前，大部分组合测试方法都是基于混合水平覆盖矩阵的。可将现有的组合测试方法分为 3 类：代数构造法、贪婪法和元启发式搜索技术。下面对每一类方法予以简介[8]。

1) 代数构造法

该类方法基于正交矩阵或以正交矩阵为基础的基本构造块，通过组合方式生成测试用例集，生成时间较短，并在某些情况下可生成最优测试用例集。该类方法并不支持 Test Seeds（即预先指定测试用例）和 Constraints（在测试用例中一定不会出现的组合），并难以扩展到更高强度的覆盖标准。

(1) 正交实验设计。正交实验设计（Orthogonal Test Design）基于正交矩阵。Mandle 早在 1985 年就将该方法用于测试 Ada 编译器，Brownlien 等也将正交实验设计应用到软件测试中，并开发了 OATs 工具。正交实验设计根据参数和参数取值，选择合适的正交矩阵快速生成测试用例集。该方法产生测试用例的时间极短，在某些情况下，可生成最优测试用例集。正交实验设计也存在缺点：① 每个参数的取值一样，虽可通过添加不相关取值解决该问题，但会产生额外的测试用例。② 每个组合在正交矩阵中出现的次数一样，这在统计实验中是必需的，但在软件测试中并不需要。

(2) TConfig 法。TConfig 法由 Williams 等提出。它是对正交实验设计的改进形式，并有效解决了上述问题。TConfig 法以正交矩阵为基础，通过如下 5 个基本构造块递归构造测试用例集：① $\boldsymbol{O}(k^2,k+1,k)$ 是一个正交矩阵，该矩阵有 k^2 行、$k+1$ 个参数，其中每个参数最多有 k 个取值。② $\boldsymbol{B}(k^2-1,k+1,k,d)$ 基于正交矩阵 $\boldsymbol{O}(k^2,k+1,k)$，其中将正交矩阵 $\boldsymbol{O}$ 删除第一行，将每一列重复 d 次。③ $R(k^2-k,k,k,k,d)$ 基于正交矩阵 $\boldsymbol{O}(k^2,k+1,k)$，其中将正交矩阵 $\boldsymbol{O}$ 删除前 k 行，删除第一列，将剩下的每一列重复 d 次。④ $\boldsymbol{I}(c,d)$ 是一个 $c\times d$ 矩阵，其中每个元素的取值均为 1。⑤ $\boldsymbol{N}(k^2-k,k,d)$ 是一个 (k^2-k) 行、$(k\times d)$ 列的矩阵，其中第一个 $k\times d$ 子矩阵的元素值均为 2，第二个 $k\times d$ 子矩阵的元素值均为 3,…，第 $k-1$ 个子矩阵的元素值均为 k。

TConfig 法生成测试用例集的速度较快，且适用于各种输入，但最终产生的测试用例集规模相比其他方法往往偏大，在混合水平覆盖矩阵中尤为明显。

2) 贪婪法

贪婪算法（Greedy Algorithm）是一种对某些求最优解问题更简单、更迅速的设计技术。用贪婪法设计算法的特点是逐步进行，以当前情况为基础根据某个优化测度作最优选择，而不考虑各种可能的整体情况，省去了为找最优解穷举所有的情形而必须耗费的大量时间。它采用自顶向下方法，以迭代的方法相继贪婪地选择，每次选择后即将所求问题简化为一个规模更小的子问题。通过每一步贪婪选择，可得到问题的一个最优解。虽然每一步都须保证能获得局部最优解，但由此产生的全局解有时不一定是最优的，所以贪婪法不回溯。

贪婪算法是一种改进了的分级处理方法。其核心是根据题意选取一种量度标准，然后将这多个输入排成这种量度标准所要求的顺序，按这种顺序一次输入一个量。如果这个输入和当前已构成在这种量度意义下的部分最佳解加在一起不能产生一个可行解，则不把此输入加到这部分解中。这种能够得到某种量度意义下最优解的分级处理方法称为贪婪算法。

对于一个给定的问题，往往可能有多种量度标准。这些量度标准表面上似乎都是可取的，但实际上，用其中的大多数量度标准作贪婪处理所得到该量度意义上的最优解并不是问题的最优解，而是次优解。因此，选择能产生问题最优解的最优量度标准是使用贪婪算法的核心。

在一般情况下，选出最优量度标准并不是一件容易的事，但对某问题能选择出最优量度标准后，用贪婪算法求解则特别有效。最优解可以通过一系列局部最优的选择，即贪婪选择来达到，根据当前状态选择当前最好的解，即局部最优解选择，然后再解经选择后产生的相应的子问题。每经贪婪选择，就将所求问题简化为一个规模更小的子问题，最终可得到问题的一个整体最优解。

前大部分组合测试问题都是 NP 完全问题，研究人员提出大量基于贪婪法的组合测试方法，力争在多项式时间内获得近似解。

贪婪算法可解决的问题通常大部分都有如下的特性。

(1) 有一个以最优方式来解决的问题。为了构造问题的解决方案，有一个候选的对象的集合，比如不同面值的硬币。

(2) 随着算法的进行，将积累起其他两个集合：一个包含已经被考虑过并被选出的候选对象，另一个包含已经被考虑过但被丢弃的候选对象。

(3) 有一个函数来检查一个候选对象的集合是否提供问题的答案。该函数不考虑此时的解决方法是否最优。

(4) 还有一个函数检查是否一个候选对象的集合是可行的，也即是否可能往该集合上添加更多的候选对象以获得一个解。和上一个函数一样，此时不考虑解决方法是否最优。

(5) 选择函数可以指出哪一个剩余的候选对象最有希望构成问题的解。

(6) 最后，目标函数给出解的值。

为了解决问题，需寻找一个构成解的候选对象集合，它可以优化目标函数，贪婪算法逐步进行。起初，算法选出的候选对象的集合为空。接下来的每一步根据选择函数，算法从剩余候选对象中选出最有希望构成解的对象。如果集合中加上该对象后不可行，那么该对象就被丢弃并不再考虑，否则就加到集合里。每一次都扩充集合，并检查该集合是否构成解。如果贪婪算法正确工作，那么找到的第一个解通常是最优的。

3) 元启发式搜索技术

采用元启发式(Metaheuristic)搜索技术来生成测试用例，是近几年的一个研究热点。特定的元启发式搜索技术都具有固定的方法框架，采用特定的启发技术以合理的计算成本求解组合优化问题。组合测试是一种典型的组合优化问题，目前大量元启发式搜索技术应用于组合测试中。采用元启发式搜索技术，测试用例集的构造方式一般采用 One-Test-At-a-Time 策略。

先了解状态空间搜索的概念。按专业的说法就是将问题求解过程表现为从初始状态到目标状态寻找这个路径的过程。通俗地说是两点之间求一线路，这两点是求解的开始和问题的结果，而这一线路不一定是直线，可以是曲折的。由于求解问题的过程中分支很多，主要的原因是求解过程中求解条件不确定，不完备，使得求解的路径很多，从而构成一个图，即这个图就是状态空间。问题的求解过程实际上就是在这个图中找到从开始到结果的路程。这个寻找的过程就是状态空间搜索。

常用的状态空间搜索有深度优先和广度优先。广度优先是从初始状态一层一层向下找，直到找到目标为止。深度优先是按照一定的顺序前查找完一个分支，再查找另一个分支，以至找到目标为止。广度和深度优先搜索有一个很大的缺陷，即都是在一个给定的状态空间中穷举。这在状态空间不大的情况下是很合适的算法，可是当状态空间十分大，且不预测的情况下就不可取了。状态空间搜索的效率相当低，甚至不可完成。这里主要用到启发式搜索。

启发式搜索就是在状态空间中对每一个搜索的位置进行评估，得到最好的位置，再从这个位置进行搜索，直到目标。这样可以省略大量无谓的搜索路径，从而提高效率。在启发式搜索中，对位置的估价是十分重要的。采用不同的估价，可以有不同的效果。

启发中的估价是用估价函数表示的，如 $f(n)=g(n)+h(n)$。其中，$f(n)$ 是节点 n 的估价函数，$f(n)$ 是在状态空间中从初始节点到 n 节点的实际代价；$h(n)$ 是从 n 到目标节点最佳路径的估计代价。$h(n)$ 体现搜索的启发信息，因为 $g(n)$ 是已知的，进一步讲 $g(n)$ 代表搜索的广度优先趋势。但是，当 $h(n) >> g(n)$ 时，$g(n)$ 可以省略，从而提高效率。这时，需更深入地探索研究。

近几年来，组合测试有了一定的进展，然而组合测试在很多方面还亟待拓展和深化，其中包括变力度组合测试、覆盖强度更高的组合测试、基于优先级的组合测试、基于约束的组合测试，以及组合测试在实际软件测试的有效验证[9]。以上各测试方法中问题的有效解决方案可使组合测试更好地应用于软件测试中，在保障软件高质量测试的基础上大幅度降低测试成本。

1.3　小　结

软件测试包括一系列活动，在整个软件生命周期中占有重要地位。组合测试是近年来比较活跃的研究方向，学术界对组合测试技术的研究取得了一系列的成果。同时，组合测试也在工业界取得了广泛的应用，如 IBM、微软、Bell 实验室等国际知名企业都开发了组合测试的工具。组合测试已被软件业公认为一种行之有效的测试方法。另一方面，有学者对组合测试提出了不同的看法，认为简单地采用组合测试并不是有效的测试方法。本章简单介绍了软件测试的历史与发展，对软件测试中重要的概念进行了介绍，软件的分类方法及各种模型和相应的优缺点是学习软件测试的重点。同时，介绍了组合软件测试的一些基本知识，包括定义、原理、测试方法和发展趋势，从而让读者对软件测试有个整体、系统的认识与初步理解。

参 考 文 献

[1] Pressman R S. 软件工程实践者的研究方法. 黄柏素，梅宏，译. 北京：机械工业出版社，1999: 10

[2] 武剑洁，陈传波，肖来元. 软件测试技术基础. 武汉：华中科技大学出版社, 2008: 3-151

[3] 陈翔，顾庆，王新平，等. 组合测试研究进展. 计算机科学, 2010, (3): 1-6

[4] 王子元，徐宝文，聂长海. 组合测试用例生成技术. 计算机科学与探索, 2008, (6): 571-586

[5] 聂长海，徐宝文，史亮. 一种新的二水平多因素系统两两组合覆盖测试数据生成算法. 计算机学报, 2006, 29 (6): 841-848

[6] Cohen M B, Gibbons P B, Mugridge W B, et al. Constructing test suites for interaction testing. Proc. of the Int'l Conf. on Software Engineering (ICSE). Loa Alamitos: IEEE Press, 2003: 38-48

[7] Grindal M, Offntt J, Mcllin J. Handling constraints in the input space when using combination strategies for software testing, technical report HS-I KI-TR-06-01. School of Humanities and Informatics, University of Skovde, 2006, 1

[8] 严俊，张健. 组合测试：原理与方法. 软件学报, 2009, (6):1393-1405

[9] Schroeder P J, Bolaki P, Gopu V. Comparing the fault detection effectiveness of n-way and random test suites. Proc. of the Int'l Symp. on Empirical Software Engineering (ISESE). Loa Alamitos: IEEE Press, 2004: 49-59

[10] Seroussi G, Bshouty N H. Vector sets for exhaustive testing of logical circuits. IEEE Trans. on Information Theory, 1988, 34(3): 513-522

[11] Lei Y, Tai K C. In-Parameter-Order: A test generation strategy for pairwise testing. In Proceedings of the Third IEEE International High-Assurance Systems Engineering Symposium. Los Alamitos: IEEE Press, 1998: 254-261

[12] Bryce R C, Colbourn C J. Prioritized interaction testing for pair-wise coverage with seeding and constraints.Information and Software Technology, 2006, 48 (10): 960-970

第 2 章　计算智能理论基础

计算智能是以生物进化的观点认识和模拟智能。按照这一观点，智能是在生物的遗传、变异、生长，以及外部环境的自然选择中产生的。在用进废退、优胜劣汰的过程中，适应度高的(头脑)结构被保存下来，智能水平也随之提高。因此计算智能就是基于结构演化的智能[1]。

计算智能的主要方法有人工神经网络[2]、遗传算法[3]、遗传程序[4]、演化程序[5]、局部搜索、模拟退火[6]等。这些方法具有以下共同的要素：自适应的结构、随机产生的或指定的初始状态、适应度的评测函数、修改结构的操作、系统状态存储器、终止计算的条件、指示结果的方法、控制过程的参数。计算智能的这些方法具有自学习、自组织、自适应的特征和简单、通用、鲁棒性强、适于并行处理的优点。在并行搜索、联想记忆、模式识别、知识自动获取等方面有广泛的应用。

2.1　群 体 智 能

群体智能的概念来自对自然界中昆虫群体的观察，群居生物通过协作表现出的宏观智能行为特征被称为群体智能[7]。

2.1.1　概述

一般来说，群体智能算法都具备以下 5 条基本原则。

(1) 邻近原则(Proximity Principle)，群体能够进行简单的空间和时间计算。

(2) 品质原则(Quality Principle)，群体能够响应环境中的品质因子。

(3) 多样性反应原则(Principle of Diverse Response)，群体的行动范围不应该太窄。

(4) 稳定性原则(Stability Principle)，群体不应在每次环境变化时都改变自身的行为。

(5) 适应性原则(Adaptability Principle)，在所需代价不太高的情况下，群体能够适时改变自身的行为。

群体智能算法具备以下特点。

(1) 控制是分布式的，不存在中心控制。因而它更能够适应当前网络环境下的工作状态，并且具有较强的鲁棒性，即不会由于某一个或几个个体出现故障而影响群体对整个问题的求解。

(2) 群体中的每个个体都能够改变环境，这是个体之间间接通信的一种方式，这种方式被称为“激发工作”(Stigmergy)。由于群体智能可以通过非直接通信的方式进行信息的传输与合作，因而随着个体数目的增加，通信开销的增幅较小，因此，它具有较好的可扩充性。

(3) 群体中每个个体的能力或遵循的行为规则非常简单，因而群体智能的实现方式方便、简单。

(4) 群体表现出来的复杂行为是通过简单个体的交互过程突现出来的智能(Emergent Intelligence)，因此，群体具有自组织性。

群体智能的相关研究早已存在，到目前为止也取得了许多重要的结果。自 1992 年意大利学者 Dorigo 提出蚁群优化(Ant Colony Optimization，ACO)理论开始[8]，群体智能作为一个理论被正式提出，并逐渐吸引大批学者的目光，从而掀起研究高潮[9-11]。1995 年，Kennedy 等学者提出粒子群优化算法(Particle Swarm Optimization，PSO)[12]，此后群体智能研究迅速展开，但大部分工作都是围绕 ACO 和 PSO 进行的。

目前，群体智能研究主要包括智能蚁群算法和粒子群算法。智能蚁群算法主要包括蚁群优化算法、蚁群聚类算法和多机器人协同合作系统。其中，蚁群优化算法和粒子群优化算法在求解实际问题时应用最为广泛。

2.1.2 蚁群算法

蚁群算法又称为蚂蚁算法，是一种用来在图中寻找优化路径的几率型算法。它由 Dorigo 于 1992 年在他的博士论文中提出，其灵感来源于蚂蚁在寻找食物过程中发现路径的行为。蚁群算法是一种模拟进化算法，初步的研究表明该算法具有许多优良的性质。针对PID 控制器参数优化设计问题，将蚁群算法设计的结果与遗传算法设计的结果进行比较，数值仿真结果表明，蚁群算法是一种新而有效的模拟进化优化方法，并有应用价值。

1. 原理

蚂蚁究竟是怎么找到食物的呢？在没有蚂蚁找到食物时，环境没有有用的信息素，那么蚂蚁为什么能相对有效地找到食物呢？这归功于蚂蚁的移动规则，尤其是在没有信息素时的移动规则。首先，它要能尽量保持某种惯性，这样使得蚂蚁尽量向前方移动(开始时这个前方是随机固定的一个方向)，而不是原地无谓地打转或者震动；其次，蚂蚁有一定的随机性，虽然有了固定的方向，但它也不能像粒子一样直线运动，而是有一个随机的干扰。这样就使得蚂蚁运动起来具有一定的目的，尽量保持原来的方向，但又有新的试探，尤其当碰到障碍物时它会立即改变方向，这可以看成一种选择的过程，也就是环境的障碍物让蚂蚁的某个方向正确，而其他方向则不对。这就解释了为什么单个蚂蚁在复杂诸如迷宫的地形中仍然能找到隐蔽地很好的食物。

当然，在有一只蚂蚁找到食物时，大部分蚂蚁会沿着信息素很快找到食物。但不排除会出现这样的情况：最初一部分蚂蚁随机选择同一条路径，随着这条路径上蚂蚁释放的信息素越来越多，更多的蚂蚁也选择这条路径，但这条路径并不是最优(即最短)的。所以，导致迭代次数完成后，蚂蚁找到的不是最优解，而是次优解，这种情况下的结果可能对实际应用无多大意义。

蚂蚁如何找到最短路径？第一归功于信息素，第二归功于环境，具体说是计算机时钟。信息素多的地方显然经过的蚂蚁多，因而会有更多的蚂蚁聚集过来。假设有两条路从穴通向食物，开始走这两条路的蚂蚁数量同样多(或者较长的路上蚂蚁多，这也无关紧要)。蚂蚁沿着一条路到达终点以后会马上返回来，这样，对于短路径蚂蚁来回一次的时间就短，表明重复的频率就快，因而在单位时间里走过的蚂蚁数目就多，洒下的信息素自然也会多，自然会有更多的蚂蚁被吸引过来，从而洒下更多的信息素，而长的路正相反。因此，越来越多的蚂蚁聚集到较短的路径，最短的路径近似找到。有人会问局部最短路径和全局最短路的问题，实际上蚂蚁逐渐接近全局最短路的，为什么？原因是蚂蚁会犯错误，也就是它会按照一定的概率不往信息素高的地方走而另辟蹊径，这可以理解为一种创新，这种创新如果能缩短路途，那么根据刚才叙述的原理，更多的蚂蚁会被吸引过来。

2. 蚁群算法

蚂蚁是地球上最常见、数量最多的昆虫种类之一，常常成群结队地出现在人类的日常生活环境中。这种昆虫的群体生物智能特征引起一些学者的兴趣。意大利学者 Dorigo 和 Maniezzo 等在观察蚂蚁的觅食习性时发现，蚂蚁总能找到巢穴与食物源之间的最短路径。经研究发现，蚂蚁的这种群体协作功能是通过遗留在其来往路径上一种称为信息素(Pheromone)的挥发性化学物质来进行通信和协调的。化学通信是蚂蚁采取的基本信息交流方式之一，在蚂蚁的生活习性中起着重要的作用。通过对蚂蚁觅食行为的研究，发现整个蚁群就是通过这种信息素进行相互协作，形成正反馈，从而使多个路径上的蚂蚁都逐渐聚集到最短的那条路径上。

这样，Dorigo 等于 1992 年首先提出蚁群算法。其主要特点是：通过正反馈、分布式协作来寻找最优路径。这是一种基于种群寻优的启发式搜索算法。它充分利用生物蚁群能通过个体间简单的信息传递，搜索从蚁巢至食物间最短路径的集体寻优特征，以及该过程与旅行商问题求解之间的相似之处，得到具有 NP 难度的旅行商问题的最优解答。同时，该算法还被用于求解 Job-Shop 调度问题、二次指派问题，以及多维背包问题等，显示其适用于组合优化类问题求解的优越特征。

多年来，世界各地研究工作者对蚁群算法进行精心研究和应用开发，该算法现已被大量应用于数据分析、机器人协作问题求解、电力、通信、水利、采矿、化工、建筑、交通等领域。

蚁群算法之所以能引起相关领域研究者的兴趣，是因为这种求解模式能将问题求解的快速性、全局优化特征，以及有限时间内合理地找到答案结合起来。其中，快速的寻优是通过正反馈式的信息传递和积累来保证的。算法的早熟收敛又可以通过其分布式计算特征加以避免。同时，具有贪婪启发式搜索特征的蚁群系统又能在搜索过程的早期找到可以接受的问题解答。这种优越的问题分布式求解模式经过相关领域研究者的关注和努力，已经在最初的算法模型基础上得以大规模地改进和拓展。

在蚂蚁寻找食物的过程中，蚂蚁随机选择路径，绕过障碍物到达食物源。经过一定时间，从食物源返回的蚂蚁到达 D 点同样碰到障碍物，也需进行选择。此时 A，B 两侧的信息素浓度相同，它们仍然一半向左，一半向右。但是，当 A 侧的蚂蚁已经完全绕过障碍物到达 C 点时，B 侧的蚂蚁由于要走的路径更长，还不能到达 C 点，如图 2-1 所示。

此时，对于从蚁巢出发来到 C 点的蚂蚁来说，由于 A 侧的信息素浓度高，B 侧的信息素较低，就倾向于选择 A 侧的路径。这样的结果使 A 侧的蚂蚁越来越多，最终所有蚂蚁都选择这条较短的路径，如图 2-2 所示。

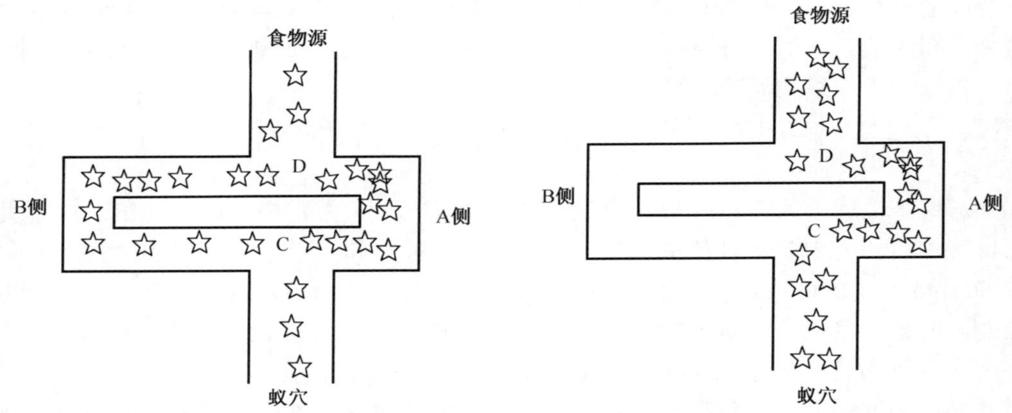

图 2-1　蚁群在障碍物前经过一段时间后的情形　　　　图 2-2　蚁群最终选择的路径

上述过程很显然是由蚂蚁所留下的信息素的“正反馈”过程而导致的。蚂蚁个体就是通过这种信息的交流来达到搜索食物的目的。蚁群算法的基本思想也是从这个过程转化而来的。

3. 蚁群算法的特点

蚁群算法具备了以下 4 个特点。

(1) 蚁群算法是一种自组织的算法。在系统论中，自组织和他组织是组织的两个基本分类，其区别在于组织力或组织指令是来自系统的内部，还是来自系统的外部，来自系统内部的是自组织，来自系统外部的是他组织。如果系统在获得空间、时间或者功能结构的过程中没有外界的特定干预，那么系统是自组织的。在抽象意义上，自组织就是在没有外界作用下使得系统熵增加的过程(即使系统从无序到有序的变化过程)，蚁群算法充分体现这个过程。以蚂蚁群体优化为例说明，算法开始的初期，单个的人工蚂蚁无序地寻找解，算法经过一段时间的演化，人工蚂蚁间通过信息激素的作用，自发地越来越趋向于寻找到接近最优解的一些解，这就是一个无序到有序的过程。

(2) 蚁群算法本质上是一种并行的算法。每只蚂蚁搜索的过程彼此独立，仅通过信息激素进行通信。所以蚁群算法则可以看作是一个分布式的多 Agent 系统，它在问题空间的多点同时开始进行独立的解搜索，不仅增加算法的可靠性，也使得算法具有较强的全局搜索能力。

(3) 蚁群算法是一种正反馈的算法。从真实蚂蚁的觅食过程中不难看出，蚂蚁能够最终找到最短路径，直接依赖最短路径上信息激素的堆积量，而信息激素的堆积量却是一个正反馈的过程。对蚁群算法来说，初始时刻在环境中存在完全相同的信息激素，给予系统一个微小扰动，使得各个边上的轨迹浓度不相同，蚂蚁构造的解就存在优劣，算法采用的反馈方式是在较优的解经过的路径留下更多的信息激素，而更多的信息激素又吸引更多的蚂蚁，这个正反馈的过程使得初始的不同情形不断扩大，同时又引导整个系统向最优解的方向进化。因此，正反馈是蚂蚁算法的重要特征，它使算法演化过程得以进行。

(4) 蚁群算法具有较强的鲁棒性。相对于其他算法，蚁群算法对初始路线的要求不高，即蚁群算法的求解结果不依赖子初始路线，而且在搜索过程中无需人工选择调整。其次，蚁群算法的参数数目少，设置简单，容易使蚁群算法应用到其他组合优化问题的求解过程。

4. 蚁群算法的应用进展

以蚁群算法为代表的蚁群智能已成为当今分布式人工智能研究的一个热点，许多源于蜂群和蚁群模型设计的算法已越来越多地被应用于企业的运转模式的研究。美国五角大楼正在资助关于群体智能系统的研究工作——群体战略(Swarm Strategy)，它的一个实战用途是通过运用成群的空中无人驾驶飞行器和地面车辆来转移敌人的注意力，让其军队在敌人后方不被察觉地安全进行。英国电信公司和美国世界通信公司以电子蚂蚁为基础，对新的电信网络管理方法进行试验。群体智能还被应用于工厂生产计划的制订和运输部门的后勤管理。美国太平洋西南航空公司采用一种直接源于蚂蚁行为研究成果的运输管理软件，结果每年至少节约 1000 万美元的费用开支。英国联合利华公司已率先利用群体智能技术改善其一家牙膏厂的运转情况。美国通用汽车公司、法国液气公司、荷兰公路交通部和美国一些移民事务机构也都采用这种技术来改善其运转的机能。鉴于群体智能广阔的应用前景，美国和欧盟均于近几年开始资助基于群体智能模拟的相关研究项目，并在一些院校开设群体智能的相关课程。在国内，国家自然科学基金“十五”期间学科交叉类优先资助领域中的认知科学及其信息处理的研究内容中也明确列出群体智能领域的进化、自适应与现场认知主题。

蚁群优化算法最初用于解决 TSP 问题，经过多年的发展，已经陆续渗透到其他领域中，如图着色问题、大规模集成电路设计、通信网络中的路由问题，以及负载平衡问题、车辆调度问题等。蚁群算法在若干领域已获得成功的应用，其中最成功的是在组合优化问题中的应用。

在网络路由处理中，网络的流量分布不断变化，网络链路或结点也随机地失效或重新加入。蚁群的自身催化与正向反馈机制正好符合这类问题的求解特点，因此蚁群算法在网络领域有一定的应用。蚁群觅食行为所呈现出的并行与分布特性使得算法特别适合于并行化处理。因此，实现算法的并行化执行对于大量复杂的实际应用问题的求解来说是极具潜力的。

2.1.3　粒子群优化算法

粒子群算法又称为粒子群优化算法(Particle Swarm Optimization，PSO)，是近年来发展起来的一种新的进化算法((Evolutionary Algorithm，EA)。PSO 算法属于进化算法的一种，和遗传算法相似，也是从随机解出发，通过迭代寻找最优解，且通过适应度来评价解的品质；它比遗传算法规则更为简单，没有遗传算法的交叉(Crossover)和变异(Mutation)操作，通过追随当前搜索到的最优值来寻找全局最优。这种算法以其实现容易、精度高、收敛快等优点引起学术界的重视，并且在解决实际问题中展示出其优越性。

1. 原理

如前所述，PSO 模拟鸟群的捕食行为。设想这样一个场景：一群鸟在随机搜索食物。在这个区域里只有一块食物。所有的鸟都不知道食物在哪里。但是，它们知道当前的位置离食物还有多远。那么找到食物的最优策略是什么呢？最简单有效的方法是搜寻目前离食物最近的鸟的周围区域。

PSO 从这种模型中得到启示并用于解决优化问题。在 PSO 中，每个优化问题的解都是搜索空间中的一只鸟，称为粒子。所有的粒子都有一个由被优化的函数决定的适应值(Fitness Value)，每个粒子还有一个速度决定其飞翔的方向和距离。然后，粒子就追随当前的最优粒子在解空间中搜索。

PSO 初始化为一群随机粒子(随机解)，然后通过迭代找到最优解。在每一次迭代中，粒子通过跟踪两个极值而自行更新：第一个就是粒子本身所找到的最优解，这个解是个体极值 pBest；另一个极值是整个种群目前找到的最优解，这个极值是全局极值 gBest。另外，也可以不用整个种群，而只用其中一部分作为粒子的邻居，那么在所有邻居中的极值就是局部极值。

2. 粒子公式

在找到这两个最优值时，粒子根据如下的公式来更新速度和新的位置：

$$v[] = w \times v[] + c1 \times \text{rand}() * (\text{pBest}[]-\text{present}[]) + c2 \times \text{rand}() \times (\text{gBest}[]-\text{present}[]) \quad (2\text{-}1)$$

$$\text{present}[] = \text{persent}[] + v[] \quad (2\text{-}2)$$

其中，$v[]$是粒子的速度，w 是惯性权重，persent[]是当前粒子的位置，pBest[]和 gBest[]如前定义，rand()是介于(0，1)之间的随机数；$c1$ 和 $c2$ 是学习因子，通常 $c1 = c2 = 2$。

程序的伪代码如下所述。

```
For each particle
    Initialize particle
END
Do
    For each particle
        Calculate fitness value
        If the fitness value is better than the best fitness value
            (pBest) in history
            set current value as the new pBest
    End
    Choose the particle with the best fitness value of all the
        particles as the gBest
    For each particle
        Calculate particle velocity according equation (2-1)
        Update particle position according equation (2-2)
    End
While maximum iterations or minimum error criteria is not attained
```

每一维粒子的速度都被限制为一个最大速度 V_{max}。如果某一维更新后的速度超过用户设定的 V_{max}，那么这一维的速度就被限定为 V_{max}。

2.2　进 化 计 算

“进化计算”是一类模拟生物进化过程与机制求解问题的自组织、自适应人工智能技术。它起源于 20 世纪 60 年代 Holland 针对机器学习问题所提出的遗传算法(Genetic Algorithm)[13]、Recenberg 和 Schwefel 用于数值优化问题的进化策略(Evolutionary Strategies)及 Fogel 针对优化模拟系统所提出的进化规划(Evolutionary Programming)。

这类技术(算法)的核心思想源于这样的基本认识：生物进化过程(从简单到复杂，从低级向高级)本身是一个自然的、并行发生的、稳健的优化过程。这一优化过程的目标是对环境的自适应能力，生物种群通过“优胜劣汰”及遗传变异来达到进化(优化)的目的。依达尔文的自然选择与孟德尔的遗传变异理论，生物的进化是通过繁殖、变异、竞争和选择这四种基本形式实现的。因此，如果把待解决的问题理解为对某个目标函数的全局优化，则进化计算即是建立在模拟上述生物进化过程基础上的随机搜索优化技术。根据这一观点，遗传算法、进化策略与进化规划等均可解释为进化计算的不同执行策略，而其分别从基因的层次和种群的层次实现对生物进化的模拟。

由于具有鲜明的生物背景和适用于任意函数类等特点，进化计算自 20 世纪 60 年代中期以来引起众多领域的普遍关注，并被广泛应用于机器学习、人工神经网络训练、程序自动生成、专家系统的知识库维护等一系列超大规模、高度非线性、不连续、多峰函数的优化。

进化行为作为从生命现象中抽取的重要自适应机制已经为人们所普遍认识和广泛应用，然而现有的进化模型存在一个共同的不足之处是未能很好地反映这样一个普遍存在的事实：在大多数情况下，整个系统复杂的自适应进化过程，事实上是一个系统中多个子系统局部相互作用的协同进化过程，即它是大规模协同动力学系统。人们对此了解甚少，而以前的工作大都注意从算法的角度认识问题，因此对进化计算的认识机理了解还不多。如何反映进化的多样性、多层次性、系统性、自适应性、自组织过程、相变与混沌机理等则是有待解决的问题，这也是真正了解进化机理的困难和关键所在。

2.2.1　概述

1. 从生物进化到进化计算

按照达尔文的进化论，地球上的每一物种从诞生开始就进入漫长的进化历程，生物种群从低级、简单的类型逐渐发展成为高级、复杂的类型。各种生物要生存下来，都要经过“自然选择、适者生存”的过程。根据孟德尔和摩根的遗传学理论，遗传物质作为一种指令密码封装在每个细胞中，并以基因的形式排列在染色体上，每个基因有特殊的位置并控制生物的某些特性。不同的基因组合产生的个体对环境的适应能力不一样，通过基因杂交和突变可以产生对环境适应能力强的后代。经过优胜劣汰的自然选择，适应值高的基因结构就得以保存下来，从而逐渐形成经典的遗传学染色体理论，并解释遗传和变异的基本规律。在一定的环境影响下，生物物种通过自然选择，基因交换和变异等过程进行繁殖生长，从而构成生物的整个进化过程。

生物进化的过程需要 4 个基本条件：① 存在由多个生物个体组成的种群；② 生物个体之间存在差异，或群体具有多样性；③ 生物能够自我繁殖；④ 不同个体具有不同的环境生存能力，具有优良基因结构的个体繁殖能力强，反之则弱。

2. 进化计算的主要分支

自从电子计算机出现以来，生物模拟便构成了计算机科学的一个组成部分。其目的是：① 试图建立一种人工模拟环境，使用计算机进行仿真以更好地了解人类自身和人类的生存空间；② 从研究生物系统出发，探索产生基本认知行为的微观机理，然后设计成具有生物智能的机器或模拟系统以解决复杂问题。神经网络、细胞自动机和进化计算都是从不同角度模拟生物系统而发展起来的研究方向。

进化计算最初有三大分支，即遗传算法(GA)、进化规划(EP)和进化策略(ES)。它们采用不同的进化控制模式模拟生物进化过程，从而形成 3 种具有普遍影响的模拟进化优化计算方法。20 世纪 90 年代初，在 GA 的基础上又发展了一个分支——遗传程序设计(GP)。虽然这几个分支在算法实现方面具有一些细微的差别，但都具有一个共同的特点，即都借助生物进化的思想和原理来解决实际问题。

3. 进化计算的主要特点

进化计算与传统的算法相比，具有很多不同之处。

1) 智能

进化计算的智能包括自组织、自适应和自学习等。应用进化计算求解问题时，在确定编码方案、适应值函数及遗传算子以后，算法利用进化过程中获得的信息自行组织搜索。由于基于自然的选择策略为适者生存、不适应者淘汰，适应值大的个体具有与环境更适应的基因结构，再通过杂交和基因突变等遗传操作就可能产生与环境更适应的后代。EA 的这种自组织、自适应特征同时也赋予它具有能根据环境的变化自动发现环境的特性和规律的能力。

2) 本质并行性

进化计算的本质并行性表现在两个方面。一方面，进化计算是内在并行的，即 EA 本身非常适合大规模并行计算。最简单的并行方式是让几百甚至数千台计算机各自进行独立种群的进化计算，运行过程中甚至不进行任何通信，等到运算结束时才通信比较，选取最佳个体。另一方面，进化计算的内含并行性使进化计算采用种群的方式组织搜索，因而它可以同时搜索解空间内的多个区域，并相互交流信息。

2.2.2 进化算法的基本原理及框架

进化计算(Evolutionary Computation，EC)是一种基于计算机的问题求解系统，利用诸如自然选择、适者生存和繁衍等进化过程的计算模型，从而成为计算系统的基本组成部分。

1. 一般进化算法

现在已经提出若干 EC 模型，每一个模型都存在不同的算法变体。每一个 EA 都将进化过程实现为优化算法。算法 2.1 给出一般 EA 的伪码，包含主要的进化过程。

算法 2.1　一般进化算法

```
令代数计算器 t = 0;
    创建并初始化一个 n 维群体: P(0);
    Repeat
    计算群体 P(t)中每一个个体 x_i 的适应度值 f(x_i);
    执行交叉产生后代;
    对后代进行变异;
    选择下一代的群体 P(t+1);
    进入下一代, 即 t = t+1;
Until 满足停止条件;
```

达尔文理论的两个部分都被融入算法 2.1 中，即

(1) 自然选择在交叉操作中发生，最优父代个体有更好的机会被选择以产生子代及被选入新一代群体。

(2) 随机变化通过变异操作来实现。

尽管生物进化并不收敛，但是进化算法包含收敛准则来结束优化过程。比如，存在如下一些停止条件。

(1) 已经超过一定数量的世代数。

(2) 一定数量的连续世代中没有明显地提升群体适应度。

(3) 进化得到可以接受的“最优”个体。

2. 表示

在自然界中，生物体具有能够影响它们生存和繁衍能力的某些特征，这些特征通过生物体内的染色体所包含的长信息串来表示。染色体由在有机细胞核内紧密缠绕在一起的 DNA 分子组成，每个染色体包含大量作为遗传基本单位的基因。基因通过控制蛋白质的生产来决定生物体的解剖和生理的许多方面。每个个体有其独特的基因序列。基因的另一形式被称为等位基因。

在进行计算中，每一个体表示优化问题的一个候选解。个体的特征由染色体或基因组表示。这些特征对应于与寻找最优解的优化问题的变量。每一个待优化的变量称为一个基因，它是信息的最小单位。个体的特征可以分为两类进化信息：基因型和表现型。基因型描述个体从其父代继承过来的基因构成，它表示此个体拥有什么样的等位基因。表现型是特定环境下个体表示出的行为特征，它定义个体看上去是什么样的。

EA 设计重要的一步是找到候选解(即染色体)的适当表示方法。搜索算法的效率和复杂度极大地依赖表示方法。不同模型的不同进化算法使用不同的表示方法，除了以树形式表示个体的遗传编程(Genetic Programming，GP)以外，大部分的进化算法将解表示为特定数据类型的向量。在传统上，遗传算法(Genetic Algorithms，GA)使用位向量。

3. 初始群体

进化算法是基于群体的随机搜索算法。因此，每种进化算法都维持一个候选解群体。应用进化算法解决优化问题的第一步是创建初始群体。其标准方法是从可行区域内对所有染色体的每个基因赋以随机值。随机选择的目的在于保证初始群体是整个搜索空间的均匀表示。如果搜索空间的某些区域没有被初始群体覆盖，则这些部分很有可能被搜索过程忽略。

初始群体的大小是由计算复杂度和搜索能力决定的。大量个体可以增加多样性，因而能够提升群体的搜索能力。然而，个体数目越多，每一代的计算复杂度越大。每一代的运行时间增加时，定位一个可行解所需要的世代数可能随之减少，较小的群体则具有相反的效果。

4. 适应度函数

在达尔文的进化模型中，具有最优特征的个体有生存和繁衍的最好机会。为了确定进化算法中一个个体的生存能力，人们常用数学函数来量化一个染色体所表示的解究竟有多好。适应度函数 f 将一种染色体表示映射到一个标量值，即

$$f: X^n \to R \tag{2-3}$$

式中，X 表示染色体的数据类型。

选择、交叉、变异，以及精英策略等进化算子通常都利用染色体的适应度来评估。

5. 选择

新的候选解群体在每一代的最后被选择出来，作为下一代群体。可以应用 3 种操作来产生新群体，即产生子代的交叉、变异和精英策略。

通过交叉，“优良”个体应该拥有更多的机会来繁殖，以此来保证子代包含最优个体的遗传物质。在变异时，选择机制应关注的是最“柔弱”的个体；变异的目的是希望较弱的个体通过变异产生较优良的特性以增加生存机会。在精英策略中，最优的个体被直接选取到下一代中继续生存。

6. 繁殖

繁殖是从选择的父代中应用交叉和变异算子生成子代的过程。交叉是通过组合随机选择的两个或多个父代个体的基因物质生成新个体的过程。如果选择关注的是最具适应能力的个体，则选择压力可能由于新群体多样性降低而过早收敛。

变异是随机改变染色体基因值的过程。其主要目标是向群体引入新的基因物质，提高基因的多样性。应用变异过程应该注意不要破坏高适应度个体的优良基因。因此，变异通常以较低的概率使用。变异概率也可与个体的适应值成比例：适应值越

低的个体，变异率越高。为了提高第一代的探索能力，变异概率可以初始化为较大值，并随时间逐渐减小，以允许在后期世代的迭代中进行开采。

繁殖可以使用替换机制，即当且仅当新产生的子代个体的适应值优于它的父代个体时，才进行替换。

2.2.3 进化计算的应用

进化计算作为一种有效的全局搜索算法，从产生至今已广泛应用于不同的领域。

1）数值优化

数值优化是 EA 的经典应用领域，也是对 EA 进行性能评价的常用案例。例如，旅行商问题(TSP)是经典的组合优化问题之一，已成为一种衡量算法优劣的标准。

2）自动控制

在自动控制领域中，许多与优化相关的问题有待求解，EA 的应用日益增加并显示良好的效果，如基于 GA 或 EA 的模糊控制器优化设计、基于 GA 的参数辨识、利用 EA 进行神经网络的结构优化设计和权值学习等。

3）机器学习

基于 EA 的机器学习，特别是分类器系统，在许多领域中得到应用。例如，GA 被应用于模糊控制规则的学习、基于 GA 的机器学习可用于调整神经网络的连接权和优化设计神经网络结构、分类器系统在多机器人路径规划中的应用等。

4）人工生命

人工生命是用计算机等人工媒体模拟或构造出具有自然生物系统特有行为的人工系统。自组织和自学习是人工生命的两大主要特征，基于 GA 的进化模型是研究人工生命现象的重要理论基础。

5）图像处理和模式识别

在图像处理过程中，扫描、特征提取、图像分割等不可避免地产生一些误差，从而影响图像处理和识别的效果。如何使这些误差最小是使计算机视觉达到实用化的重要要求。EA 在图像处理中的优化计算方面是完全胜任的，目前已在图像恢复、图像边缘特征提取、几何形状识别、模糊模式识别等方面得到应用。

6）机器人智能控制

GA 起源于对人工适应系统的研究，所以机器人智能控制理所当然地成为 GA 的一个重要应用领域。GA 已经在移动机器人路径规划、关节机器人运动轨迹规划、机器人逆运动学求解、细胞机器人的结构优化和行动协调等方面得以研究和应用。

7）数据搜索和挖掘

用 GA 可完成 Internet 上的信息搜索，找出相关的链接，挖掘出相关的信息等。

2.3　智能 Agent

随着计算机技术和网络技术的发展和应用，集中式系统已不能完全适应科学技术的发展需要。并行计算和分布式处理等技术应运而生，分布式人工智能也成为人工智能的一个新的发展方向。

Agent 技术是在分布式人工智能研究需求的基础上发展起来的一种技术。近十多年来，Agent 和多 Agent 系统的研究成为分布式人工智能研究的一个热点。

本节主要针对多 Agent 系统的相关技术进行说明，重点介绍 Agent 的基本结构，以及 Agent 之间的通信模式、协作和协调方式。

2.3.1　分布式人工智能

一个分布式系统是把各种不同地理位置上的计算资源连接起来形成一个系统。分布式人工智能主要研究在逻辑上或物理上分散的智能系统如何并行且相互协作地求解问题。主要的方法有两种，下面分别说明。

（1）自顶向下。自顶向下是分布式问题求解。在多个合作和共享的知识模块或系统之间划分任务，并求解问题。

（2）自底向上。自底向上是基于 Agent 的方法。在一群自主的 Agent 之间进行智能行为的协调。

1. 分布式人工智能的研究与发展

分布式人工智能的研究可以追溯到 20 世纪 70 年代末期。早期分布式人工智能的研究主要是分布式问题求解，其目标是创建大粒度的协作群体，它们之间共同工作以对某一问题进行求解。

（1）1980 年，Davis 和 Smith 提出合同网（CNET）。CNET 使用投标-合同方式实现任务在多个节点上的分配。合同网系统的重要贡献在于提出通过相互选择和达成协议的协商过程实现分布式任务分配和控制的思想。

（2）1980 年，马萨诸塞大学的 Lesser、Corkill 和 Durfee 等主持研制 DVMT。该系统对市区内行驶的车辆轨迹进行监控，并以此环境为基础，对分布式问题求解系统中许多技术问题进行研究。DVMT 是以分布式传感网络数据解释为背景，对复杂的黑板问题求解系统之间的相互作用进行研究，提供抽象和模型化分布式系统行为的方法。

(3) 1983 年，Hewitt 和他的同事们研制基于 ACTOR 模型的并发程序设计系统。ACTOR 模型提供分布式系统中并行计算理论和一组专家或 ACTOR 获得智能行为的能力。1991 年，Hewitt 提出开放信息系统语义，指出竞争、承诺、协作、协商等性质应作为分布式人工智能的科学基础，试图为分布式人工智能的理论研究提供新的基础。

(4) 1987 年，Gasser 等研制一个实验型的分布式人工智能系统开发环境 MACE 系统。MACE 中每一个计算单元都称作 Agent，它们具有知识表示和推理能力，相互通过消息传送进行通信。MACE 是一种类面向对象环境，避开并发对象系统中难于理解和实现的继承问题。MACE 的各个机构并行计算，并提供描述机构的描述语言，具有跟踪的 Demons 机制。该课题研究的重点是在实际并行环境下运行分布式人工智能系统，并保持清晰的概念。

(5) 1989 年，清华大学石纯一等主持研制分布式运输调度系统(DTDS-I)。该系统以运输调度为背景，提出分布式问题求解系统的体系结构，对问题分解、任务分布算法和基于元级通信的协作机制等方面进行探讨。

(6) 1990 年，中国科学院计算技术研究所史忠植等研究分布式知识处理系统(DKPS)。该系统采用逻辑-对象知识模型，研究了知识共享和协作求解等问题。

20 世纪 90 年代，多 Agent 系统(Multi Agent Systems，MAS)的研究成为分布式人工智能研究的热点。MAS 主要研究自主的智能体之间智能行为的协调，为了一个共同的全局目标，也可能是关于各自的不同目标，共享有关问题和求解方法的知识，协作进行问题求解。

2. 分布式人工智能的特点

(1) 分布。系统中的数据、知识，以及控制不但在逻辑上，而且在物理上是分布的，既没有全局控制，也没有全局的数据存储。

(2) 连接。各个求解机构由计算机网络互连，在问题求解过程中，通信代价比求解问题的代价低得多。

(3) 协作。系统中诸机构能够相互协作来求解单个机构难以解决，甚至不能解决的任务。

(4) 开放。通过网络互连和系统的分布，便于扩充系统规模，比单个系统更开放，更灵活。

(5) 容错。系统具有较多的冗余处理结点、通信路径和知识，能够使系统在出现故障时，仅仅降低响应速度或求解精度，以保持系统正常工作，提高工作可靠度。

(6) 独立。系统把求解任务分解为几个相对独立的子任务，从而降低各个处理结点和子系统问题求解的复杂度，也降低软件设计开发的复杂度。

2.3.2　Agent 的结构

构建 Agent 的任务就是设计 Agent 程序，即实现 Agent 从感知到动作的映射。体系结构使得传感器的感知对程序可用，运行程序并把该程序的作用选择反馈给执行器。

Agent 结构需解决的问题包括以下 4 个。

(1) Agent 由哪些模块组成？

(2) 模块之间如何交互信息？

(3) Agent 感知到的信息如何影响它的行为和内部状态？

(4) 如何将这些模块用软件或硬件的方式组合起来形成一个有机的整体？

1. Agent 模型

Agent 的理论模型研究主要从逻辑、行为、心理、社会等角度出发，对 Agent 的本质进行描述，为 Agent 系统创建奠定基础。

1) 理性 Agent 模型(BDI 模型)

Belief——信念，Agent 对环境的基本看法。

Desire——愿望，Agent 计划实现的状态，即目标。

Intention——意图，目标的子集。

BDI 模型可以通过下列要素描述：

(1) 一组关于世界的信念。

(2) Agent 当前计划达到的一组目标。

(3) 一个规划库描述达到目标和改变信念的方案。

(4) 一个意图结构描述当前状态如何达到目标和改变信念。

2) 动作理论模型

情景演算是描述动作的主要形式框架。在情景演算中引入状态和动作的概念，并利用两条逻辑公理来描述动作与状态的关系：一条公理描述一个动作在满足什么条件的状态之下可能发生，另外一条描述在一个状态之下某个动作发生以后当前状态如何改变。

环境状态：State = $\{ P_1, P_2, \ldots, P_n \}$。

目标：Goal = <State, weightness>。

动作模板：Act_template = <name, roles, preconditions, effects, resources>。

Agent 能力：Ability = <Act_template, roles, cost>。

2. Agent 基本结构

Agent 的基本结构如图 2-3 所示，其 Agent 可以感知环境，同时也可以作用于环境。

Agent 整个工作过程如图 2-4 所示：

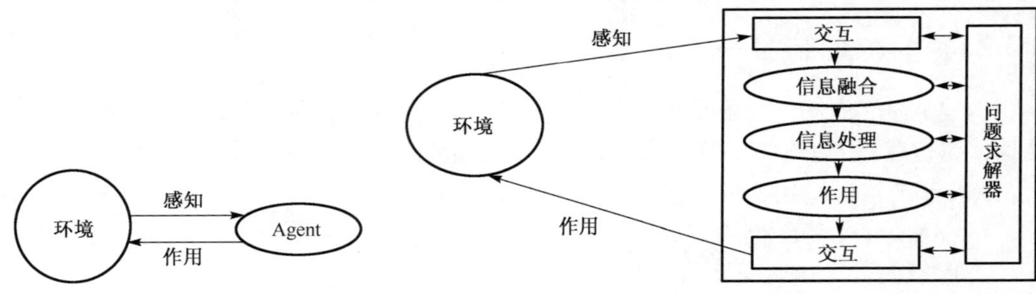

图 2-3　Agent 的基本结构　　图 2-4　Agent 的工作过程

（1）在计算机系统中，Agent 相当于一个独立的功能模块、独立的计算机应用系统。它含有独立的外部设备、输入/输出驱动装备、各种功能操作处理程序、数据结构和相应输出。

（2）Agent 程序的核心部分称为决策生成器或问题求解器，起到主控作用，它接收全局状态、任务和时序等信息，指挥相应的功能操作程序模块工作。

（3）Agent 运行一个或多个进程，并接受总体调度。特别是当系统的工作状态随工作环境而经常变化，以及各 Agent 的具体任务时常变更时，更需处理好总体协调。

（4）各个 Agent 在多个计算机 CPU 上并行运行，其运行环境由体系结构支持。体系结构还提供共享资源（黑板系统）、Agent 间的通信工具和 Agent 间的总体协调，使各 Agent 在统一目标下并行协调地工作。

3. Agent 的特性

通常认为，一个 Agent 需具有以下部分或全部特征。

1）自治性。Agent 能够控制自身行为，其行为是主动的、自发的和有目标和意图的，并能根据目标和环境要求对短期行为进行规划。

2）交互性。交互性也称为反应性，Agent 能够与环境交互作用，能够感知其所处环境，并借助自身的行为结果，适当反应环境。

3）协作性。各 Agent 合作和协调工作，求解单个 Agent 无法处理的问题，提高处理问题的能力。

4）社会性。Agent 存在于由多个 Agent 构成的社会环境中，与其他 Agent 交换信息、交互作用和通信。

5）持续性。Agent 的程序在启动后，能够在相当长一段时间内维持运行状态，不随运算的停止而立即结束运行。

6）适应性。能够把新建立的 Agent 集成到系统中而无须对原有的多 Agent 系统进行重新设计，因而具有很强的适应性和可扩展性。

7）智能性。Agent 强调理性作用，可作为描述机器智能、动物智能和人类智能的统一模型。Agent 的功能具有较高的智能，而且这种智能往往是构成社会智能的一部分。

在实际应用中，Agent 可以具有上述全部或部分特性。另外，也可以根据实际需要，具有一些其他的特性，如实时性、移动性等。

4. Agent 的结构和分类

根据人类思维的不同层次，可把 Agent 分为下列 6 类。

(1) 反应式 Agent。反应式 Agent 只简单地对外部刺激产生响应，没有任何内部状态。每个 Agent 既是客户，又是服务器，根据程序提出请求或回答。

(2) 慎思式 Agent。慎思式(Deliberative)Agent 又称为认知式(Cognitive)Agent，是具有显式符号模型的基于知识的系统。

(3) 跟踪式 Agent。具有内部状态的反应式 Agent 通过找到一条条件与现有环境匹配的规则进行工作，然后执行与规则相关的作用。这种结构称为跟踪世界 Agent 或跟踪式 Agent。

(4) 基于目标的 Agent。Agent 还需要某种描述环境情况的目标信息。Agent 的程序能够与可能的作用结果信息结合起来，以便选择达到目标的行为。

(5) 基于效果的 Agent。效果是一种把状态映射到实数的函数，该函数描述相关的满意程度。一个完整规范的效果函数允许对各类情况给出理性的决策。

(6) 复合式 Agent。复合式 Agent 即在一个 Agent 内组合多种相对独立和并行执行的智能形态，其结构包括感知、动作、反应、建模、规划、通信和决策等模块。

2.3.3 Agent 通信

在分布式系统中，一个 Agent 仅能通过影响其他 Agent 的行为来实现其意图。对其他 Agent 行为的影响由一种特殊行为(通信动作)来实现。

通信动作是由一个 Agent 向另一个 Agent 实施的。执行一个通信动作的机制就是发送编码动作消息的机制，如图 2-5 所示。

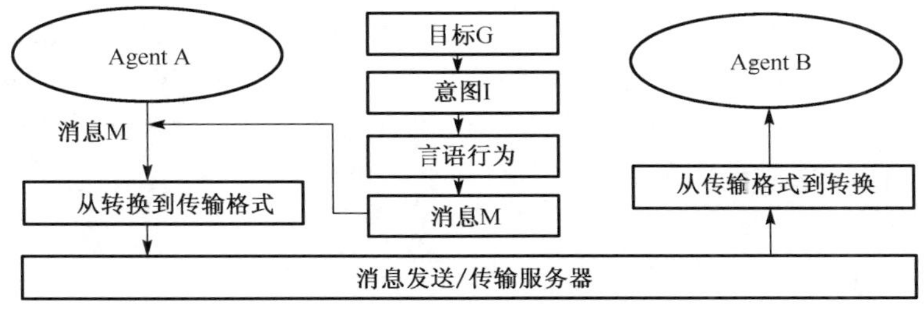

图 2-5　Agent 通信

1. Agent 通信类型

在 Agent 通信中，可以根据是否使用外部通信语言将 Agent 通信分为两类：一是分享一个共同的内部表示语言，无需任何外部语言就能通信(TELL/ASK 模式)；二是 Agent 之间共享一种语言作为通信语言，这种语言通常是一种形式语言。Agent 通信类型如图 2-6 所示。

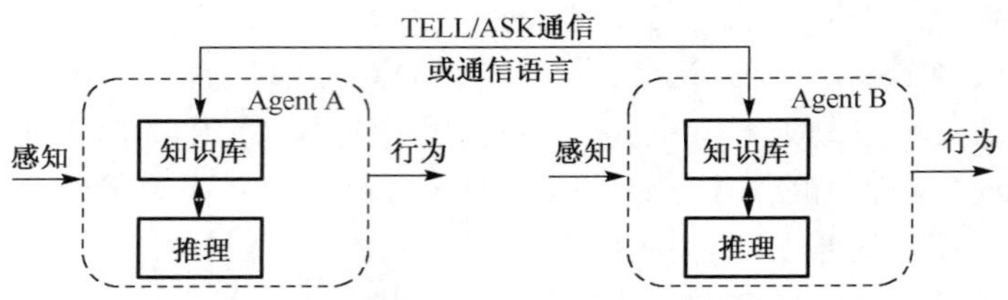

图 2-6　Agent 通信类型

1）使用 TELL 和 ASK 通信

这种通信形式的 Agent 分享相同的内部表示，并通过接口 TELL 和 ASK 直接访问相互的知识库。Agent A 可以使用 TELL(KBB，“P”)通信把一个提议 P 传送到 Agent B(加入到 B 的知识库中)；可以使用 ASK(KBB，“Q”)查出 B 是否知道 Q。这种通信形式的最大问题是 Agent 的知识库易于破坏。

2）使用形式语言通信

大多数 Agent 的通信是通过使用一种外部语言来实现的。外部语言可以与内部表示语言不同，并且每个 Agent 都可以有不同的内部语言，只要每个 Agent 能够可靠地将外部语言映射到各自的内部语言。这种通信方式的关键是设计外部语言及转换机制。

2. Agent 通信机制

通常使用的 Agent 通信机制有两种：黑板系统和消息对话系统。

1）黑板通信机制

在多 Agent 系统中，黑板提供一个公共的工作区，供 Agent 交换信息。一个 Agent 在黑板中写入信息，该信息就可以为系统中其他 Agent 所使用。各个 Agent 可以在任何时候访问黑板，查询是否有新的信息。在黑板系统中，Agent 之间不进行直接通信，每个 Agent 独立完成各自求解的子问题。黑板结构可用于任务共享系统和结果共享系统。

2）消息对话机制

消息对话通信是实现灵活和复杂的协调策略的基础。各个 Agent 使用规定的协议相互交换信息，用于建立通信和协调机制。在面向消息的多 Agent 系统中，发送

Agent 直接把特定的消息发送至另一个接收 Agent。与黑板系统不同的是，Agent 之间的消息直接交换，没有中间缓冲区。一般认为，发送 Agent 需为消息制定唯一的地址，只有该地址的 Agent 才能读取该消息。为了支持协作策略，通信协议必须明确规定通信过程和消息格式，并选择通信语言。每个 Agent 必须知道通信语言的语义。

2.4　小　结

计算智能以生物进化的观点认识和模拟智能，为许多难以用传统数学方法和其他人工智能技术解决的科学和工程问题提供全新的思路。本章重点介绍群体智能、进化计算，以及智能 Agent 的相关知识。

生物进化过程非常复杂，目前许多问题还不能用现有的进化理论来解释。随着生物学前沿领域的发展和生物进化理论的不断深入，更多新的计算智能方法必将涌现。

参 考 文 献

[1] Eberhart R C，史玉回. 计算智能：从概念到实现(英文版). 北京：人民邮电出版社, 2009

[2] 马锐. 人工神经网络原理. 北京：机械工业出版社, 2010

[3] 玄光男，程润伟，于歆杰. 遗传算法与工程优化. 周根贵译. 北京：清华大学出版社, 2004

[4] 刘大有，卢亦男，王飞，等. 遗传程序设计方法综述. 计算机研究与发展, 2001, 38(2): 213-222

[5] 米凯利维茨. 演化程序——遗传算法和数据编码的结合. 北京：科学出版社, 1999

[6] Bohachevsky I O, Johnson M E, Stein M L. Generalized simulated annealing for function optimizaion. Techwometrics, 1986, 28(3): 209-213

[7] Kennedy J,　Eberhart R C, Shi Y H. 群体智能. 北京：人民邮电出版社, 2009

[8] Dorigo M, Stutzle T. Ant colony optimization. MA: Bradford Company Scituate, 2004

[9] Dorigo M, Caro J D. Ant algorithm for discrete optimization.Artificial Life, 1999,5(3): 137-172

[10] Dorigo M, Gambardella L M. Ant colonies for the traveling salesman problem. Biosystems, 1997, 43: 73-81

[11] Colorini A, et al. Ant system for job-shop scheduling, Jorbel, 1994,34(1): 39-53

[12] Kennedy J, Eberhart R C. Particle swarm optimization.IEEE International Conference on Neural Networks. Perth, 1995: 1942-1948

[13] Holland J H. Adaptation in natural and artificial systems. MA: Bradford Company Scituate, 1992

第 3 章　软件可靠性

随着计算机技术的飞速发展，计算机软件已广泛应用于社会生活的各个领域。随着软件的规模迅速扩大，功能越来越强大，复杂度逐渐提高，人们对软件质量及可靠性的要求也越来越高。这说明计算机软件一旦失效，给社会带来的影响也越来越大。虽然人们提出软件工程的方法与理论试图克服软件开发的复杂性，但是效果却不是很明显。在这样的背景下，关于软件可靠性的研究就迅速发展起来。所谓软件可靠性(Software Reliability)，是指软件系统在特定的运行环境(条件)下，在给定的时间内，不发生故障的工作概率[1]。软件可靠性反映软件系统对外服务的连续性，软件失效的根本原因在于激活了软件内部的设计缺陷[2]。软件产品的可靠性评估是对软件产品的质量评估和度量的一个重要方面。

软件可靠性的研究比硬件可靠性的研究晚得多，前者起始于 20 世纪 70 年代初。早期的软件可靠性研究以可靠性建模为主，开始人们总是试图用硬件可靠性的方法来解决软件可靠性行为，但效果并不理想。这是由于软件和硬件相比有非常不同的特性。从 20 世纪 70~80 年代中期是软件可靠性建模技术的快速发展时期，这段时间产生了上百种的软件可靠性模型[3]。从 20 世纪 90 年代开始，软件可靠性技术在实际的工程实践中得到应用，在理论与实际结合方面取得较大的发展。与传统的可靠性研究相比，关于软件的可靠性研究还远不够成熟，许多问题有待进一步研究与解决。

3.1　软件可靠性的基础理论

3.1.1　软件可靠性的定义及基本数学关系

可靠性是软件的一个质量要素。软件如果不具有足够的可靠性水平，使用过程中将频繁失效，其后果轻则给用户带来麻烦，造成经济损失，重则导致安全事故。这样的软件不仅没有使用价值，而且非常危险。

软件可靠性是软件工程学与可靠性工程学结合产生的前沿学科，它的定义随软件可靠性的兴起而发展，有过许多不同的定义。

1983 年，美国 IEEE 计算机学会对“软件可靠性”一词给出如下正式的定义[4]。

(1) 在规定的条件下和规定的时间内，软件不引起系统失效的概率。该概率是系统输入和系统使用的函数，也是软件中存在错误的函数。系统输入确定是否会遇到已经存在的错误。

(2) 在规定的时间周期内，在所述条件下程序执行所要求功能的能力。

1987 年，Musa、Iannino 和 Okumoto 也对“软件可靠性”提出如下定义：软件可靠性是指在一段特定的自然单元或时间间隔内软件有效运行的概率。

软件质量特性国际标准 ISO/IEC9126-1991 给出“软件可靠性”的定义：软件可靠性是软件在规定的时间间隔和已给定的环境(条件)下，按照设计要求，成功地运行程序的概率。

以上 3 种定义目前已成为软件可靠性的标准定义。

在上述可靠性定义中，需说明以下 4 个概念。

(1) 规定的条件。规定的条件指软件的使用环境，它涉及该软件运行时所需要的支持系统及相关因素。例如，支持硬件、操作系统、其他支持软件、输入数据格式、范围和操作规程，以及各种标准手册等。一个给定的环境(条件)就是对以上各种因素精确而详细的限制描述。规定软件的使用环境是判定失效的责任在用户，还是在软件的关键，也是给出准确可靠性度量的依据。所以，严格地说，描述软件可靠性所要求的使用环境主要是描述对输入数据的要求及计算机当时的配置状态。同时，假定其他一切支持系统的因素对该软件来说都是理想的，不会影响软件的运行。

(2) 规定的时间。软件可靠性体现于软件的运行阶段。因此，在软件可靠性的定义中，一般采用运行时间 t 作为时间的度量。定义运行时间 t 为软件系统一旦投入运行后的计算机挂起(开启与空闲)与工作的累积时间。计算机的停机时间不包括在运行时间 t 内。由于具体的输入环境是随机的，因此程序中相应程序路径的选取也是随机的，这使得软件的失效也是随机的。因此，运行时间 t 也应当成随机变量来考虑。如果软件存在设计错误，它们仅存于某些测试中没有覆盖到的程序路径中，因而被遗留到运行阶段，这些错误称为残存错误。不断地处理各种问题，运行时间 t 增加，不断地被暴露，因此，软件发生错误的概率也在增加。

(3) 所要求的功能。在考虑软件可靠性时，首先应明确软件的功能，分清功能的主次。一般从软件的需求分析说明书和设计说明书中可以了解这些情况。功能不同，失效带来的损失就不同，因此，还需明确哪些失效是致命的，哪些失效是非致命的，哪些是容易修复的。此外，还需明确怎样才算是完成一个规定的功能。

(4) 成功的运行。成功的运行指程序能正确地运行，满足用户对它的功能要求，而且当程序受到意外伤害或系统错误时，能尽快恢复，仍能正常地运行。

以 E 表示特定的环境，t 表示给定的时间，设系统从时间 0 开始运行，直到 T 时发生故障，则有

$$R(E,\ t) = P_r\{T > t \mid E\} \tag{3-1}$$

式(3-1)表示软件系统在特定的环境 E 下正常工作到时刻 t 时的概率。其中，T 是从时刻 0 开始软件系统运行到发生故障时的时间。

$R(E, t)$ 具有如下性质：

(1) $R(E, 0) = 1$，即在 0 时刻，系统绝对不发生故障。

(2) $R(E, +\infty) = 0$，即在无限远的时刻，系统必定失败。

在时间区间$(0, +\infty)$上，函数$R(E, t)$是单调递减的。

按照概率论的观点，“软件系统正常工作”是一事件，则它的对立事件“软件系统运行出错”定义一个故障概率函数：$Q(E, t)$，显然有

$$R(E, t) + Q(E, t) = 1 \tag{3-2}$$

通常，特定的环境E从描述测量的上下文了解，而不确切地给出。因此，可以把可靠度函数$R(E, t)$简写为$R(t)$，而把故障概率函数$Q(E, t)$简写为$Q(t)$。因此，有

$$R(t) + Q(t) = 1 \tag{3-3}$$

$$R(t) = 1 - Q(t) = P_r\{T > t\} \tag{3-4}$$

式中，T的意义同式(3-1)。

从软件可靠性的基本定义可以导出它的数学表达式。用随机变量i表示从程序运行开始到系统失效所经历的时间，用$F_i(t)$表示i的分布函数，用t表示任意给定时刻，用$R_i(t)$表示程序在t时刻的可靠度，则

$$R_i(t) = P_r\{i > t\} = 1 - F_i(t) \tag{3-5}$$

因此，式(3-5)就是软件可靠度的数学表达式[5] [6] [7]。

3.1.2 软件可靠性的因素

软件可靠性因素指软件生存期内影响软件可靠性的因素，包括技术、社会、经济，以及文化等多方面的因素。从技术角度来看，影响软件可靠性的因素主要包括以下 8 个方面。

(1) 运行环境(剖面)。软件可靠性与软件的运行环境有密切的关系，同一软件在不同的运行剖面下，其可靠性行为可能不同。软件故障是软件缺陷在一定输入情况下被激活的结果。

(2) 软件规模。随着计算机技术在各个领域的不断深入，应用软件所要解决的问题变得更精、更难，所需代码量也越来越大。正是由于软件规模不断扩大，软件的可靠性才越显突出。如果软件只含有一条指令，那么谈论软件可靠性问题是没有意义的。

(3) 软件内部结构。软件的内部组织结构对可靠性的影响非常大。结构越复杂，软件的复杂度也就越高，内含的缺陷个数也就可能越多，从而导致软件的可靠度降低。

(4) 软件可靠性设计技术。软件可靠性设计技术指在软件设计阶段所采用，以保证和提高软件可靠度为主要目标的软件技术，一般是指避错技术和容错技术。

(5) 软件(可靠性)测试与投入。软件许多错误和缺陷可以通过大量的测试有效地排除。测试越完全，测试时间越长，软件的可靠性越有保障。但测试需投入大量的人力和物力，因此，软件测试方法对软件可靠性有不可忽视的影响。

(6) 软件可靠性管理。软件可靠性管理指系统地管理软件生存期各个阶段的开发活动，使之系统化、规范化、一体化，从而避免许多人为错误，以提高软件可靠度。

(7) 软件开发人员能力和经验。开发人员(包括测试人员)是软件开发过程中最宝贵的资源，开发人员的专业素质对产品的质量影响重大。开发人员的能力越强，经验越丰富，所犯错误便可能越少，遗留在软件内部的缺陷也就越少，产品相应的可靠度也就越高。

(8) 软件开发方法。开发方法对软件可靠性也有显著的影响。与非结构化方法相比，结构化的软件开发方法可以明显减少软件缺陷数。同时，程序语言和开发工具对软件可靠性也有影响。

对整个软件开发过程的五个主要阶段(分析、设计、编码、测试和运行)进行分析，从分属不同阶段的32种因素对软件最终产品的可靠性影响进行等级评分，利用相关加权方法排序。其中，软件复杂度、程序员的技能、测试努力度、测试覆盖率、测试环境和程序规格说明书是影响软件可靠性的主要因素[8]。软件可靠性定量评估一般只是对软件可靠性测试后的失效数据进行分析，而忽略软件开发过程中大量的有用信息。因此，目前基于知识开发与数据挖掘的软件可靠性测试与评估成为研究的新方向。研究人员意识到从软件开发过程中的各种可靠性因素、软件应用特性、软件测试过程中收集到的失效数据、软件应用环境等信息中可以挖掘到隐含的有用知识，并将其用于软件可靠性定量评估过程，以得到更加可信、准确的软件评测结果[9]。软件可靠性的定量评估如图3-1所示。

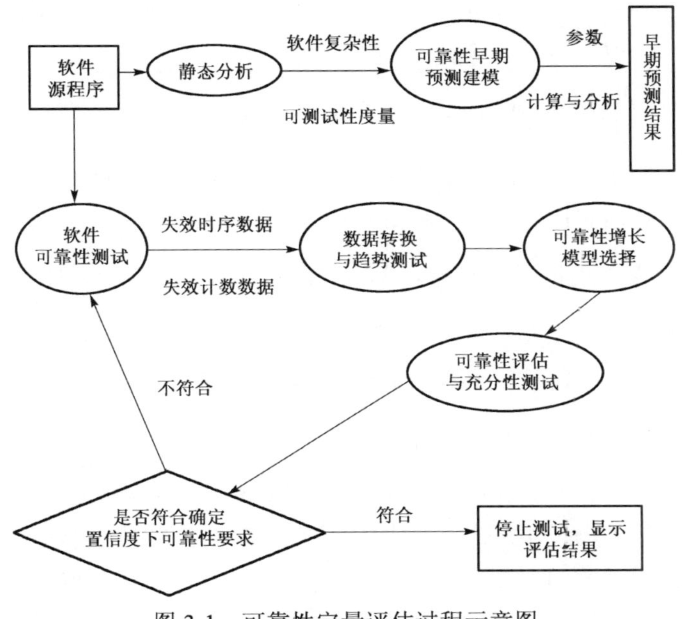

图3-1　可靠性定量评估过程示意图

3.1.3 软件可靠性度量的指标

软件可靠性指标是定量评估软件可靠性的依据，确定其指标要求是评估软件可靠性的必要步骤。下面介绍 8 个主要的软件可靠性度量指标。

1. 软件可靠度函数 $R(t)$

$R(t)$表示软件于 $t=0$ 起随机运行执行任务，到时刻 t 时还未出现故障的概率(即寿命 T 超过 t 的概率)，表示为 $R(t)=P\{T>t\}=\mathrm{e}^{-\lambda t}$ 。

2. 软件失效分布函数 $F(t)$

软件失效分布函数 $F(t)$ 也称为累积失效密度函数，表示在$[0, t]$时间内的累积失效概率，表示为 $F(t)=P\{T\leqslant t\}=1-R(t)$ 。

3. 软件失效概率密度函数 $f(t)$

软件失效概率密度函数 $f(t)$ 表示软件在 t 时的失效概率。通过建立时间 t 的失效概率密度函数 $f(t)$，用来描述软件失效时间的不确定特性。

4. 软件失效率

软件失效率又称为软件风险函数，它的数学定义是软件在 t 时刻还未失效的条件下，在 $(t, t+\Delta t)$ 区间，当 Δt 很小时，单位时间内发生失效的概率，用 $\lambda(t)$ 表示软件失效率。

5. 软件平均失效前时间(Mean Time To Failure，MTTF)

软件平均失效前时间是指在不可维修系统中，从运行开始到失效出现之间平均运行时间。若将 MTTF 记为 θ，则 $\theta=1/\lambda$ 。

6. 软件平均失效间隔时间(Mean Time Between Failure，MTBF)

软件在规定的条件下随机使用时，在规定的时间内，软件产品的总工作时间与失效总次数之比，即 MTBF = 总工作时间/失效总次数 = $1/\lambda$。

7. 软件平均修复时间(Mean Time To Repair，MTTR)

软件平均修复时间是指软件修复时间的平均值，修复时间是从发现软件失效至软件修复至规定的功能所需的时间，即失效诊断(定位失效)、修理准备、实施修理、恢复及检验系统等所有的时间，其中费时最多的是失效诊断。系统的平均修复时间和平均无失效时间有关。从提高系统可用角度来看，提高 MTTR 比减少失效率更为有效。软件修复指排除软件代码中的错误。软件的修复工作能够降低系统的失效率，并且提高系统的可靠度。软件修复时间是一个随机变量，即 MTTR = 总维修时间/维修次数 = $1/\mu$。

8. 软件可用度

软件可用度指在需要时，软件系统可用的概率。系统的 MTTF 和 MTTR 测定后，即可求得，即

$$\begin{aligned} A &= \text{可工作时间}/(\text{可工作时间}+\text{不可工作时间}) \\ &= \text{MTBF}/(\text{MTBF}+\text{MTTR}) = \mu/(\lambda+\mu) \end{aligned}$$

3.1.4 软件失效机理

清理软件失效的前因后果是提高软件可靠性的基础。下面介绍与软件失效机理相关的 4 个概念。

(1) 软件错误。软件错误是指在软件生存期内出现不希望或不可接受的错误，它是在软件设计和开发过程中引入的，其结果是导致软件缺陷。因此，软件错误是一种人为的结果，相对于软件本身，是一种外部行为。在大多数情况下，错误可被查出并排除；在某些情况下，仍然有部分错误隐藏于软件内部之中。

(2) 软件缺陷。软件缺陷是指存在于软件(包括说明文档、应用数据、程序代码等)之中那些不希望或不可接受的偏差。例如，缺少一个逗号、多一条语句等。软件缺陷静态地存在于软件内部，其结果是软件运行于某一特定条件时出现软件故障，这时称软件缺陷被激活。

(3) 软件故障。软件故障是指软件运行过程中出现一种不希望或不可接受的内部状态。例如，软件处于执行一个多余循环过程等，此时若无适当措施(如容错)加以及时处理，则使软件失效。显然，软件故障是一种动态行为，是软件缺陷的一种动态形式。

(4) 软件失效。软件失效是指软件运行时产生一种不希望或不可接受的外部行为结果。

综上所述，软件错误是一种人为错误，一个软件错误必定产生一个或多个软件缺陷。当一个软件缺陷被激活时，便产生一个软件故障；同一个软件缺陷在不同条件下被激活，可能产生不同的软件故障。软件故障如果没有软件自动、有效、及时地处理，便不可避免地导致软件失效[10-12]。这四者的因果关系可以概述为软件失效机理，其层次关系如图 3-2 所示。

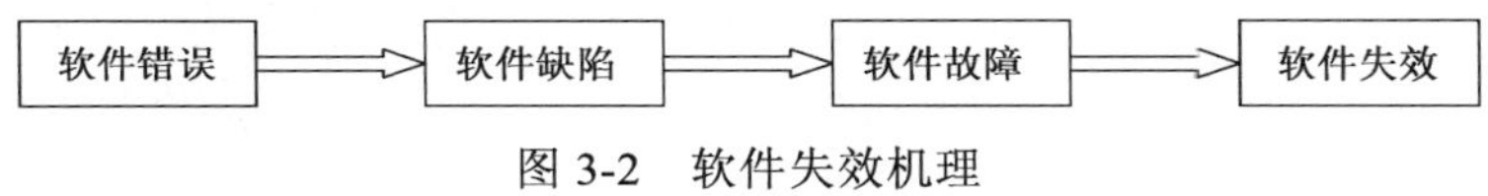

图 3-2　软件失效机理

软件可靠性数据是进行软件可靠性分析和估测的基础，在整个软件可靠性研究中占据重要的地位。软件可靠性模型的假设是否合理，应由软件可靠性数据加以检

验。模型是否精确，估测的结果是否令人满意，也由靠软件可靠性数据加以验证，因而在研究软件可靠性模型之前，必须有软件故障数据。在实际的研究工作中，通常将软件故障数据分为完全数据和不完全数据两大类。完全数据给出每个软件故障发生的时间间隔，而不完全数据给定在一定的时间间隔(均匀或不均匀)内的累积故障数。

软件产业是典型的知识密集型产业，存在于软件开发过程中的特殊复杂问题大多数来源于人类脑力劳动的社会化，对它的管理复杂、困难很多。软件故障数据的收集是一项艰巨又繁琐的工作，准确而高效地收集各种软件可靠性数据的根本出路在于收集过程全部或部分自动进行。目前，虽已开发出一些自动收集软件可靠性数据的软件，但是有很大的局限性。准确而高效地自动收集各种软件故障数据方面还存在相当大的难度。

Morell 提出关于测试用例使软件失效的理论模型，认为测试用例在发现错误时需具备的三个必要条件。

(1) 执行包含错误的代码。

(2) 感染计算的数据状态。

(3) 传播这种错误的数据状态至输出。

这个模型被称为 PIE 模型，它全面概括了软件失效时测试数据与待测软件之间的交互关系，可以用来对各种软件测试方法进行比较，并可以说明各种不同的方法之间不同的侧重点[13]。

3.2 软件可靠性技术

软件可靠性技术包括可靠性设计技术和可靠度分析技术两方面。

软件可靠性设计的目的是为了获得高可靠度软件，主要包括避错设计、差错设计、改错设计和容错设计。软件可靠度分析的目的是为了预测、评估软件系统的可靠性，为软件可靠性设计和软件维护提供必要的依据。

3.2.1 软件可靠性分析技术

1. 软件可靠性分析与预测

从可靠性研究的角度看，系统是由彼此联系、相互协作的一组单元所组成，并完成一定功能的整体。系统整体的可靠性与部件之间有紧密的联系。分析系统的可靠性时，将系统的结构图转换为系统的可靠性框图，再根据可靠性框图与部件的可靠性特征量分析设计系统整体的特征量。可靠性框图描述系统的功能与部件的功能之间的可靠性关系。常见的可靠性框图结构有串联式结构、并联式结构与混联式结构等。

由 n 个部件组成的串联式结构表示当 n 个部件都正常工作时系统才能正常工作。只要有一个部件失效，系统就会失效。设第 i 个部件的寿命为 X_i，其中可靠度为 $R_i(t)$，且假定它们相互独立。由定义可知串联系统的系统寿命 X 为 X_i 中的最小值，即有 $X = \min(X_1, X_2, \cdots, X_n)$。所以，串联系统的可靠度函数为 $R(t) = P(X > t) = P(\min(X_1, X_2, \cdots, X_n))$。

由以上分析可得，串联系统的可靠度低于系统的每个部件的可靠度，且随系统部件的增加而降低。串联系统的失效率大于系统各个单元的失效率[14]。

由 n 个部件组成的并联系统表示只有当 n 个部件全部失效时，系统才会失效。只要有一个部件正常工作，系统就可以正常工作。设第 i 个部件的寿命为 X_i，其中可靠度为 $R_i(t)$，且假定它们相互独立。由定义可知并联系统的系统寿命 X 为 X_i 中的最大值，即有 $X = \max(X_1, X_2, \cdots, X_n)$。所以，并联系统的可靠度函数为 $R(t) = P(X > t) = P(\max(X_1, X_2, \cdots, X_n))$。

由以上分析可得，并联系统的可靠度高于系统的每个部件的可靠度，且随系统部件的增加而降低。并联系统的失效率低于系统各单元的失效率，且平均寿命高于部件的平均寿命。因此，并联系统可以提高系统的可靠度。

串联系统结构与并联系统结构是可靠性结构框图中的两种基本的结构，在此基础上有混联结构与 m/n 表决结构。混联结构是既有串联，又有并联的结构。m/n 表决结构类似于并联结构，是指在 n 个部件中只要有 m 个不失效，系统就不会失效的可靠性结构。它们的分析方法都与串联系统结构与并联系统结构的分析方法类似[15]。

2. 软件可靠性分析的目的

可靠性数据分析贯穿于产品研制、试验、生产、使用和维修的全过程，进行可靠性数据分析的目的和任务也是根据产品研制、试验、生产、使用和维修等过程中所开展的可靠性工程活动的需求而决定的。在研制阶段，可靠性数据分析用于对所进行的各项可靠性试验结果进行评估，以验证试验的有效性，如进行可靠性增长试验时，应根据试验结果对参数进行评估，分析产品的故障原因，找出薄弱环节，提出改进措施，以使产品可靠度逐步增长。在研制阶段结束，进入生产前，应根据可靠性鉴定试验的结果，评估其可靠性水平是否达到设计的要求，为生产决策提供管理信息。在投入批生产后，应根据验收试验的数据评估可靠性，检验其生产工艺水平能否保证产品所要求的可靠性水平。在投入使用的早期，应特别注意对于使用现场可靠性数据的收集，及时进行分析与评估，找出产品的早期故障及主要原因，进行改进或加强质量管理。加强可靠性筛选，可大大降低产品的早期故障率，提高产品的可靠度。使用时应定期对产品进行可靠度分析和评估，对可靠度低下的产品进行改进，使之达到设计所要求的指标。

3.2.2　软件可靠性设计技术

1. 软件可靠性设计过程

软件可靠性设计的实质是在常规的软件设计中，应用各种必需的方法和技术，使程序设计在兼顾用户的各种需求时，全面满足软件的可靠性要求。软件可靠性设计应该和软件的常规设计紧密结合，贯穿在常规设计过程的始终。大型软件项目设计可分解为如图 3-3 所示的 9 个步骤。这 9 个步骤可以认为是对软件开发期阶段划分的细化和补充。对设计过程进一步分解，有利于设计过程管理，也有利于设计方法选取和设计质量评价。

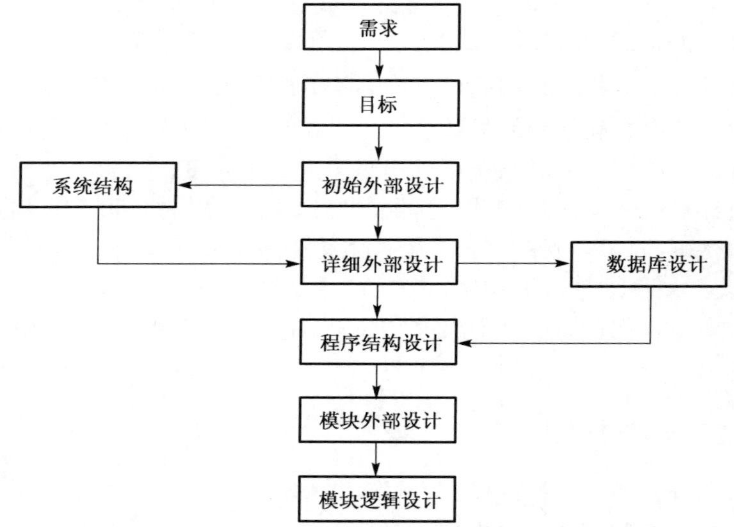

图 3-3　软件可靠性设计过程分解

在图 3-3 中，设计过程的第一步是将用户对产品的要求转化为需求说明。第二步是按需求说明建立产品的开发指标。这两个过程分别与软件开发期的需求分析和系统说明阶段相对应。第三步是初始外部设计，其目的在于简要定义用户接口，但暂不涉及诸如输入、输出形式之类的细节。初始外部设计之后为详细的外部设计和系统层次设计这两个并行的步骤。详细外部设计的目的在于详细地定义用户接口。系统层次设计的任务是将系统分解为程序、分程序，定义各个程序、分程序的接口。第六步是程序结构设计，程序结构设计的任务是将程序划分为模块，确定模块的相互联结，设计模块接口。第七步是数据库设计，它的任务是定义程序外部的数据结构。第八步是模块的外部设计，其目的是精确地定义模块的接口。最后一个步骤是模块的逻辑设计，其目的是设计模块内部的逻辑结构。这些步骤分别对应于概要设计和详细设计。

图 3-3 仅用于说明设计中各个步骤的基本顺序和相互关系，而不是各个规定设

计工作的顺序，因为相邻阶段通常存在局部的重叠。实际的设计过程往往比如图 3-3 所示的过程更复杂，各个步骤之间存在图中无法表示的若干反馈。例如，在初始外部设计或详细外部设计中，可能会发现产品的开发指标存在缺陷，故需修正产品的开发指标体系。在程序结构设计时，发现概要设计说明描述的某一项功能很难实现，需再权衡。

2. 软件可靠性设计类型

软件可靠性设计的全部内容可归结为 4 个类型，即避错设计、查错设计、改错设计和容错设计。

避错设计是使软件在应用过程中不发生错误或少发生错误的一种设计方法。由于软件的设计错误通常发生在各个变换的过程中，因此，避错设计最关心的就是控制这些变换过程。避错设计主要由以下 4 种方法构成。

(1) 控制和减少程序复杂度的方法。

(2) 提高变换精确度的方法。

(3) 改善信息联络的方法。

(4) 迅速查找和改正变换错误的方法。

避错设计使用一切类型的软件，体现以预防为主的思想，是软件可靠性设计的首要方法，应当贯彻于设计的全部过程中。

查错设计是指设计中赋予程序某些特殊的功能，使程序在运行中自动查找存在错误的一种设计方法。查错设计技术分为被动式检测和主动式检测两种类型。二者的区别在于被动式检测是在程序的若干部位设置检测点，等待错误征兆出现；主动式错误检测是对程序状态主动进行检查。

改错设计是指在设计中赋予程序自我改正错误、减少错误危害程序能力的一种设计方法。在程序运行过程中，经过自动错误检测发现错误征兆之后，人们自然期望软件具有能够自动改正错误的功能。改正错误的前提必须是已经准确地找出软件错误的起因和部位，程序又有能力修改、剔除有错误的语句。然而，现阶段没有人参与几乎是不可能的，所以不能对软件的改错功能提出超越实际的要求。实际上，用户只能减少软件错误造成的有害影响，或者将其有害的影响限制在一个较小的范围。

容错设计是指在设计中赋予程序某种特殊的功能，使程序在错误已被触发的情况下，系统仍然具有正常运行能力的一种设计方法。容错设计是一种有效的可靠性设计技术。软件的容错设计可采用两种方法，即 N 文本法和恢复块法。软件容错的基本思想来源于硬件可靠性中的冗余技术，N 文本法与硬件可靠性中的静态冗余相对应；恢复块法则与有转换开关的动态冗余相对应。容错软件含有众多的冗余单元，增大了程序规模，增加了资源消耗量，因此容错技术不易普遍采用，只能用于失效后果非常严重的场合。

3.3 小　　结

本章对软件可靠性的定义、基本数学关系、因素、度量指标，以及软件失效机理等软件可靠性的基础理论进行介绍，并对软件可靠性技术中的可靠性设计技术和可靠性分析技术进行分析，从而为软件可靠性进一步深入的研究提供理论基础和理论保障。

参考文献

[1] 徐仁佐, 谢旻, 郑人杰. 软件可靠性模型及应用. 北京: 清华大学出版社, 1994: 3-55

[2] 覃志东,等. 一种实时多任务软件可靠性验证方法. 系统工程与电子技术, 2004, 26(10): 1476-1480

[3] 朱磊, 杨丹, 吴映波. 基于 BP 神经网络的软件可靠性模型选择.计算机工程与设计, 2007, 28(17): 4091-4093

[4] IEEE Standard 982.1-1998, Dictionary of Measure to Produce Reliable Software

[5] Poore J H, Millis H D, Mutchler D. Planning and Certifying software system reliability. IEEE Software, 2002, 10

[6] 喻五一. 软件可靠性数学模型及其应用.计算机与数字工程, 2002,24(3): 50-54

[7] 黄锡滋. 软件可靠性预测方法的进展.自动化学报, 2005,11(1): 3-4

[8] A general software reliability process simulation technique.NASA-CR-189037

[9] 梅登华.G-O NHPP 模型参数特性分析.铁道学报, 1999,21(2): 63-66

[10] Musa J D. 软件可靠性工程. 韩柯,译. 北京: 机械工业出版社, 2003

[11] 何国伟, 王纬,等. 软件可靠性. 北京: 国防工业出版社, 2003: 349-356

[12] 吴鹏, 施小纯, 唐江峻. 关于蜕变测试和特殊用例测试的实例研究. 软件学报, 2005, 16(7): 1211-1220

[13] Voas J, Morell L, Miller K.Predicting where faults can hide from testing. IEEE Software, 1991, 8 (2): 41-48

[14] Gerrard P.Test process improvement.System Evaluative Limited, 2000: 18-26

[15] 黄锡滋. 软件可靠性、安全性与质量保证. 北京: 电子工业出版社, 2002

第 4 章 软件可靠性建模

软件可靠性模型是指为预计或估算软件的可靠性而建立的数学模型或可靠性框图。建立可靠性模型的目的是为了将复杂系统的可靠性逐级分解成简单系统的可靠性，以便于定量预计、分配、估算和评价复杂系统的可靠性[1]。

4.1 软件可靠性模型的基本特点

在软件可靠性理论的研究中，重点是建立软件可靠性评估模型。目前，已经建立的各类软件可靠性评估模型已达一百多个，将它们归纳起来大致有如下的特点。

(1) 程序无关，即模型度量与使用的程序设计语言无关，对于使用不同的程序设计语言根据同一个软件规格说明书编写出来的软件，同一个软件可靠性模型的测试结果应当一致。

(2) 开发方法无关，即模型度量与具体用到的软件开发方法无关。虽然一个用自顶向下、结构化程序设计的方法开发出来的软件比一个用非结构化程序设计方法开发出来的具有更高的可靠度，但是描述起来更困难，因为软件开发是一个十分复杂的过程，涉及诸多的人为因素，从而使得软件的质量难以进行准确预测。

(3) 改错过程。早期的软件可靠性模型一般假定改错是完全彻底的，但实际上是不太可能的，在改正错误时往往会引入新的错误。

(4) 模型表述的内容。一般地说，模型应该说明软件已被测试到什么程度。

(5) 测试方法的选择问题。经过彻底的测试，原则上可以获得完全可靠的软件，但实际操作时常难以达到目的，所以人们不得不采用有限的测试。

(6) 输入的分布问题。模型所假设的输入是何种分布十分重要，因为可靠性估计十分依赖它。

(7) 关于软件复杂的问题。复杂的软件应该比简单的软件要求更长时间的测试，但大多数现有的软件可靠性模型对此未考虑。

(8) 关于时间问题。暴露期应该与外部因素，如机器执行时间无关。在软件可靠性测量与硬件可靠性测量结合起来对一特定的系统环境进行整体考核时，将 CPU 时间作为时间单位是必要的。

(9) 对于模型所要求的数据，应该易于搜集，否则会很大程度上限制软件可靠性模型的应用范围。

（10）模型的验证问题，对于发表的模型进行足够多的验证十分必要。很多时候，由于缺乏实际可用的数据，使得模型的验证停留在理论论证阶段。

一个软件可靠性模型通常由以下 4 部分组成[2]。

（1）模型假设。模型是实际情况的简化或规范化，包括若干假设，如测试用例的选取代表实际运行剖面，不同软件失效独立发生等。

（2）性能度量。软件可靠性模型的输出量就是性能度量，如失效强度、残留缺陷数等。在软件可靠性模型中，性能度量通常以数学表达式给出。

（3）参数估计方法。某些可靠性度量的实际值无法直接获得，如残留缺陷数，这时需通过一定的方法估计参数的值，从而间接确定可靠性度量的值。当然，对于可直接获得实际值的可靠性度量，便无需参数估计。

（4）数据要求。一个软件可靠性模型要求一定的输入数据，即软件可靠性数据。不同类型的软件可靠性模型可能要求不同类型的软件可靠性数据。

图 4-1 给出软件可靠性建模的基本思想[3]。

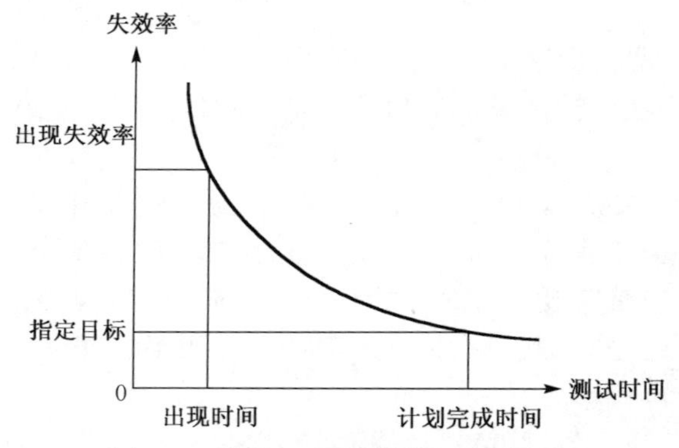

图 4-1　软件可靠性建模的基本思想

在图 4-1 中，软件失效总体上随软件错误的检出与排除而不断降低，在任意给定的时间内，可以观察到软件失效的历史。软件可靠性建模通过统计结果预测软件的失效趋势，其目的如下所述。

（1）预测达到规定目标还需要的测试时间和资源开销。

（2）预测测试结束时，软件的期望可靠度。

4.2　软件可靠性模型的特征

软件可靠性是软件开发、管理、环境、资源、人员等因素的函数。它不仅依赖软件开发过程中所使用的方法、技术和工具，还与验证方法有关。对于一个通过完备测试的软件，其可靠性必然得以增长和保证。软件可靠性还与所使用的程序设计语言、开发与运行环境，以及开发人员的素质和工作质量等密切相关。因此，一个适用的软件可靠性模型应尽可能将这些因素都包括进去。但是，实际上非常困难，甚至是不可能的，也是不必要的[4]。

1. 程序设计语言

在理论上，程序设计语言与软件可靠性模型的应用不存在必然的联系，不同的程序设计语言所实现的同一需求规格说明的软件应用同一软件可靠性模型，应该能得到相同的结果。事实并非如此，在软件可靠性建模过程中，必须考虑程序设计语言的效率等方面的因素。

2. 开发方法

使用某种开发方法可能比使用其他开发方法所开发出的软件更可靠。但是。实际描述这样的影响是非常困难的。因为软件开发是一个十分复杂的过程，涉及开发人员的素质等多种因素，这使得对软件的可靠度难以测量。为了保证软件可靠性模型的估测精度，一般都将待估测的软件看作是采用最坏的开发方法、使用最差的开发工具、使用最低劣的开发技术开发出来的。为了方便使用，通常假定软件可靠性模型与具体的软件开发方法无关。

3. 测试方法

在理论上，软件只要经过规定的测试，就可以达到期望的可靠性目标。但是，实际情况并非如此。软件测试能检查出软件中的错误，但并不能证明软件中不存在错误，因为进度、经费等原因无法完备测试而只能采用有限的测试。同时，几乎所有的软件可靠性模型都假定测试环境就是实际运行环境，且假定测试用例与软件的操作使用具有相同的分布，这无疑限制了对于要求高可靠度估测情况下这些软件可靠性模型的可用条件。

4. 错误排除过程

大多数早期软件可靠性模型都假定软件错误排除过程中不引入新的错误。但是，在实践中，完全排除软件错误难以实现，错误的排除过程也可能成为新错误引入和传递的过程。

5. 估测与输入分布

软件可靠性模型假设的输入分布是非常重要的，软件可靠性模型所有的估测与输入分布密切相关。一个极端的情况是，若输入是一个常数，则软件或者出错，其可靠度为 0；成功地执行，其可靠度为 1。

6. 模型表述

软件可靠性模型应能表征测试输入是否已足够地覆盖输入域，测试条件和数据是否已准确地模拟运行环境，是否足以检出类似的错误并指示出软件的测试程度等。模型假定测试的条件和数据域与操作环境有同样的分布。

7. 模型验证

软件可靠性应充分验证。但是，由于缺乏足够有效的软件可靠性数据，使得对软件可靠性模型的验证既困难，又不充分。因此，在工程上，选择软件可靠性模型时应明确其是否可验证，以及验证的结果；在建立或改进软件可靠性时，应充分考虑模型验证。

8. 时间问题

软件可靠性模型所使用的时间单位都作为无量纲的量进行处理，无论用户提供的数据中所采用的时间单位是什么，或采用何种时间，软件可靠性模型都能作相应的归一化处理。

9. 数据要求

软件可靠性模型所使用的数据应该是易于收集和处理的。

4.3 模型评价标准

软件可靠性模型的现状迫切要求给出模型的简化假设，建立可靠性模型的评价体系，以保证可靠性模型数学公式简化表达并方便统计处理，从而确保其在工程上适用。为此，不少软件可靠性模型结合具体的软件特征及其软件开发过程建立模型评价体系，给出基于软件开发、测试和错误更改等过程的不同假设。

但是，目前尚无一个普遍适用的模型能对不同的软件或同一软件的不同过程活动给出最佳的可靠性评估和预测，尤其困难的是还没有一个有效的办法先验地判别出哪些数据集合适用于一个具体模型。因此，建立一个评价与选择，以及对软件可靠性测量的标准体系，为实践提供准则和指南，具有极其重要的意义。

4.3.1 模型拟合度

模型拟合度是指软件可靠性模型估计出的失效数据与实际失效数据的吻合程度。为了使用一组规定的失效数据对一组软件可靠性模型进行比较，必须考察拟合模型与所观察到的数据的最佳符合度。一个拟合模型就是其参数是根据观测数据所估计得到的模型。问题是根据拟合模型进行采样是否能够获得观测数据。若 $\hat{F}$ 是具有所估计参数的模型函数，通过假设检验就能回答这个问题。其原假设为 H0：失效数据是由具有分布函数 $\hat{F}$ 的模型产生的。这就是所谓的拟合优度检验。它是一种系统地分析观测数据与拟合模型之间全局符合的有效方法。目前，广泛使用的拟合优度检验是 Kolmogorov-Smirnov(KS) 检验，它是通过计算失效间隔数据的 Kolmogorov-Smirnov 距离来度量可靠性模型对失效数据的拟合度。假设观察到的失效间隔数据为 $x_1,\cdots,x_n$，则 KS 距离定义为

$$D_n = \sup_x |F_n(x) - F(x)| = \max_{1\leqslant i\leqslant n} \delta_i \tag{4-1}$$

式中，$\sup_x$ 为标识函数的最小上限；$F_n(x)$ 为采样累加分布函数；$F(x)$ 为一致累加分布函数。

由于 $F_n(x)$ 和 $F(x)$ 都是 x 的单调非递减函数，所以 $|F_n(x) - F(x)|$ 的上限可在 n 个点 x_i 处找到，即它是在子样的每个次序统计量 x_i 上求样本的经验分布函数(实际失效数据)和假设的理论分布(用模型估计出的失效数据)之间的偏差。计算的公式为

$$\delta_i = \max\left\{\left|F(x_i) - \frac{i-1}{n}\right|, \left|\frac{i}{n} - F(x_i)\right|\right\}(i = 1,2,3,\cdots,n) \tag{4-2}$$

对于失效间隔数据 D_n 的计算，可先由实际失效数据和模型假设得出 U 图向量，将 $F(x_i)$ 换为 μ_i 代入计算即可。显然，μ_i 向量中包含有由模型估计出的失效数据的信息。

在显著水平 α 下，样本大小为 n 的 Kolmogorov-Smirnov 检验的临界值为 $D_{n,\alpha}$。若 $D_n < D_{n,\alpha}$，则说明此模型的拟合效果比较理想。对于给定的失效数据，由模型计算出的 D_n 值越小，该模型的拟合效果就越好[5]。

4.3.2　模型准确度

预测的准确度可以用序列似然函数 PL(Prequential)来测定[6]。设观测的失效时间间隔数据的序列为 $x_1,x_2,\cdots,x_{i-1}$，目标是通过这些数据来预测未观测到的失效时间间隔数据 x_{i-1}。更精确地说，希望得到一个良好的 $F_i(x)$ 估计值 $\hat{F}_i(x)$，$F_i(x)$ 定义为 $P(x_i < x)$。假设以 $x_1,x_2,\cdots,x_{i-1}$ 为基础预测 x_i 的分布，$\hat{F}_i(x)$ 具有概率密度函数为

$$\hat{f}_i(x) = \frac{\mathrm{d}}{\mathrm{d}x}\hat{F}_i(x) \tag{4-3}$$

序列似然函数 PL 定义为 $\hat{f}_i(x_i)$，即在实际的观察值 x_i 上估计的预测密度。在进行 n+1 次预测之后，可以进一步定义 PL 为

$$\mathrm{PL}_{n+1} = \prod_{j=i}^{i+n} \hat{f}_j(x_j) \tag{4-4}$$

对于同一失效数据而言，模型的 PL 值越大，说明预计的准确度越好，预测越

精确。由于这种度量通常接近 0，所以，常用其自然对数进行比较。假定拟选择的两个软件可靠性模型分别为 A 和 B，则其序列似然函数之比为

$$\mathrm{PLR}_n = \frac{\mathrm{PL}_n(A)}{\mathrm{PL}_n(B)} \tag{4-5}$$

这个比率表示一个模型给出比另一个模型更准确的预测结果。如果 $n\to\infty$，$\mathrm{PLR}_n\to\infty$，则说明模型 A 优于模型 B；反之，模型 B 优于模型 A。

4.3.3 模型偏差

若一个模型的预测结果总是比所观测到的失效时间长或者短，那么，该模型是有偏差的。传统意义上的偏差定义为 U 结构图中完全预测曲线和实际预测曲线在垂直方向上的 KS 距离，即为了测量模型偏差，可以通过计算在单位斜率线和用 $\mu_j = \hat{F}_j(x_j)$ 表示的概率积分变换值之间的最大垂直距离。每个 $\mu_j(0<\mu_j<1)$ 是观测时间间隔 $x_j(j=s,\cdots,i)$ 的概率积分变换，用先前根据 x_j 计算出来的预计量 $\hat{F}_j$ 表示。即 μ_j 是在各观测失效时间间隔计算得到的模型分布函数值[7]。

U 结构图的目的是用来判定预测 $\hat{F}_j(x_j)$ 是否均匀地接近实际的 $F_j(x_j)$。通过判断 $\{\mu_j\}$ 序列偏离一致性来构造 U 结构图。其方法如下所述。

(1) 根据观测到的 x_j 现实值和可靠性模型的假设，可以得到序列 $\mu_j = \hat{F}_j(x_j)$，将 μ_j 由小到大排序得到序列 μ'_j。

(2) 在坐标系的横轴 $(0, 1)$ 区间上依次取 μ'_j。

(3) 由左至右画出单步增长函数，横轴上每个 U 值对应的增长高度为 $\frac{1}{i-s+2}$，如图 4-2 所示。

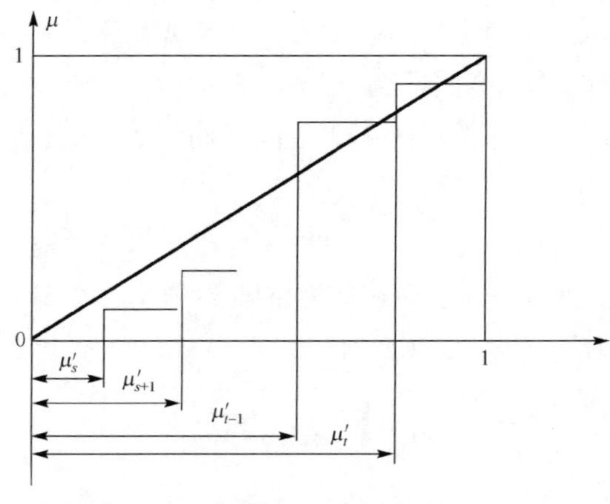

图 4-2　U 结构图

如果$\{\mu_j\}$序列是一致的，则单步增长函数曲线应该接近单位斜率线。

U 结构图中任何对于此直线的严重偏离都表明$\{\mu_j\}$序列非一致，同时预测不准确。判定偏离严重与否的一种方法是求 KS 距离，它是 U 结构图与单位斜率线的最大垂直距离，KS 距离越大，表明偏差越大。若 U 结构图高于单位斜率线，则表明预计过于乐观；反之，则表明预计过于悲观。总之，U 结构图远离单位斜率线就表明预计存在某种偏差。

4.3.4　模型偏差趋势

模型偏差趋势表示模型偏移的一致性。趋势值越小，表明模型更能适应不同的数据变化，因而产生更好的预计结果。同模型偏差类似的是，模型的偏差趋势可以用 Y 结构图的 KS 距离来表示。Y 结构图可以用于探测 U 结构图难以发现的预测与现实数据之间的偏差。例如，在 U 结构图中某一阶段预测趋势乐观，而另一阶段则可能预测趋势悲观，对于 U 结构图而言，得到的 KS 距离值较小，使用 Y 结构图则可以发现这种偏差[8]。

Y 结构图是通过$\{\mu_j\}$序列进行变换后绘制的。μ_j 是(0, 1)区间上同分布的均匀随机变量。对 μ_j 作一转换：$p_j = -\ln(1-\mu_j)$，得到另一序列 p_j，p_j 序列是独立的同分布单位指数型随机变量。检测泊松过程中的趋势，首先将整个序列 p_j 归一化到(0, 1)，即对于一个预计序列从 s 到 i，定义为

$$y_k = \frac{\sum_{j=s}^{k} p_j}{\sum_{j=s}^{i} p_j} (k = s,\cdots,i-1;\ i \leqslant n) \tag{4-6}$$

然后，由序列$\{y_j\}$绘制 Y 结构图。Y 结构图类似于 U 结构图，绘制方法也一样。在区间(0, 1)从左边开始画出步长为 $\dfrac{1}{i-s+2}$ 的单步增长函数 $y_s, y_{s+1}, \cdots, y_{i-1}$ 的值。

Y 结构图能够检测出 U 结构图是否掩盖模型的一致偏差。评价 Y 结构图优劣的标准也是 KS 距离，KS 距离越小，Y 结构图越好，模型偏差趋势越小。

4.4　软件可靠性模型分类

软件可靠性是软件质量的一个要素，是衡量软件质量的一个重要指标。软件可靠性是软件在指定时间内、给定条件下软件无故障运行的概率。软件可靠性同硬件可靠性一样，都可看成是随机过程，用概率分布来描述。软件可靠性与硬件可靠性的分析却不完全相同。一方面，软件不会老化，其可靠度不随时间增加而减少；另一方面，软件失效常常是由于软件分析或设计不当引起。这样使软件可靠性分析变得非常复杂[9]。

软件可靠性数学模型的研究仍处在一个初级阶段，至今尚没有一个完整、系统、科学的分类方法。

按照随机分类法将模型分类，可分成随机过程模型和非随机过程模型。随机过程模型在形式上是一个随机过程，它描述的失效行为随时间而变化，可以使用概率和数理统计的知识来对它们进行描述。这类模型可进一步细分为马尔可夫过程模型、非齐次泊松模型(NHPP)和执行时间模型。非随机过程模型是指贝叶斯方法应用于软件可靠性研究的贝叶斯模型或者其他方法的模型，典型的有 Littlewood-Verral 模型及其推广形式、Nelson 的输入域模型及其推广形式等[10]。具体分类如图 4-3 所示。

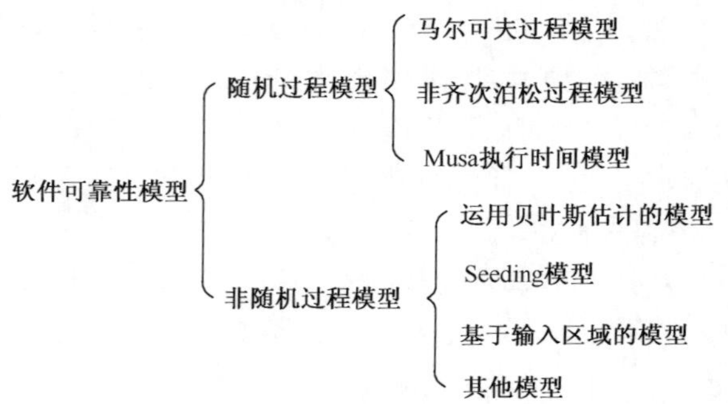

图 4-3　软件可靠性模型分类

另一种分类方法主要根据模型应用于软件寿命周期的阶段进行分类。Ramamoorthy 和 Bastani 根据模型是否应用于软件的开发阶段、验证阶段、操作运阶段和维护阶段，对其进行分类。

大多数的模型基本上都根据软件的过去行为预测它的行为，根据它的错误发生史来估计期望的可靠度。在软件的开发阶段，软件错误一旦被查出，立即就改正。应用于这一阶段的模型往往都假设在改错时不引入新的错误，因此，软件的可靠度是随测试和分析的深入而逐渐增加的，应用于这一阶段的模型又被称为可靠度增长模型。它们又进一步分为错误个数计数模型和非计数模型。从应用观点来看，非计数模型只估计软件的可靠性，而计数模型不但估计软件的可靠性，也估计软件中的剩余错误个数。

在软件的验证阶段，错误被查出以后并不在本阶段改正。因而，这些模型往往应用于对可靠要求较高的软件系统，如核电站的安全控制系统中的软件。

在操作运行阶段，连续不断输入到程序的输入不是独立的，它们通常遵循某种分布。因此，应用于这一阶段的软件可靠性模型，应该根据实际的输入所依从的分布来计算软件的可靠度。如果输入的分布发生变化，就应重新对软件的可靠度进行计算。

在软件的维护期间，软件的错误被改正，使得可靠性有小幅增加，但新的特性和功能又引入软件，必然会引入新的错误。因此，在维护阶段，软件可靠性不可能大幅增加。那么，再将可靠性增长模型应用于维护阶段，显然不合适。新的可靠度指标能够用于在验证阶段使用的软件可靠性模型。但是，使用少量的测试条件与数据来估计可靠度的变化是可能的，但需保证不致破坏原有的特性和功能。另外，正确的测量也是一个重要的软件可靠性模型。Ramamoorthy 和 Bastani 提出根据模型的应用阶段来分类软件的各个阶段，即

(1) 软件开发阶段，包括 J-M 模型、Shooman 模型、Littlewood-Verral 模型、Musa 模型等。

(2) 软件验证阶段，指 Nelson 模型。

(3) 软件操作运行阶段，指马尔可夫过程模型。

(4) 软件测试阶段，指 Halstead 模型。

4.5 典型的可靠性模型

从 1972 年第一个软件可靠性模型，即 J-M 软件可靠性增长模型(SRGM)，由 Jelinski 和 Moranda 提出以来，已有 100 多种软件可靠性模型公开发表。实际的应用经验表明，没有一个普遍适应的模型能对所有的产品都能给出最好的可靠性分析，软件可靠性模型的研究还有待进一步深入。到目前为止，还没有一种模型能够适合所有的软件可靠性增长预测。事实上，即使对同样一组失效数据，不同的模型给出的可靠性预测结果也不同，甚至这种预测的差别还比较大。有些模型有时能给出很好的预测结果，而有些模型几乎总是不理想。没有哪个模型可以被认为在所有的情况下都是可信的[11]。

由于至今尚无哪一个模型能够以较好的精度适合广泛的应用，因此，现在仍在继续探索评估软件可靠性模型。

4.5.1 Jelinski-Moranda 模型

J-M 模型为 Jelinski-Moranda 模型的简称，是由 Jelinski 和 Moranda 于 1972 年提出来的，是最典型的早期软件可靠性模型之一，许多软件可靠性方面的研究都是在该模型的基础上进行的。从这个意义上讲，J-M 模型是一种影响非常广泛的模型。

1) 模型假设

(1) 软件中的初始错误个数为一个未知而固定的常数 N。

(2) 测试中检测到的错误都被排除，每次只排除一个错误，排错时间可以忽略不计；在排错过程中不引入新的错误。

(3) 软件中的各个错误是相互独立的，每个错误导致系统发生失效的概率大致相同，各次失效间隔时间(即错误发生间隔时间)也相互独立。

(4) 软件的故障率与软件中的剩余错误成正比，比例常数记为 ϕ。

2) 性能度量

(1) 软件失效率。由上述假设第 4 条可知，第 $n-1$ 个差错发生之后软件的失效率函数为 $\lambda(t_n)=\phi(N-n+1)$。

(2) 软件可信度。$R(t_n)=\exp\left[-\int_0^{t_n}\lambda(u)\mathrm{d}u\right]=\exp[-\phi(N-n+1)t_n]$。

(3) 软件平均失效时间(MTTF)。由上述假设第 3 条可知，t_n-1时刻之后软件平均失效时间为$\mathrm{MTTF}_n=\int_0^{\infty}R_n(t)\mathrm{d}t=\dfrac{1}{\phi[N-n+1]}$。

3) 参数估计

通过最大似然估计法可以得到参数 N 和 Φ 的估计值$\hat{N}$和$\hat{\phi}$。$\hat{N}$可以由下面的超越方程求出，即

$$\sum_{i=1}^{n}\frac{1}{N-i+1}=\frac{n}{N-\dfrac{1}{\sum\limits_{i=1}^{n}t_i}\left(\sum\limits_{i=1}^{n}(i-1)t_n\right)} \tag{4-7}$$

求得$\hat{N}$后，代入下面的方程，即可求出$\hat{\phi}$，即

$$\hat{\phi}=\frac{n}{\hat{N}\left(\sum\limits_{i=1}^{n}t_i\right)-\sum\limits_{i=1}^{n}(i-1)t_i} \tag{4-8}$$

4) 数据要求

软件失效时间间隔分别为 x_1，x_2，…，x_n，软件失效发生时刻为 x_1，x_2，…，x_n。其中 $x_1=t_0-t_{i-1}$，$i=1$，…，n，$t_0=n$。

4.5.2 Goel-Okumoto 模型

1) 模型假设

(1) 差错随机存在于程序中，在对软件的量测与排错过程中，差错是程序运行的函数，在任何时间区间内出现的期望差错数与时间区间的长度成正比，与剩余差错数成正比，比例系数设为 b。

(2) 在量测与排错过程中，差错的累计(计数)过程是一个非齐次的泊松过程；

(3) 纠错时不发生新的错误。

(4) 前后出现的差错无关联。

设 $N(t)$ 表示 $(0, t)$ 内查出的累计差错数，$m(t)$ 表示在 $(0, t)$ 内查出的期望累计差错数，$a=\lim\limits_{t\to\infty}m(t)$ 表示最终查出的期望差错数。

2) 性能度量

(1) 到 t 时刻软件发生失效的次数。由假设得

$$m(t+\Delta t)-m(t)=b[a-m(t)]\Delta t \tag{4-9}$$

式中，b 为比例常数，于是

$$\frac{\mathrm{d}m(t)}{\mathrm{d}t}=ab-bm(t) \tag{4-10}$$

故可以整理出

$$m(t)=a[a-\exp(-bt)] \tag{4-11}$$

由于 $N(t)$ 是均值为 $m(t)$ 的非齐次泊松过程，则

$$\begin{aligned}p\{N(t)=n\}&=\frac{\{a[1-\exp(-bt)]\}^n}{n!}\exp\{-a[1-\exp(-bt)]\}，\ n\geqslant 0\\ p\{N(\infty)=n\}&=\frac{a^n}{n!}\exp(-a)\end{aligned} \tag{4-12}$$

（2）差错查出率为

$$\lambda(t)=\frac{\mathrm{d}m(t)}{\mathrm{d}t}=ab\exp(-bt) \tag{4-13}$$

（3）软件可靠度。设软件可靠度 s_j 表示第 j 个差错的出现时刻，$x_j=s_j-s_{j-1}$ 为相邻差错出现的间隔时间，$j=1,2,\cdots$，则在 $S_{n-1}=T$ 的条件下，$X_n>t$ 的条件概率为

$$\begin{aligned}R(t\,|\,T)&=P(X_n>t\,|\,S_{n-1}=T)=\exp[-m(t)\exp(-bT)]\\&=\exp\{-a[1-\exp(-bt)]\exp(-bT)\}\end{aligned} \tag{4-14}$$

（4）软件失效时间(MTTF)。给定软件第 n 次失效发生于 s 时刻，则此时 MTTF 为

$$L_{n+1}(s)=\int_0^\infty R_{n+1}(t\,|\,T_n=s)\mathrm{d}t=\int_0^\infty \exp[-m(x)\exp(-bt)]\mathrm{d}x\neq\frac{1}{\lambda(s)} \tag{4-15}$$

3）参数估计

下面方程的解 $\hat{a}$ 和 $\hat{b}$ 为 a 和 b 的估计值。Z_k 为时刻 $t_k(k=1,2,\cdots,N)$ 程序所查到的累积软件错误数：

$$\begin{aligned}&\hat{a}[1-\exp(-bt_N)]=Z_N\\ &\hat{a}t_N\exp(-bt_N)=\sum_{i=1}^{N}\frac{(Z_i-Z_{i-1})(t_k\exp(-bt_k)-t_{k-1}\exp(-bt_{k-1}))}{\exp(-bt_{k-1})-\exp(-bt_k)}\end{aligned} \tag{4-16}$$

4）数据要求

（1）每一测试时间段内软件失效次数。

（2）测试时间段端点时间。

4.5.3 Musa 模型

Musa 模型由 Musa 于 1975 年提出，此后获得较广泛的应用[4]。该模型以 CPU 时间为基础描述程序的可靠性特征，建立 CPU 时间与日历时间的联系，并建立程序的可靠性特征与测试过程资源消耗的关系。

1) 模型假设

(1) 程序在与预期操作条件相似的环境中运行。

(2) 软件错误彼此独立，它在程序中的平均发生率是常数。

(3) 所有的软件失效都能观察到。

(4) 指令以一种良好的混合方式出现，故障之间的时间间隔远远小于指令之间的间隔。

(5) 各次失效间隔时间分段服从指数分布，即在任何一个测试区间内失效率为常数，进入下一个区间失效率改变为另一个常数。

(6) 测试的错误改正率正比于错误发生率。

(7) 失效率正比于程序中残留的错误数。

2) 性能度量

设 N_0 为程序中固有错误数，n 为在测试时间 τ (CPU 时间) 中已改正的错误数。

(1) 软件失效率。程序在 T 时刻的失效率为

$$\lambda(\tau) = fk(N_0 - n) \tag{4-17}$$

式中，f 为线性执行频率，即指令平均执行率与程序中指令总数之比，k 为比例常数。

(2) 错误修正率。错误修正率为

$$\frac{\mathrm{d}n}{\mathrm{d}\tau} = BC\lambda(\tau) \tag{4-18}$$

式中，B 是错误减少稀疏，B 取正值，通常小于 1，因为错误改正率通常小于错误发生率。有时一个失效发生后，可能找出和改正几个错误，这时 B 大于 1。C 是测试压缩系数。C 的数值可由测试状态下错误发生率与使用状态下错误发生率之比来决定。由于在测试状态下具有比使用状态下更强的发现错误的能力，因此 C 通常大于 1。

(3) 软件可靠度。测试时间为 τ 的程序投入使用的可靠度为 $R(t) = \exp[-\lambda(\tau)t]$。

3) 参数估计

下述方程的解就是 T_0 和 M_0 的估计值 $\hat{T}_0$ 和 $\hat{M}_0$，即

$$\frac{m}{T_0} - \frac{C}{T_0^2}\sum_{i=1}^{m}\left(1-\frac{i-1}{M_0}\right)\tau_i = 0,\quad \sum_{i=1}^{m}\frac{1}{M_0 - i + 1} - \frac{C}{M_0 T_0}\sum_{i=1}^{m}\tau_i = 0 \tag{4-19}$$

4.5.4 Littlewood-Verral 模型

1) 模型假设

(1) 相邻失效的间隔时间 $x_i(i = 1, 2, \cdots, n)$ 构成一列独立随机变量，概率密度函数是以 λ_i 为条件的指数分布：$f(x_i \mid \lambda_i) = \lambda_i \exp(-\lambda_i x_i)$。

(2) λ_i 假定为一随机变量，它服从参数 α 和标参 $\psi(i)$ 的 Gamma 分布，即 λ_i 的概率密度函数为

$$g(\lambda_i) = \frac{[\psi(i)]^a \lambda_i^{a-1} \mathrm{e}^{-\psi(i)\lambda_i}}{\Gamma(a)} \tag{4-20}$$

式中，$\psi(i)$ 是可靠性增长函数，用以描述软件开发人员的质量和开发任务的难易程度，$\psi(i)$ 可以表述为 $\psi(i) = \beta_0 + \beta_1 i$ 或 $\psi(i) = \beta_0 + \beta_1 i^2$, β_0 , β_1>0。

(3) 软件的测试剖面和运行剖面相同。

(4) 所有软件的失效等级相同。

2) 性能度量

(1) X_i 的概率密度函数。根据全概率公式，可以得出 X_i 的概率密度函数为

$$\begin{aligned} f[x_i \mid \alpha, \psi(i)] &= \int_0^\infty f(x_i \mid \lambda_i) g(\lambda_i) \mathrm{d}\lambda_i \\ &= \int_0^\infty \frac{\lambda_i \mathrm{e}^{-\lambda_i x_i} [\psi(i)]^a \lambda_i^{\alpha-1} \mathrm{e}^{-\psi(i)\lambda_i}}{\Gamma(\alpha)} \mathrm{d}\lambda_i = \frac{\alpha[\psi(i)]^a}{[x_i + \psi(i)]^{\alpha+1}} \end{aligned} \tag{4-21}$$

式中，$x_i \geqslant 0$。

(2) 软件可靠度。第 $i-1$ 个失效之后软件可靠度函数为

$$R(x_i) = P(X_i > x) = \left[\frac{\psi(i)}{x + \psi(i)}\right]^\alpha \tag{4-22}$$

(3) 软件失效率。第 $i-1$ 个失效之后软件失效率函数为

$$\lambda_i(x) = -\frac{R_i'(x)}{R_i(x)} = \frac{\alpha}{x + \psi(i)} \tag{4-23}$$

(4) MTTF。第 $i-1$ 个失效时候软件 MTTF 为

$$L_i = E(X_i) = \int_0^\infty R(x_i) \mathrm{d}x = \frac{\psi(i)}{\alpha - 1}, \quad \alpha > 1 \tag{4-24}$$

3) 参数估计

下述方程的解即为参数 α 和函数 $\psi(i)$ 的估计值 $\hat{\alpha}$ 和 $\hat{\psi}(i)$，即

$$\frac{n}{\hat{\alpha}}\sum_{i=1}^{n}\ln\hat{\psi}(i)-\sum_{i=1}^{n}\ln\left[x_i+\hat{\psi}(i)\right]=0$$
$$\hat{\alpha}\sum_{i=1}^{n}\frac{1}{\hat{\psi}(i)}-(\hat{\alpha}+1)\sum_{i=1}^{n}\frac{1}{x_i+\hat{\psi}(i)}=0 \tag{4-25}$$
$$\hat{\alpha}\sum_{i=1}^{n}\frac{i'}{\hat{\psi}(i)}-(\hat{\alpha}+1)\sum_{i=1}^{n}\frac{i'}{x_i+\hat{\psi}(i)}=0$$

式中，$\hat{\psi}(i)=\hat{\beta}_0+\hat{\beta}_1 i$ 或 $\hat{\psi}(i)=\hat{\beta}_0+\hat{\beta}_1 i^2$，$i'=i$ 或 i^2。

4）数据要求

相邻失效失效时间间隔$\{x_i\}$。

经过上述对模型的详细介绍，可知这些模型具有以下特征：预计结果比较合理；简单易懂；模型的开发比较全面，在实际项目中应用广泛；参数物理意义明确，与现有数据相联系，如软件特性、规模和开发环境等。

4.5.5　Seeding 模型

Seeding 模型又称为故障植入模型，采用种子撒播/加标记(Seeding/Tagging)法，通常用于估计动物群体或鱼群中的个体数[5]。Mills 将 Seeding 模型用于估计软件中的故障个数。将一程序人为地加入若干个故障，然后交给排错员排错，但排错员事先不知道加入的故障。在排错的记录中，人为加入的故障很可能只被查出一部分。这就是 Seeding 模型的基本做法。

1）基本假设

(1) 程序中的固有故障数是一个未知的常数。
(2) 程序中的人为故障是按均匀分布随机植入。
(3) 程序中的固有故障及人为故障被检测到的概率相同。
(4) 检测到的故障立即改正。

2）基本公式

Seeding 模型本身并不包含时间变量，因此模型既可用于上机运行测试，也可用于人工查错及若干种方法联合使用的场合，但是模型无法直接得出程序的失效率、MTBF 等可靠性参数。

Seeding 模型是从估算池塘中鱼尾数或森林内的野生动物数所用方法得来的。其思路是假定在池塘中有未知数目的鱼 N 尾。为了估算数量 N，首先从池中取出 N_t(当然，这是一个合理实际可以取得的数量)，然后给这些鱼均加上有利于辨认的标记，再放回池塘中，使其与未标记的鱼充分混游。几天后，再从池中任意取出一些鱼样，并且根据标记加以区别，得到带标记的鱼 n_t 尾，无标记鱼 $n-n_t$ 尾。如果这一取样仍然是随机进行的，鱼不会因为是否带有标记而易于(或难于)捕获，那么样本中的带标记鱼比例应该等于整个鱼塘中作标记鱼的比例。于是，可以得到以下关系式：$\frac{N_t}{N}=\frac{n_t}{n}$，从而得到鱼塘中鱼的数量为 $N=\frac{n}{n_t}N_t$。

1972 年，Mills 建议将 Seeding 模型用于估计软件中的错误数量。可以模仿上述方法估算在开始排错以前被测试软件中含有的错误数 N。首先在不让排错程序人员知道的情况下，在程序中置入 N_t 个错误(这相当于为 N_t 尾鱼作标记后放归池中)。经过 m 个月的软件测试，所测得的软件错误可以分成两类：一类是属于播入的错误 n_t，另一类是非播入错误 n。如果在实验中置入的程序错误与程序的固有错误在形式上是没有差别的，软件错误检测到以后被立即排除，并且在排错过程中，不会引入新的软件错误。那么，就可以利用以下公式计算软件错误数 N：

$$N=\frac{n_t+n}{n_t}N_t \tag{4-26}$$

在程序中撒播错误，并借此来估算初始错误数量的方法最早由 Mills 提出来。但是，一开始所做实验并没有得到什么结果。最主要的原因有两方面：一方面，无法保证人为置入的软件错误的规律与软件内实际存在的软件错误规律一样或相似；另一方面，这个方法无法用于自动测试。

Hyman 后来提出一个折中的方法：建议让两名(或者多名)软件测试人员从开始针对同一程序分别独立地进行软件排错。假定估计需要四个月完成排错，则安排第一人四个月的工作，安排第二人只是在开始的一至两个月进行测试。在分别测试几周以后，由一位分析员来评价他们的工作，可根据类似上述公式来估算错误的数量。这样的估算每隔几周进行一次，直到取得满意的 N 值为止。然后，把第二人的工作结果交给第一人，并给第二人安排另外的任务。这样，该程序的调试完成四分之一或者一半以后，就可得到该程序中错误数量的合理估值。如果从中减去已排除的错误数，就可知道仍然残存在程序中的错误数。此外，第二人发现的错误只有一部分与第一人发现的相同，因而可减轻第一个人的工作量，从而加速排错过程。在多数情况下，由这种方法获得的效益远远超过付出的代价。

为描述两位排错人员协同工作的估算过程，需引入以下符号。

m：软件测试时间，单位可以为月、天、小时、分钟甚至秒。

$B0$：T 为 0 时软件中的错误数。

$B1$：从 0 到 m 这段时间内，第一位排错人员找到的软件错误数。

$B2$：从 0 到 m 这段时间内，第二位排错人员找到的软件错误数。

be：从 0 到 n 这段时间内，两人检测到软件错误的交集。

4.5.6 Nelson 模型

Nelson 认为计算机程序可看成是一个可计算函数的说明[12]，程序的输入数据域 E 为

$$E=\{E_i \mid i=1,2,3,\cdots,N\} \tag{4-27}$$

式中，E_i 是使程序运行一次的输入数据，所以 E 是全部输入数据的集合；式中的 N 是集合中的输入数据总数，集合中的每一个元素 E_i 都与程序的一次运行相对应。输入数据 E_i 经程序运行后，得到的输出数据值为 $F'(E_i)$。用 $F(E_i)$ 表示函数的真值，用 Δi 表示容许的最大误差，则当条件

$$|F'(E_i)-F(E_i)|\leqslant \Delta i \tag{4-28}$$

对另一些 E_j，程序实际输出 $F'(E_j)$ 超出容许范围，即

$$|F'(E_j)-F(E_j)|\geqslant \Delta j \tag{4-29}$$

此时认为程序发生一次失效。

设 E_e 表示所有导致程序失效的输入数据的集合，其中包含 n_e 个输入数据，那么在一次运行中导致一次故障的概率是 $p=\dfrac{n_e}{N}$。其中，n 次运行的概率为 $R(n)=(1-p)^n$。

但是，实际的情况复杂得多。提供给 n 次运行的输入并不独立选取，而是按照某一预先排好的顺序选出确定的序列，如实时系统中按值的递增顺序排列的序列，或由某个实际的输入来判定的序列等，因此需进一步改进。

在实际的工作过程中，用于运算的输入也可能根据某一特定的要求从 E 中加以选择。这样就比上面讨论的情况复杂。这一特定的要求可以用概率 p_i 来描述，p_i 是 E_i 从 E 中被选中的概率。p_i 的集合称为操作剖面(Operational Profile)。

定义“执行变量”(Execution Variable)y_i 如下：

$$y_i=\begin{cases}0, & E_i\notin E_e\\ 1, & E_i\in E_e\end{cases} \tag{4-30}$$

定义 p_{ji} 为选取 E_j 作为在一个运行序列中的第 j 次输入数据运行的输入的概率。于是，第 j 次运行导致一次执行故障的概率是 $p_j=\sum\limits_{i=1}^{N}p_{ji}y_j$。

在一个 n 次运行的序列中不出现执行故障的概率，即程序的可靠性 $R(n)$ 定义为

$$R(n)=\prod_{i=1}^{n}(1-p_i) \tag{4-31}$$

将上式改写成指数形式为

$$R(n)=\exp\left[\sum_{i=1}^{n}\ln(1-p_i)\right] \tag{4-32}$$

下面分为三种情况讨论。

(1) 对于 $p_i << 1$，有

$$R(n) = \exp\left(-\sum_{i=1}^{n} p_i\right) \tag{4-33}$$

(2) 如果对于所有的 j 有 $p_j = p_c$（为一常数），则

$$R(n) = \exp(-p_c \times n) \tag{4-34}$$

(3) $R(n)$ 还可以经过变换，改用执行时间来表示。假设 Δt_j 表示第 j 次运行的执行时间，则

$$t_j = \sum_{i=1}^{j} \Delta t_j \tag{4-35}$$

表示从执行开始，一直到第 j 次运行的累积执行时间，令

$$h(t_j) = -\frac{\ln(1-p_j)}{\Delta t_j} \tag{4-36}$$

则有

$$R(n) = \exp\left[\sum_{i=1}^{n} \ln(1-p_j)\right] = \exp\left[-\sum_{i=1}^{n} \Delta t_j h(t_j)\right] \tag{4-37}$$

当 n 变得很大时，如果 Δt 趋于 0，则上式可以看成一个积分式，从而得到

$$R(t) = \exp\left[-\int_0^t h(s)\mathrm{d}s\right] \tag{4-38}$$

设 n_e 是在 E_e 中包含的输入数据的个数，则有

$$R(0) = 1 - p = 1 - \frac{n_e}{N} \tag{4-39}$$

式中，p 是从 E 中随机选取的 E 导致一次执行故障的概率；$R(0)$ 是从 E 中随机选取的 E_i 产生出可接受的输出概率。

在实际工作的过程中，用于运算的输入也可能根据某一特定的要求从 E 中加以选择，这样就比上面讨论的情况复杂。这一特定的要求可以用概率分布 p_i 来描述，p_i 是 E_i 从 E 中被选中的概率，于是有

$$p = \sum_{i=1}^{N} p_i y_i \tag{4-40}$$

p 即表示程序在根据概率分布 p_i 来选取的 E_i 上一次运行产生一次执行故障的概率，并且有

$$R_i = 1 - p = 1 - \sum_{i=1}^{N} p_i y_i = \sum_{i=1}^{N} p_i - \sum_{i=1}^{N} p_i y_i = \sum_{i=1}^{N} p_i (1 - y_i) \tag{4-41}$$

R_i 表示程序在依据概率分布 p_i 来选取的 E 上一次运行导致一次正确执行的概率。

对于程序的可靠性估计，可以让它在具有 n 个输入的样本上运行，并用下述公

式计算出 R 的估计值

$$R \approx 1-\frac{n_e}{n} \tag{4-42}$$

式中，n_e 是在 n 次运行当中产生的执行故障的次数。

如果该样本中的 n 个输入是依概率分布 p_i 随机从 E 中选取的，那么对于 $p<<1$，在样本概率分布上依上式给出的估计值的期望就等于 R 这一意义上来说，是 R 的一个恰当估计。这一点可以由引入样本变量 z_{ij} 来证明

$$z_{ij}=\begin{cases}1, & E_i \in S_j \\ 0, & E_i \notin S_j\end{cases} \tag{4-43}$$

在样本 S_j 中，获取互异输入 n_i 的个数可以小于 n，这是因为同一个 E_i 按随机过程的性质可以不止一次地被选中，因此有

$$\sum_{j=1}^{n} Z_{ij}=n \tag{4-44}$$

在绝大多数情况下，可能的输入数 N 比样本的大小大得多，以至于“任何一个输入都可能重复出现于样本之中”是一个不可靠的假设。如果用 q_i 表示样本 S_i 被选中的概率，M 表示可能的样本个数，则有

$$\sum_{i=1}^{M} z_{ij}=1-(1-p_i)^n \tag{4-45}$$

由于 R 的估计值能改写成下面的形式，即

$$R_j=\frac{1}{n}\sum_{i=1}^{N}(1-y)z_{ij} \tag{4-46}$$

则可以证明上式给出 R 的数学期望值等于 R，所以该估计式是无偏的。

为了估计 R 的值，操作剖面$\{p_i\}$的估计就是关键。在实际的估计过程中，可以利用下面的方法。

(1) 将输入变量空间划分成 N 个子空间，并以对实际输入出现的估计为基础，给“某个输入被子空间选中”这一事件指定概率，即 p_i。

(2) 依据 p_i，选取一个有 n 个输入的样本 S，比如可以用随机数发生器来帮助选取。

(3) 程序在 S 上运行 n 次，则必定出现对于某些输入输出是正确的，而对于另外一些输入则导致执行故障的现象。

(4) 在每次故障发生时，都不停止运行，不排错，只收集估测数据。

(5) 待 n 次运行完毕后，由收集到的数据，按以下公式计算估计值，即

$$R=1-\frac{n_e}{n} \tag{4-47}$$

Nelson 模型有坚实的理论基础，这是其优点。但是，它也有实际应用上的缺陷，为了获得更高的估计准确度，它须用到大量的测试数据和较长的测试时间，而且对输入域的随机采样限制了它的应用范围。

4.5.7 Duane 模型

Duane 模型是最初应用于硬件的可靠性模型之一[7]。Duane 在通用电器公司工作时发现如果将累积失效率和累积测试时间画在坐标纸上，则它们趋向于一条直线。Crow 发现这种行为可以表示为 Weibull 过程。

1）模型的基本假设

（1）到时刻 t 的累积失效数为 $M(t)$，$M(t)$ 满足一个均值为 $m(t)=at^{\beta}$ 的泊松过程，其中 $\beta>0$，$\alpha>0$。由于 $\lim\limits_{t\to\infty}=\infty$，故此模型属于无限失效模型。

（2）软件运行方式与可靠性测试方式相同。

（3）每个错误出现的概率相同，且严重度相同。

（4）错误被检测时，失效是独立的。

（5）模型实施的数据要求是需要软件失效的实际时间 $t_1,t_2,\cdots,t_n$ 或失效间隔时间 $x_1,x_2,\cdots,x_n$，其中 $x_i=t_i-t_{i-1}$，且 $t_0=0$。

2）基本公式

由第一个假设可以得到模型的均值函数为

$$m(t)=at^{\beta} \tag{4-48}$$

对均值函数求导，可以得到失效强度为

$$\lambda(t)=\frac{\mathrm{d}m(t)}{\mathrm{d}t}=\alpha\beta t^{\beta-1} \tag{4-49}$$

可靠度函数为

$$\mathrm{R}_{n+1}(x)=R(x\,|\,t_n)=\exp[-\alpha(t_n+x)^{\beta}+\alpha t_n^{\beta}] \tag{4-50}$$

分布函数为

$$F_{n+1}(x)=1-R(x\,|\,t_n)=\exp[-\alpha(t_n+x)^{\beta}+\alpha t_n^{\beta}] \tag{4-51}$$

概率密度函数为

$$f_{n+1}(x)=-\frac{\mathrm{d}R_{n+1}(x)}{\mathrm{d}x}=\alpha\beta(t_n+x)^{\beta-1}\exp[-\alpha(t_n+x)^{\beta}+\alpha t_n^{\beta}] \tag{4-52}$$

3）性能度量

（1）失效强度为 $\lambda_n(t)=\alpha\beta t_n^{\beta-1}$。

（2）给定可靠度预计任务时间。设任务可靠度要求为 R_m，则预计达到 R_m 要求的时间为下式的解，即

$$t_{R_m} = \exp\{\ln[-(\ln(R_m) - \alpha t^{\beta}) / \alpha] / \beta\} - t_n \tag{4-53}$$

（3）MTTF 为

$$\text{MTTF}_{n+1} = \frac{t_n}{n\beta} \tag{4-54}$$

（4）达到失效强度目标所期望的失效数。设程序的失效强度目标值为 λ_F，现在的失效强度为 λ_p，则达到失效强度目标值所期望发生的目标数为

$$\Delta u = \alpha(\alpha\beta)^{1-(1/\beta)}\left[\lambda_F{}^{\beta/(\beta-1)} - \lambda_p{}^{\beta/(\beta-1)}\right] \tag{4-55}$$

（5）达到失效强度目标所需测试的执行时间。设程序的失效强度目标值为 λ_F，现在的失效强度为 λ_p，则为达到失效强度目标值所需测试的执行时间为

$$\Delta t = (\alpha\beta)^{1/(1-\beta)}\left[\lambda_F{}^{1/(\beta-1)} - \lambda_p{}^{1/(\beta-1)}\right] \tag{4-56}$$

参 考 文 献

[1] 孙志安, 裴晓黎, 等. 软件可靠性工程. 北京: 北京航空航天大学出版社, 2009

[2] 黄锡滋. 软件可靠性、安全性与质量保证. 北京: 电子工业出版社, 2002

[3] 徐仁佐. 软件可靠性工程. 北京: 电子工业出版社, 2002

[4] Myers G J. 软件测试的艺术. 北京: 机械工业出版社, 2003

[5] Jelinski Z, Moranda P. Software reliability research:Statistical computer performance evaluation edited by walter freiberger. New York and London: Academic Press, 1972:465-484

[6] Musa J D. Software Reliability–Handbook of Software Engineering. New York: Van Nostrand Reinhold, 1984: 392-412

[7] 盛骤, 谢式千, 潘承毅. 概率论与数理统计. 北京: 高等教育出版社, 1988

[8] Xie M. A study of the connectionist models for software reliability prediction. Computer and Mathematics with Application, 2003, 46(7):1037-1045

[9] Wood A. Predicting software reliability. Computer, 1996, 29(11): 69-77

[10] Duane J T. Learning curve approach to reliability monitoring. IEEE Transactions on Aerospace, 1964(2):563-566

[11] Hwang S, Pham H. Software reliability model considering time-delay fault removal. Recent Advances in Reliability and Quality in Design, 2008:291-307

[12] 虞诩, 吴芳美. 基于 Nelson 模型的软件安全性评估准则. 计算机科学, 2001, 11:120-123

第 5 章　基于群体智能的软件可靠性分配

5.1　软件可靠性分配模型

5.1.1　软件可靠性特点

软件的可靠性和硬件可靠性类似，都是一个随机过程且都可用概率分布来描述[1]。软件可靠性与硬件可靠性的不同之处是：一方面，软件不会衰退或退化，即其可靠度不随时间而减少。而且，在软件测试过程中，由于软件失效时软件错误可以被检测出来并被排除，因而软件的可靠度可提高。另一方面，软件可靠度也可能因应用项的意外变化和对软件的不正确修改而降低。软件在其整个生命周期中是需要不断更新的。大多数硬件错误是物理故障。与硬件错误不同的是，软件错误为设计错误，它更难看到，更难分类，更难检测，也更难修改。因此，与硬件可靠性相比，软件可靠性是一个更难描述、分析和对其测量的难题。由于只考虑物理故障，硬件可靠性理论通常依赖分析静态过程。然而，随着系统复杂度的增加和软件设计错误的引入，基于静态过程的可靠性理论变得不适合表示诸如软件中的可靠度增长或衰减之类的非静态现象。这使得软件可靠性分配问题成为一个重要而又有挑战力的问题[2]。

5.1.2　软件可靠性分配定义

软件可靠性分配是软件可靠性工程的重要分支技术。它是指在保证系统可靠性目标的前提下，对组成软件内部的成分进行分析，把软件分离为基本的软件元素，并对软件各个元素进行可靠性目标分配，以达到在软件开发成本一定的情况下，使用户得到的软件可靠性尽可能大或者在保证软件系统可靠性前提下软件系统的开发费用尽可能小。其中，软件元素被定义为诸如操作、子系统、模块、对象或者是其他的能够用于可靠性分配的实体。

可靠性分配的目的是将系统的可靠性指标转换为每一个分系统的可靠性指标，用以指导分系统的开发，可靠性分配的方法应该是科学的，分配的结果应该是合理可行的，因此，可靠性分配可以为分系统的可行性研究提供依据[2]。

软件可靠性分配的指标以采用故障率和平均无故障时间(Mean Time Between Failure，MTBF)为宜。用故障率和 MTBF 作为分配指标，可以与硬件和整个系统的可靠性要求相适应。当系统的故障率为常数时，故障率和 MTBF 互为倒数，因此用故障率作为分配的指标与用 MTBF 作为分配指标在工程上是等效的。

5.1.3　软件成本函数

大型的复杂软件系统往往由多个模块组成。一般来说，软件的质量是由这些模块的可靠性，以及各个模块的重要程度共同决定的。在软件开发成本给定的情况下，人们希望软件系统的总体可靠性尽可能地大；同理，在软件系统的可靠性指标给定时，人们希望软件系统的开发费用尽可能小。

假设各个模块之间的开发成本是相互独立的，那么，设 $C(\lambda_j)$ 为各个模块的开发成本函数，则总费用可以表示为 $\mathrm{TC}(\lambda_1,\lambda_2,\cdots,\lambda_n)=\sum_{j=1}^{n}C(\lambda_j)$。

根据 Mary[3]的分类，软件模块开发的成本函数包括线性成本模型、对数指数成本模型及负幂形式成本模型等三种形式。

1）线性成本模型

$$C(\lambda)=\begin{cases}-\alpha\lambda+\beta, & 若\ \lambda\leqslant\beta/\alpha \\ 0, & 其他\end{cases}$$

2）对数指数成本模型

$$C(\lambda)=\begin{cases}-\beta\ln[1-\exp(-\lambda)], & 若\ \lambda>0 \\ +\infty, & 其他\end{cases}$$

3）负幂形式成本模型

$$C(\lambda)=\begin{cases}-\beta/(\lambda-\delta)^{\alpha}, & 若\lambda>\delta \\ +\infty, & 其他\end{cases}$$

5.1.4　软件可靠性分配模型

影响可靠性分配的因素有软件的复杂性、模块的重要性、软件开发成本、编程人技术水平、软件开发所使用的工具等，这些因素在对可靠性分配模型中的参数确定具有决定性的影响，从而影响可靠性的分配的结果。

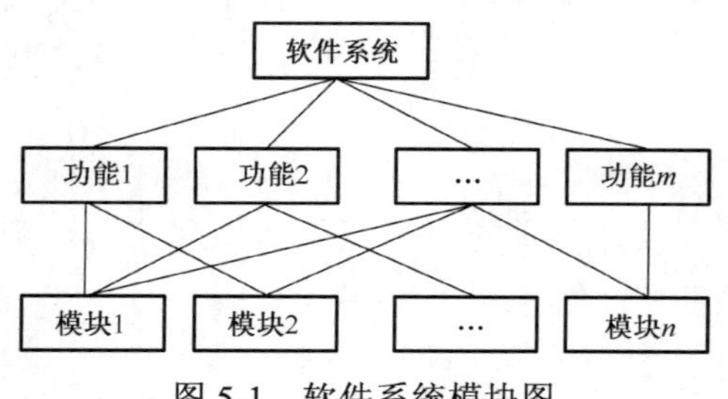

图 5-1　软件系统模块图

基于模块化设计的软件系统一般完成 m 项功能，需要执行 n 个模块（见图 5-1）。其系统可靠性可以表示为[4] [5]

$$R(\lambda_1,\lambda_2,\cdots,\lambda_n;\tau)=\exp\left(-\sum_{j=1}^{n}\sum_{i=1}^{m}p_i\mu_{ij}\lambda_j\tau\right) \tag{5-1}$$

式中，λ_j 为模块 j 的故障率；τ 为系统的运行时间；p_i 为系统中执行第 i 项功能的概率；μ_{ij} 为第 i 项功能中执行模块 j 的概率。

模块 j 在整个系统运行中被执行的概率为

$$\phi_j=\sum_{i=1}^{m}p_i\mu_{ij} \tag{5-2}$$

由式(5-1)～式(5-2)可以得到有 n 个模块的软件系统运行单位时间的可靠性函数为

$$R(\lambda_1,\lambda_2,\cdots,\lambda_n)=\exp\left(-\sum_{j=1}^{n}\phi_j\lambda_j\right) \tag{5-3}$$

该系统的开发费用假设等于各个模块费用之和，可以得到

$$\mathrm{TC}(\lambda_1,\lambda_2,\cdots,\lambda_n)=\sum_{j=1}^{n}C_j(\lambda_j) \tag{5-4}$$

到目前为止，国内外已经提出很多可靠性分配模型，但是并没有一个普遍适用的分配模型。这些模型根据不同的影响因素，从不同的角度来建立，没有在所有情况下都优秀的单个模型。常用的从代价最小化、可靠性最大化、实用性最大化等不同角度的软件可靠性模型有：可靠性约束代价最小化模型(RCCM 模型)[3]、预算约束可靠性最大化模型(BCRM 模型)[6]、预算约束实用性最大化模型(BCUM 模型)[1]。

1) 可靠性约束代价最小化模型(RCCM 模型)

该模式描述在软件系统的总体可靠性一定的情况下最小化软件系统的开发成本，RCCM 模型可以表示为一个非线性规划问题，即

目标函数：$\min \mathrm{TC}=\sum_{j=1}^{n}C_j(\lambda_j)$。

约束条件：$\begin{cases}R(\lambda_1,\lambda_2,\cdots,\lambda_n)\geqslant RS,\\ R_{i,\min}\leqslant R_i\leqslant R_{i,\max}\text{。}\end{cases}$

其中，RS 为系统的可靠性，R_i 为第 i 个模块的可靠性，$R_{i,\min}$ 为第 i 个模块的初始可靠性，$R_{i,\max}$ 为第 i 个模块的最大可靠性。

2) 预算约束可靠性最大化模型(BCRM 模型)

该模式描述在开发成本给定的情况下最大化软件系统的总体可靠性，具体表示如下。

目标函数：$\max R(\lambda_1,\lambda_2,\cdots,\lambda_n;\tau)$。

约束条件：$\begin{cases}\mathrm{TC}(\lambda_1,\lambda_2,\cdots,\lambda_n)\leqslant \mathrm{RC},\\ \lambda_j\geqslant 0, \quad j\in\{1,\cdots,n\}。\end{cases}$

其中，RC 为系统的预算最高成本。

3）预算约束实用性最大化模型(BCUM 模型)

该模式描述在开发成本给定的情况下，最大化软件系统的实用性，具体表示如下。

目标函数：$\max U(r,\omega)$。

约束条件：$\begin{cases}\mathrm{TC}(\lambda_1,\lambda_2,\cdots,\lambda_n)\leqslant \mathrm{RC},\\ R_j\leqslant u_j,\\ R_j\geqslant l_j,\\ \alpha_j+c_jR_j\leqslant \alpha v_j。\end{cases}$

其中，$U(r,\omega)=\omega_1R_1+\omega_2R_2+\cdots+\omega_mR_m$，$\omega_j$ 为功能模块 j 的重要程度，R_j 为功能模块 j 的可靠性，并且 $\sum_{j=1}^{m}\omega_j=1$；块 j 可靠性的上下界分别为 u_j 和 l_j，α_j 表示对模块 j 施加可靠性为 R_j 约束时的开销，c_j 为可调整的开销，α 等于 1 减去软件开发者的利润率，v_j 是模块的设计完成成本。

5.2　软件可靠性分配技术

5.2.1　传统的软件可靠性分配技术

目前，人们对软件系统的可靠性分配方法已经有一定的研究，下面简要列出已有的各种方法与技术的优缺点。

(1) 快速分配法[7]。借鉴功能类似的旧系统或旧模块的可靠性数据进行可靠性分配，该方法方便实用，需要有可借鉴的系统或模块的可靠性指标数据。对于新开发的软件系统，如没有参考数据，则此方法无法应用。

(2) 等分法[8]。等分法可用于顺序或并行执行的软件系统，优点是它非常简单，但是它没有考虑各模块之间的不同属性，如不同的重要程序和复杂度，只是单纯地平均分配，对于那些需要精确分配各部件可靠性指标的系统则无法采用。

(3) 基于故障率的分配方法[8]。先根据一种软件可靠性模型对软件系统在交付时的故障率进行估计，然后根据估计出的结果将故障率指标按一定的比例分配到各个模块中。但是，估计和计算软件可靠性模型中各参数的值比较麻烦，且不容易找到一种合适的软件可靠性模型。

(4) 基于危险因子和复杂因子的可靠性分配方法[1]。根据软件系统的危险度和复杂度将故障率分配到各个模块中，过程比较简单。缺点是危险因子的估计带有一定主观因素，复杂因子往往不易确定。

（5）基于故障树的分配方法[9]。基于故障树的分配方法是一种全新的思路，首先提出把故障树技术运用到可靠性分配。创建的快速分配模型具有直观、有效、简单的特点，并且通过图形演绎的方法表达系统的内部联系及其关键模块，从而有效地指导用户有针对性地进行可靠性指标分配。故障树分析法要求分析研究人员对软件结构十分了解，从而增加分析的难度。

（6）AHP（Analytic Hierarchy Process）[10]。AHP 是一种基于功能概图的分配方法，它考虑了软件的开发成本，能在保证软件可靠性达到一定要求的条件下节约开发资源，但是其算法比较复杂，而且功能概图的确定也具有一定的主观色彩，且功能概图的最后确定不是在系统设计阶段就能完成的，它需要多个反复的过程才能最后确定，但软件的分配指标需要在设计阶段完成。

软件可靠性的分配方法是在近几年才逐渐发展起来的，这些方法本身可能或多或少还存在程度不同的问题，而且很多方法与软件可靠性的建模、预测等有紧密的关系。因此，软件可靠性的建模，以及预测技术好坏也直接影响可靠性分配结果的优劣。所以，在软件可靠性指标分配中，采用多种技术综合分析是十分有效的。

5.2.2　基于智能优化算法的软件可靠性分配技术

软件系统的可靠性分配问题实质上是一种数学规划问题：由相应的目标函数和约束条件两部分组成，通常可描述成下列形式，即

目标函数：$\max f(x)$。

约束条件：$\begin{cases} g(x) \leqslant 0, \\ h(x) = 0, \\ x \in [l, u]。\end{cases}$

$x = (x_1, \cdots, x_q, \cdots, x_n)\ (1 \leqslant q \leqslant n, n \in \mathbb{Z})$，$x_q \in [l_q, u_q]$，上下界是 u_q 和 l_q；$g(x) = [g_1(x), \cdots, g_k(x)]^{\mathrm{T}}$ 是 k 个不等式约束，$h(x) = [h_1(x), \cdots, h_m(x)]^{\mathrm{T}}$ 是 m 个等式约束。

多模块软件系统须执行若干个模块，如图 5-1 所示。该系统的开发费用由式(5-4)表示。

常用的软件可靠性模型有 4 种。这里采用 RCCM 模型，此模型可以表示为一个非线性规划问题，即

目标函数：$\min \mathrm{TC} = \sum_{j=1}^{n} C_j(\lambda_j)$。

约束条件：$\begin{cases} R(\lambda_1, \lambda_2, \cdots, \lambda_n) \geqslant \mathrm{RS}, \\ R_{i,\min} \leqslant R_i \leqslant R_{i,\max}。\end{cases}$

其中，RS 为系统的可靠性，R_i 为第 i 个模块的可靠性，$R_{i,\min}$ 为第 i 个模块的初始可靠性，$R_{i,\max}$ 为第 i 个模块的最大可靠性。

该数学模型往往是一个不可微、不连续，且有约束的高度非线性的 NP 完全问题[1, 2]。该问题有大量的局部极值点，传统的算法很难求出其全局最优解。针对该 NP 完全问题，使用启发式方法生成近似最优解是一种常用的方法，使用的启发式算法主要有：贪婪算法、爬山算法、模拟退火算法、洪泛算法、禁忌搜索等个体搜索算法和遗传算法、蚁群算法、粒子群等群体智能算法。近年来，很多学者利用智能算法，如遗传算法[1]、粒子群算法 [11]求解该问题取得了一定的效果。

5.3　基于社会认知算法的软件可靠性分配问题研究

5.3.1　社会认知优化算法

在过去的几十年中，很多模拟生物智慧开发出的优化算法被相继提出，如蚁群算法、粒子群算法等。这些都是基于昆虫系统的。从现实上来看，人类社会很显然比昆虫社会有更高的社会属性和智能属性。一个人可以借助观察他人的行为，以及其后果进行学习，人类的学习是通过观察别人的行为和别人行为的后果，并将其符号化的过程。班杜拉将这种通过观察和模仿他人的行为而获得的学习称为观察学习，这种观察学习是发生在社会之中的，所以也称为社会学习。这就是比昆虫系统更智能的地方。因此，2002 年 Xie[12, 13]基于社会认知理论提出社会认知优化算法。

5.3.2　社会认知算法的基本概念

知识点：知识点是由位于知识空间(如搜索空间 S)中对位置 $\vec{x}$ 和水平(如适应度)描述构成的点。

库：库是一个包含有一系列知识点的表，这个表是有大小的。

学习代理：学习代理是一个行为个体，支配库中的一个知识点。

领域搜索：有两个点 $\overrightarrow{x_1}$ 和 $\overrightarrow{x_2}$，对 $\overrightarrow{x_2}$ 的领域搜索就是以 $\overrightarrow{x_1}$ 作为参考选出的一个新点 $\overrightarrow{x'}$。对第 D 维的点，有

$$\overrightarrow{x'} = \overrightarrow{x_{1,d}} + 2\mathrm{Rand}()(\overrightarrow{x_{2,d}} - \overrightarrow{x_{1,d}})$$

其中，Rand( ) 是一个在(0, 1)的随机值，$\overrightarrow{x_1}$ 和 $\overrightarrow{x_2}$ 是分别定义为参考点和中心点。

整个优化过程由一系列学习代理来完成。其原理如图 5-2 所示。

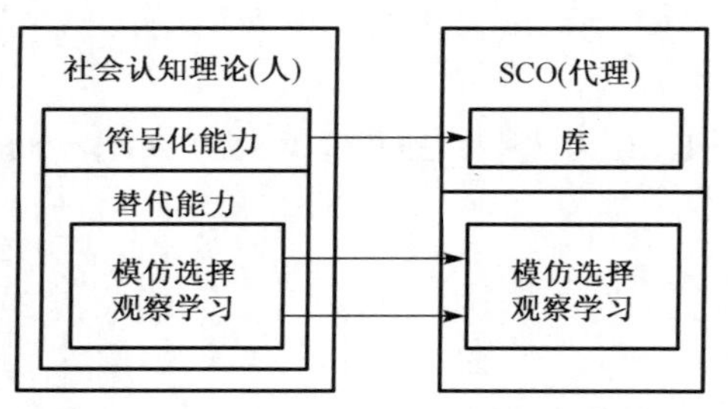

图 5-2　社会认知优化原理图

5.3.3　社会认知算法的算法步骤

假设库中知识点的个数是 N_{pop}，学习代理的数量是 N_c，那么具体算法步骤如下所述。

(1) 初始化过程。在库中随机生成所有的 N_{pop} 个知识点(包括生成每个知识点的位置和其水平)；给每个学习代理随机分配库中的一个知识点，但不允许把一个知识点重复分配给多个学习代理。

(2) 替代学习过程。对每个学习代理

① 模仿学习：从库中随机选择两个或者多个知识点(一般选择两个)，但这些选出的知识点都不能和学习代理自身的知识点重复，然后基于竞争选择的原则在知识点之间选出一个好的知识点。

② 观察学习：对比选择出来的知识点和代理自身的知识点水平，选择水平较好的那个点作为中心点，用较差的那个点作为参考点，然后学习代理基于领域搜索的原则根据这两个点移动到一个新的知识点，并且将新的知识点储存在库中。

(3) 库更新过程。库更新过程是指从库中移去 N_c 个具有最差的水平的知识点。

(4) 重复步骤(2)～(3)，直到满足停止条件(如达到预先确定的迭代次数，或者结果达到预先设定的精度)。

社会认知优化的参数包括 N_{pop}、N_c 和 T。T 是学习循环的循环次数，那么函数总的运行次数就是 $N_{pop}+N_cT$。

5.3.4　数值试验与仿真

为了测试 SCO 算法的求解软件可靠性分配问题的性能，采用文献[11]的算例，并且和其中的试验数据加以比较，该算例来自“XX 省邮政物流信息系统”项目中的“礼仪中心子系统”。

该礼仪子系统的软件可靠性分配模型采用 RCCM 模型。

算例：极小化礼仪系统开发成本。

目标函数：$\mathrm{Min}\{f=-238\ln[1-\exp(-\lambda_1)]-305\ln[1-\exp(-\lambda_2)]\}$。

约束条件：

$$\begin{cases}\exp[-(0.39\lambda_1+0.61\lambda_2)]\geqslant 0.973,\\ \lambda_1\geqslant 0,\\ \lambda_2\geqslant 0,\\ \exp(-0.39\lambda_1)\geqslant 0.925,\\ \exp(-0.61\lambda_2)\geqslant 0.925,\\ 387+262\exp(-0.39\lambda_1)\leqslant 0.47\times 1382.5,\\ 206+685\exp(-0.61\lambda_2)\leqslant 0.47\times 1896.5,\\ 593+262\exp(-0.39\lambda_1)+685\exp(-0.61\lambda_2)\leqslant 2780。\end{cases}$$

在上述算例中，λ_1，λ_2 为礼仪软件系统的两个模块的故障率参数在系统的可靠度大于 97.3%、单个模块的可靠度都大于 92.5%和单个模块的成本和系统的总成本都有具体约束的情况下最小化软件系统的开发成本。软件系统的成本估计函数采用的是对数指数式成本模型。采用 SCO 算法来解决这一工程问题。

笔者在 Jbuild 2006 下编写了一个应用 SCO 算法求解非线性方程组的 Java 应用程序，该程序采用 C/S 模式，前台采用 Java 语言实现算法，后台采用 Access 2003 数据库管理系统来存储和分析实验数据，前台和后台之间通过 JDBC-ODBC 桥来进行连接。模拟运行的参数如下：$N_{\text{pop}} = 350$，$N_{\text{c}} = 70$，$T = 1000$。

对上述软件系统的可靠性分配问题分别用 SCO 算法、S-PSO 算法、基本 PSO 算法、SGA(遗传算法)和 I-NESA(非平衡模拟退火算法)进行优化，各算法分 3 组进行，每组随机执行 60 次，仿真统计结果如表 5-1 所示。由表 5-1 可知，SCO 算法运行三组，每组所得的最优值都达到 1958.7152，即使最差值也达到 1958.7191；它的方差最大为 6.80503199E-07，且陷入局部最小的次数为零；相比其他几种算法(S-PSO 算法、基本 PSO 算法、SGA、I-NESA)而言，SCO 算法的最差值和 S-PSO 算法的最优值相当，SCO 算法搜索成功率为 100%，远高于其他几种算法，而其他几种算法的方差都远远大于 SCO 的最大方差。由此可知，SCO 算法比其他几种算法更稳定。

表 5-1　SCO 算法与其他算法的计算结果比较

序号	算　法	最佳优化值	平均优化值	最差优化值	优化值方差	陷入局部最小次数
1	SCO	1958.7152146319	1958.7157390039	1958.7189292719	5.06324826 E-07	0
	S-PSO	1958.718	1958.752	1960.397	0.8524676	5
	PSO	1961.537	1968.286	2000.125	363.29030	19
	SGA	1972.537	1981.126	2002.225	176.57357	25
	I-NESA	1958.537	1992.871	2006.722	83.679253	49
2	SCO	1958.7152147554	1958.7157611050	1958.7191090140	6.80503199E-07	0
	S-PSO	1958.715	1958.743	1959.492	0.2892617	6
	PSO	1960.812	1969.272	2007.029	439.05422	22
	SGA	1969.337	1981.259	2003.329	189.73966	27
	I-NESA	1978.537	1991.106	2008.292	162.11279	49
3	SCO	1958.7152213801	1958.7154995610	1958.7163646079	8.51302497E-08	0
	S-PSO	1958.722	1958.741	1959.368	0.1502783	4
	PSO	1962.362	1972.226	2008.723	453.42317	17
	SGA	1979.537	1988.753	2005.359	117.23130	28
	I-NESA	1982.537	1995.621	2012.127	183.67970	52

图 5-3 是第一组 60 次实验的目标函数值与实验次数的关系。由图 5-3 可知，该算法的稳定度较好，每次的结果相差都非常小。

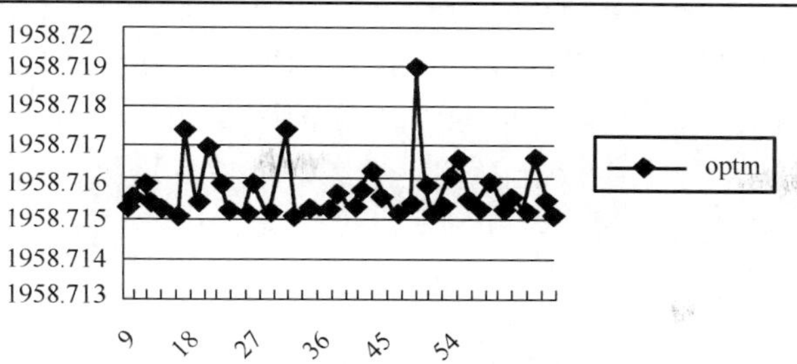

图 5-3　SCO 算法目标函数值与实验次数的关系

图 5-4 给出第一组实验中 SCO 算法目标函数平均值与迭代次数的关系，从中可知，该算法的收敛速度较快，随着迭代学习次数的增加，目标函数按指数形式减小。在 300 次迭代后，目标函数的平均值为 1958.71864877746，而 S-PSO 算法则迭代大约 1000 次才能达到这个值。由此可见，SCO 算法在软件可靠度求解中速度更快。

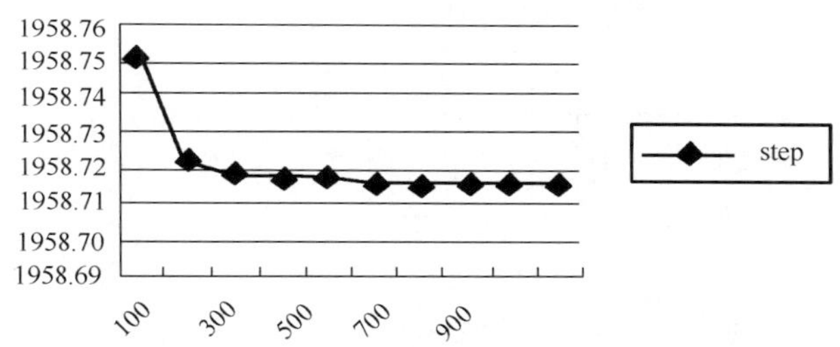

图 5-4　SCO 算法目标函数平均值与迭代次数的关系

将社会认知优化算法(SCO)应用到软件系统的可靠性分配问题中，成功地解决了一类多变量、多约束条件的组合规划问题[14]。实验结果表明，SCO 算法在稳定度和收敛度上均优于其他几种算法(S-PSO 算法、基本 PSO 算法、SGA、I-NESA)，为软件系统可靠性分配问题提供新的高效解决途径。

5.4　基于粒子群算法的软件可靠性分配问题研究

5.4.1　粒子群优化算法的基本原理

粒子群优化算法的基本思想是通过种群中个体之间的协作和信息共享来实现最优解的搜索，与其他进化算法的区别在于它是对社会行为的模拟，其基本思想是源于群体组织的社会行为。粒子群优化算法的基本原理就是加速每个粒子朝它所经历的和种群所经历的最好位置逼近[15]。

粒子群优化算法的主要步骤为[16,17]：首先生成初始种群，即在搜索空间中随机初始化一群粒子，这一群粒子中的每个粒子都是优化问题的一个可行解，并且每个粒子都应确定一个适应值。种群中的每个粒子在运动过程中都是由一个速度来决定其距离和方向的。种群中的每个粒子都追随当前的最优粒子，经过逐代搜索，最终得到最优解。在逐代搜索的过程中，每个粒子都跟踪两个极值：一个是粒子本身迄今为止找到的最优解，即个体极值；另一个是整个种群迄今为止找到的最优解，即全局极值[18]。算法流程图如图 5-5 所示。

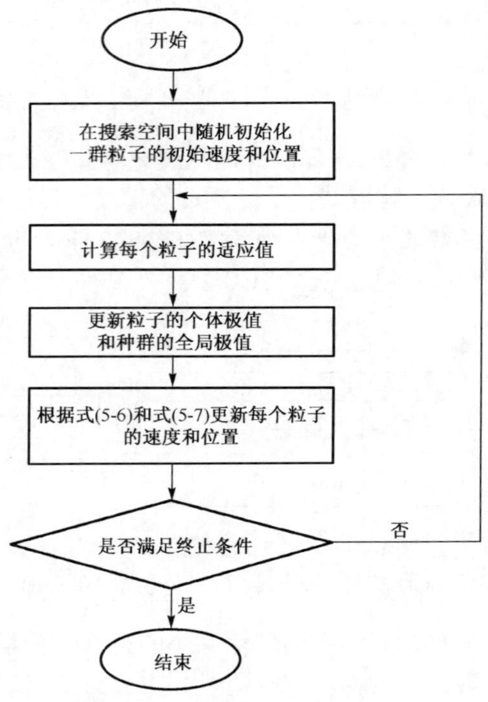

图 5-5　粒子群优化算法流程图

粒子群优化算法的一般数学表示为：设在一个 n 维的空间中，有一个种群 X 包含 m 个粒子，即 $X=\{X_1,\cdots,X_i,\cdots,X_m\}$,种群中第 i 个粒子位置为 $X_i=\{X_{i1},X_{i2},\cdots,X_{in}\}^{\mathrm{T}}$，其速度是 $V_i=\{V_{i1},V_{i2},\cdots,V_{in}\}^{\mathrm{T}}$。第 i 个粒子的个体极值为 $P_i=\{P_{i1},P_{i2},\cdots,P_{in}\}^{\mathrm{T}}$，种群的全局极值是 $P_{\mathrm{g}}=\{P_{\mathrm{g}1},P_{\mathrm{g}2},\cdots,P_{\mathrm{g}n}\}^{\mathrm{T}}$，依据粒子群优化算法的基本原理，种群中第 i 个粒子根据

$$v_{id}^{(t+1)}=v_{id}^{(t)}+c_1r_1[p_{id}^{(t)}-x_{id}^{(t)}]+c_2r_2[p_{\mathrm{g}d}^{(t)}-x_{id}^{(t)}] \tag{5-5}$$

$$x_{id}^{(t+1)}=x_{id}^{(t)}+v_{id}^{(t+1)} \tag{5-6}$$

更新速度和位置。式中的 $d=1,2,\cdots,n$，n 表示解空间中粒子的维数；$i=1,2,\cdots,m$，m 表示种群规模的大小；t 是当前的进化代数，表示粒子的飞行步数；r_1、r_2 是分布在[0, 1]之间的随机数；c_1 和 c_2 是加速常数或学习因子，分别调节该粒子向自身已寻找的最优位置和同伴已寻找的最优位置方向飞行的最大步长。

5.4.2　粒子群优化算法的改进

在处理高维的复杂问题时，由于基本粒子群优化算法容易陷入局部最优[19-21]，故本文针对此问题对其进行改进。在自然界中，一个机体最容易被它临近的机体所影响并且在所有邻近的机体中，它最容易被比它更好的粒子所影响。因此，本文针对基本的粒子群优化算法，在局部最优位置、全局最优位置对粒子当前位置影响的基础上，增加“邻居”最优位置对粒子当前位置的影响，即将种群中除粒子本身之外的其他所有粒子都看作此粒子的邻居，使粒子不仅能从局部最优和全局最优粒子中学习经验，而且能从“邻居”即临近的粒子中适应值最好的粒子吸取经验，使粒子之间能更好地共享社会信息[22]。

对基本粒子群优化算法式(5-5)进行改进，则该公式变为

$$v_{id}^{(t+1)} = v_{id}^{(t)} + c_1 r_1 [p_{id}^{(t)} - x_{id}^{(t)}] + c_2 r_2 [p_{gd}^{(t)} - x_{id}^{(t)}] + c_3 r_3 [p_{kd}^{(t)} - x_{id}^{(t)}] \tag{5-7}$$

由式(5-6)～式(5-7)组成的迭代算法为改进的粒子群优化算法。其中，c_3 为学习因子或加速常数；r_3 为分布于[0, 1]之间的随机数；p_k 为第 i 个粒子的“邻居”中具有最好适应值的粒子 k 的位置；其余参数与基本粒子群优化算法公式中的参数一致。

改进的粒子群优化算法增加“邻居”最优位置对粒子当前位置的影响，在基本粒子群优化算法局部收敛能力的基础上，进一步提高算法的局部收敛能力。改进的算法引导粒子朝粒子邻域中适应值最好的粒子飞去，比基本的粒子群优化算法优化效果好。改进后的粒子群优化算法在避免陷入局部最优的同时，还保持较好的收敛速度。在算法中，避免个体最优解与全局最优解或邻域最优解之间的杂交，算法的搜索效率有了很大的提高。

5.4.3　实验及结果分析

同样采用“XX 省邮政物流信息系统”项目中的“礼仪中心子系统”的算例，使用改进的粒子群优化算法来求解软件可靠性分配问题，并与基本粒子群优化算法、遗传算法、非平衡模拟退火算法求解此问题的性能进行比较。

模拟运行时的参数如下：粒子群数 $m = 20$，$c_1 = c_2 = 2$，$c_3 = 0.1$，迭代次数为 1000 次。

分别使用改进的粒子群优化算法、基本粒子群优化算法、遗传算法、非平衡模拟退火算法来求解上述算例的可靠性分配问题，每个算法分三组进行，每组随机执行 60 次，结果如表 5-2。由表 5-2 可知，改进的粒子群优化算法在求解上述算例的可靠性分配问题时优化结果较好。

实验结果表明，改进的粒子群优化算法在求解软件可靠性分配问题时的稳定度较好，每次的结果相差都非常小，并且收敛速度较快，随着进化代数的增加，总开发成本呈逐渐减少趋势。因此，改进的粒子群优化算法在求解软件可靠性分配问题中显示较好的优化性能。

表 5-2　改进的粒子群优化算法与其他算法的实验结果比较

实验序号	算　法	最佳优化值	平均优化值	最差优化值	优化值方差	陷入局部最小次数
1	改进的粒子群优化算法	1958.717	1958.749	1959.406	0.7856326	3
	基本粒子群算法	1961.537	1968.286	2000.125	363.29030	19
	遗传算法	1972.537	1981.126	2002.225	176.57957	25
	非平衡模拟退火算法	1985.537	1992.871	2006.722	83.679253	49
2	改进的粒子群优化算法	1958.715	1958.733	1959.393	0.2687521	5
	基本粒子群算法	1960.812	1969.272	2007.029	439.05422	22
	遗传算法	1969.337	1981.259	2003.329	189.73966	27
	非平衡模拟退火算法	1978.537	1991.106	2008.292	162.11279	49
3	改进的粒子群优化算法	1958.718	1958.739	1959.359	0.1425381	4
	基本粒子群算法	1962.362	1972.226	2008.723	453.42317	17
	遗传算法	1979.537	1988.753	2005.359	117.23130	28
	非平衡模拟退火算法	1982.537	1995.621	2012.127	183.67970	52

5.4.4　小结

将改进的粒子群优化算法应用到软件系统的可靠性分配问题中，实验结果表明，改进的粒子群优化算法在稳定性和收敛性上均优于基本粒子群优化算法、遗传算法、非平衡模拟退火算法等智能优化算法，为软件可靠性分配问题提供一个新的高效解决途径。

参 考 文 献

[1] 韩冰青. 基于遗传算法的软件可靠性分配应用研究. 上海师范大学硕士学位论文, 2003

[2] 杨健. 军用软件的可靠性分配. 大连理工大学硕士学位论文, 2002

[3] Mary E H, Zhao M, Ohlsson N. Planning models for software reliability and cost. IEEE Trans. on Software Engineering, 1998, 24(6): 420-434

[4] 韩冰青，高建华. 基于模拟退火遗传算法的软件可靠性分配及研究. 计算机工程，2003, 29(4): 67-69.

[5] 徐仁佐，张良平，张大帅. 软件可靠性分配的一个非线性规划模型. 计算机工程，2003，10: 34-36

[6] 徐仁佐，向剑文，肖英柏. 面向多用户软件系统的可靠性分配的故障树分析法. 小型微型计算机系统, 2001, 22(3):329-332

[7] 黄锡滋. 软件可靠性分配 FMEA 及 FTA. 质量可靠性, 1994, 1(5): 11-14

[8] 董聪. 系统可靠性分配方法. 系统工程与电子技术, 1996, 7: 36-40

[9] 徐仁佐，向剑文，肖英柏. 面向多用户软件系统的可靠性分配的故障树分析法. 小型微型计算机系统, 2001, 22(3):329~332

[10] Fatemeh Z H D. The Analytic Hierarchy Process–A Survey of Method and Its Applications. Interfaces, 1986, 16: 96-108

[11] 韩冰青, 汪加才. 基于粒子群优化算法求解软件可靠性分配问题. 计算机应用与软件, 2005, 22(7):27-28

[12] Xie X F, Zhang W J, Yang Z L. Social cognitive optimization for nonlinear programming problems. Int. Conf. on Machine Learning and Cybernetics. Beijing, 2002: 779-783

[13] Xie X F, Zhang W J. Solving engineering design problems by social cognitive optimization. Genetic and Evolutionary Computation Conference, 2004: 261-262

[14] 孙家泽, 张建科. 基于社会认知算法的软件可靠性分配问题研究. 计算机工程与应用, 2008, 16: 77-80

[15] Kennedy J, Eberhart R. Particle swarm optimization. Proc. of IEEE Int Conf on Neural Networks, 1995: 1942-1948

[16] 裴胜玉, 周永权, 罗淇方. 求解约束优化问题的混合粒子群算法. 微电子学与计算机, 2010, 27(4): 5-8

[17] 黄少荣. 基于随机加速系数的粒子群优化算法. 微电子学与计算机, 2010, 27(6): 114-117

[18] Lyu M R. Handbook of Software Reliability Engineering. New York: McGraw Hill, 1996

[19] Clerc M. The swarm and the queen:towards a deterministic and adaptive particle swarm optimization. Proc. of 1999 Congress Evolutionary Computation Piscataway. NJ: IEEE Press, 1999: 951-957

[20] Kennedy J , Eberhart R C. A new optimizer using particle swarm theory. Proc. of the sixth International Symposium on Micro Machine and Human Science. Nogoya, 1995: 39-43

[21] Shi Y, Eberhart R C. A Modified particle swarm optimizer. Proc. of the IEEE Congress on Evolutionary Computation, 1998: 69-73

[22] 贾冀婷. 基于粒子群算法的软件可靠性分配问题研究. 微电子学与计算机, 2011, 12: 23-26

第 6 章　面向故障的软件测试

“软件故障”是广泛和笼统的概念，GB/T 16260-2006《软件工程产品质量》(idt: ISO/IEC 9126) 中定义“软件故障”为“计算机及程序中不正确的步骤、过程或者数据定义”，是指软件运行过程中出现的一种不希望或者不可接受的内部状态，是一种动态行为。若软件故障无适当的措施加以处理，便使软件失效[1]。

所谓“故障模式”，就是总结那些经常出现，并具有一定模式的故障。经过大量的工程分析，总结一些重要的故障类型，然后分析每类故障的模式，这样就可以设计相应的分析方法来搜索或者匹配这些模式以发现潜在的故障点。

6.1　软件故障模型

一个成熟的故障模型必须具备以下条件[2]。

(1) 该模型是符合实际的。大多数系统中存在的故障都可以用这种模型来表示。

(2) 模型下的故障个数是可以容忍的。模型下的故障个数一般和系统的规模呈线性关系。

(3) 模型下的故障是可以测试的。存在一个算法，利用该算法可以检测模型中的每一个故障。

软件故障模型是和语言本身相关的，不同的语言有不同的故障模型。本节以 C/C++语言为背景来描述其故障模型。

1. 内存泄漏故障 (Memory Leak Faults)

在 C/C++语言中，程序员可以动态地申请内存，动态申请的内存必须在使用完这些内存后自行释放这些内存，否则就会使内存泄漏。内存泄漏错误往往不会被重视，因为它短时间不会暴露出来。但是，如果积累到一定程度，它就会导致系统运行效率下降，甚至因为内存耗尽而崩溃[3]。

动态分配的指针变量没有释放，造成存储泄漏，包括以下情况。

(1) 在生存期结束时没有释放。

(2) 删除链表中的结点，但没有释放该结点。

(3) 函数中途返回或跳转到生存期之外。

(4) 传递给其他函数，但在其他函数中没有释放。

(5) 已经分配的指针变量被重新赋值。

以发生的方式来分类，内存泄漏可以分为以下 4 类。

(1) 常发性内存泄漏。发生内存泄漏的代码多次执行，每次被执行时都会导致一块内存泄漏。

(2) 偶发性内存泄漏。发生内存泄漏的代码只有在某些特定环境或操作过程中才会发生。常发性内存泄漏和偶发性内存泄漏是相对的。对于特定的环境，偶发性内存泄漏也许就变成了常发性内存泄漏。所以，测试环境和测试方法对检测内存泄漏至关重要。

(3) 一次性内存泄漏。发生内存泄漏的代码只执行一次，或者由于算法上的缺陷，导致有且仅有一块内存发生泄漏。

(4) 隐式内存泄漏。程序在运行过程中不停地分配内存，直到结束时才释放内存。严格地说，并没有内存泄漏，因为程序最终释放所有申请的内存。但是，一个服务器程序须运行几天、几周，甚至几个月，不及时释放内存，也可能导致最终耗尽系统所有的内存，所以称这类内存泄漏为隐式内存泄漏。

【例 6-1】 使用局部指针变量内存泄漏。

```
int main()
{
    int *pi;
    pi=new int[10];
    return;
}
```

这是常见的使用局部变量时出现的内存泄漏，没有释放指针变量。

【例 6-2】 使用静态指针变量内存泄漏。

```
int main()
{
    static int *pi=0;
    for(int i=0;i<10;i++)
    pi=new int;
    return;
}
```

这是常见的使用静态指针变量时出现的内存泄漏。程序退出后，分配的 10 个 int 只有最后一个是可用的，而前面 9 个 int 则泄漏。

【例 6-3】 使用动态分配内存空间中的内存泄漏。

```
void MyFunction(int nSize)
{
char *p=new char[nSize];
if(!GetString(p, nSize))
{
```

```
        messageBox("Error");
        return;
    }
    …
    delete p;
    }
```

当函数 GetString()调用错误时，函数 MyFunction 结束而指针指向的内存却没有被释放，此时便出现内存泄漏。在程序段入口处分配内存，在出口处释放内存，但是函数可以在任何地方退出，所以一旦有某个出口处没有释放应该释放的内存，就很容易发生内存泄漏。

【例 6-4】 重复分配内存发生的内存泄漏。

```
void MyFunction(int nSize)
{
    …
    char *p=new char[nSize];
    char *p=new char[nSize];
    …
}
```

重复分配内存，第一块内存永远无法使用。这种情况一般多发生在编码过程中使用“代码复制”时出现错误，因此复制代码时须谨慎。

【例 6-5】 非空指针被重新赋值发生的内存泄漏。

```
int main()
{
    char *p=new char[nSize];
    q=p ;
    …
}
```

给指针赋值时，没有检查指针是否为空，如果指针不空，那么指针原来指向的内存将泄漏。

【例 6-6】 缺少 else 处理分支导致的内存泄漏。

```
int main()
{
    char *p=new char[nSize];
    iCount=SortProc(p);
    if(iCount<=0)
        ret=0;
```

```
        else if(iCount<=5)
            ret=DealProc(p, iCount-1);
        if(ret<=0)
            delete p;
    }
```

当 iCount>5 时，ret 取值不确定；当 ret 大于 0 时，没有释放 p，造成内存泄漏。

【例 6-7】 删除指针顺序错误导致的内存泄漏。

```
Test ::~ Test()
{ delete(p);
  if (NULL!=p && NULL!=p -> pData)
    {
        free(p->pData) ;
    }
}
```

当 p 已经被删除，那么 if 条件永远不成立，于是这条 free 语句永远不执行，即 p->pData 占用的内存没有释放。

2. 空指针引用(Null Pointer Dereference)

在拥有指针类型的程序设计语言中，指针变量可以指向堆址、静态变量和空地址单元 Φ。引用指向 Φ 的指针变量，就会产生空指针引用故障[4, 5]。

【例 6-8】 空指针引用模型。

```
#include <stdlib.h>
struct st
{int n;
    struct st *next;
};
void main()
{struct st *p;
    p=(struct st *)malloc(sizeof(struct st));
    p->n=5;
    p->next=NULL;
    printf("p->n=%d\tp->next=%x\n", p->n, p->next);
}
```

程序代码 `p=(struct st *)malloc(sizeof(struct st));` 如果对内存分配失败，则下面对指针变量 p 的引用就是空指针引用故障，如表 6-1 所示。

表 6-1　可能产生空指针的函数列表

函　数	F(r)	F(1)	F(2)	F(3)	F(4)	F(5)	函　数	F(r)	F(1)	F(2)	F(3)	F(4)	F(5)
asctime	–	S1	–	–	–	–	fseek	–	S1	S3	–	–	–
atof	–	S1	–	–	–	–	fsetpos	–	S1	S1	–	–	–
atoi	–	S1	–	–	–	–	ftell	–	S1	–	–	–	–
atol	–	S1	–	–	–	–	fwrite	–	S1	S3	S3	S1	–
bsearch	S2	S1	S1	S3	S3	S1	getc	–	S1	–	–	–	–
calloc	–	S2	S3	S3	–	–	getenv	–	S1	–	–	–	–
clearerr	–	S1	–	–	–	–	gets	S2	S1	–	–	–	–
ctime	–	S1	–	–	–	–	gmtime	S2	S1	–	–	–	–
feof	–	S1	–	–	–	–	localtime	–	S1	–	–	–	–
ferror	–	S1	–	–	–	–	longjmp	–	S1	–	–	–	–
fflush	–	S1	–	–	–	–	malloc	S2	S3	–	–	–	–
fgetc	–	S1	–	–	–	–	mbstowca	–	S1	S1	–	–	–
fgetpos	–	S1	S1	–	–	–	mbtowc	–	S1	–	–	–	–
fgets	S2	S1	S3	S1	–	–	memchr	S2	S1	–	S3	–	–
fopen	S2	S1	S1	–	–	–	memcmp	–	S1	S1	S3	–	–
fprintf	–	S1	S1	–	–	–	memcpy	–	S1	S1	S3	–	–
fputc	–	–	S1	–	–	–	memmove	–	S1	S1	S3	–	–
fputs	–	S1	S1	–	–	–	memset	–	S1	–	S3	–	–
fread	–	S1	S3	S3	S1	–	mktime	–	S1	–	–	–	–
freopen	S2	S1	S1	S1	–	–	modf	–	–	S1	–	–	–
frexp	–	–	S1	–	–	–	new	S2	S3	–	–	–	–
fscanf	–	S1	S1	–	–	–	new[]	S2	S3	–	–	–	–

注：F(r)为函数的返回值；F(i)为第 i 个参数；S1 表明这个参数是一个指针，可能潜在为 NULL；S2 表明这个函数可能返回一个空指针；S3 表明这个值可能为负数。

3．数组越界

数组下标超出范围。有些是显式的，有些是隐式的，如用指针来访问数组，就可能出现隐式越界。

【例 6-9】 数组越界故障。

```
int main()
{int i, d[9]={1, 2, 3, 4, 5, 6, 7, 8, 9};
    i=d[0]+d[8];
    d[3]=d[0]+d[d[3]]*2;
    d[9]=i;
    d[0]=d[i-d[3]];
    for(i=1;i<=9;i++)
              printf("d[%d]=%d\n", i, d[i]);
    return 0;
}
```

数组长度是 9，程序两次引用 d[9]时，数组越界。

4. 变量未初始化

在初始化或赋值之前使用的自动变量、静态变量和全局变量。

【例 6-10】 使用未初始化的自动变量。

```
int main()
{ int i, j, z;
    i=0;
    if(i>3)
        j=4;
    z=i/j;
    printf("%d", z);
}
```

程序中语句 j=4 没有执行，因此语句 z = i/j 使用变量 j 时，j 没有被初始化而发生故障。

【例 6-11】 使用未初始化的静态变量。

```
int main(void)
{static int t;
    int i;
    i=t;
    printf("%d\n", i);
}
```

程序中变量 t 没有初始化，但 t 是静态变量，系统默认初始化 t 为 0，因此不会发生故障。

5. 非法计算故障

有些计算在数学上是严格禁止的，如除数为零。在 C/C++中，如果显式的除数为零，编译器通常会警告。但是，如果结构比较复杂，编译器则无能为力，不会警告。非法计算故障一般存在于内建操作符或者库函数中，如求余运算符要求除数不能为零，asin、acos 函数要求参数为−1～1 等。如果运算数或者参数不能满足要求，则认为此处存在一个潜在的非法计算故障点。

【例 6-12】 非法计算故障。

```
void fun(double a)
{double b;
    b=asin(a);
}
```

语句 b = asin(a) 存在潜在的非法计算；a 为函数参数，在使用前应进行检查。

6. 不可达代码错误

不可达代码故障包括未使用的变量、break 语句后面的语句、无穷循环后面的语句等。

【例 6-13】 break 语句后的语句不可达。

```
void fun(int m, int k, int xx[])
{
    int i, j=0, t=m;
    while(j<k)
    {
        for(i=2;i<sqrt(t);i++)
            if(t%i==0)
            {
                break;
                i++;
            }
        if(i>sqrt(t))
        {
            xx[j]=t;
            j++;
        }
        t++;
    }
}
```

break 之后的 i++语句永远执行，因此该程序存在不可达代码(死码)故障。

6.2 面向故障的软件测试

面向故障的软件测试方法是指测试是针对某些故障的，而不是传统意义上针对整个软件。因为程序是软件具体的表现形式，所以为了便于测试，定义的故障模型必须落实到程序上，即故障是程序中某个或某几个的错误。定义在程序中的故障必须满足下列 3 个条件。

(1) 故障必须是和实际对应的，即实际软件大量存在这种故障，而且所提出的故障模型能覆盖大多数实际存在的故障。

(2) 故障必须能引起错误。该故障一旦被执行且产生的变异能传播到程序中的某个输出，则程序的结果必然是错误的，或者说程序的行为是错误的。

(3) 故障的个数是可以容忍的。故障的个数一般和程序的规模呈线性关系，个数太多，难以实现，以至无法实用。

6.2.1 基于故障模型的静态分析

总结得到故障模型后，即可分析故障出现的具体情况，然后设计分析和检测算法。可以采用在编译前端的语法树和符号表基础上的分析方法。语法树和符号表式编译系统中语法分析后的中间结果包含源程序所有的结构信息，因此可以作为静态分析收集信息的基础。得到语法树和符号表后，即可设计检测算法进行故障匹配，最后得到故障报告[6]。具体过程如图 6-1 所示。

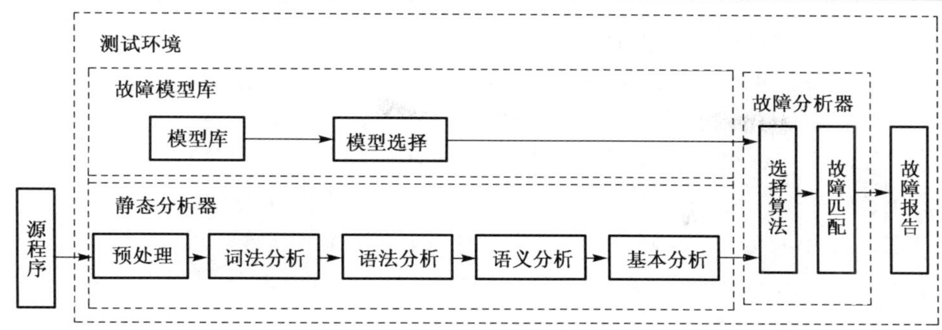

图 6-1　静态分析基本框架

1. 词法分析

首先采用正则表达式来描述词法。每一个正则表达式表示一个正则集。将各类单词的表达式综合，便可以得到 C/C++词法的规则表达式，然后定义动作，再识别规则部分。动作{A_i}为当识别出词形为 P_i 的单词时，词法分析器应进行的操作。在用户子程序部分，动作的含义是定义词法分析器何时开始工作，何时结束分析，汇总并向指定的地方传输信息等。最后生成字符流，用 C/C++编写的源程序经过词法分析器之后，形成各个单独的字符串，每一个字符串都有一些标明身份的具体属性，形成一个结构体。

2. 语法分析

C++的语法分析十分复杂，需考虑的情况非常多，不管是自行重新写语法分析，还是参考利用 gcc 的语法分析，系统的核心都是最后生成带 C/C++语言结构属性的语法树和符号表。上下文无关文法用 BNF 或 EBNF（扩展的 BNF，允许更短但更复杂的产生式）表示，可以利用语法分析程序的自动生成工具 LEX 来辅助生成语法分析程序。

语法分析的结果是产生语法树和符号表，供检查故障点使用。

3. 检查点检查算法

检查点检查的测试方法包括自动故障和人工确认。

自动故障检查由故障查找程序自动完成，该程序执行效率高，而且没有风险，能够有效发现潜在的故障。故障查找程序结合编译功能和规则检查功能，其生成结果为检查点(Inspection Point，IP)列表。自动故障检查之后，对生成的检查点进行人工确认，以提高发现故障的准确程度。采用该方法测试之后，能够帮助程序员在设计阶段发现和清除存储泄漏故障，减少交付之后发现故障的代价。

该方法的关键是测试规则的定义，规则定义是否完善直接关系到故障的识别率和准确程度。通过对大量源程序的分析，对故障进行分类，并针对每一类制定相应的规则。

该方法的测试步骤如下所述。

(1) 建立专用的编译系统，包括预编译、词法分析、语法分析，以及生成语法树、定义使用链、控制流程图等相应结构。

(2) 规则定义，针对故障的不同形式制定相应的规则，包括以下 11 类。

① BDA：Bad Deal location A，没有指向存储块的指针被释放。

② BDB：Bad Deal location B，动态分配指令和释放指令不匹配。

③ MLA：Memory Leak A，同一指针变量在其作用域内分配两次以上，且分配之前未释放或赋值给别的生存期更长的变量。

④ MLB：Memory Leak B，指针变量在某条执行路径上没有释放，而且没有赋值给别的生存期更长的变量，并且存在一条转跳到外部的语句或路径(如 return)。

⑤ MLC：Memory Leak C，删除链表中的结点，但没有释放该结点。

⑥ MLD：Memory Leak D，指针作为参数传递给其他函数，但在其他函数中没有释放。

⑦ MLE：Memory Leak E，已经分配的指针变量被重新赋值。

⑧ NPDA：Null Pointer Dereference A，在使用局部指针变量之前，未对其是否为空进行判断。

⑨ NPDB：Null Pointer Dereference B，使用指针参数之前，未对其是否为空进行判断。

⑩ OOBA：Out of bounds array access A，数组下标超出范围；OOBB：Out of bounds array access B，数组名或指向数组的指针作函数参数时造成越界。

⑪ UV：Uninitialized Variable，变量在某条分支上使用之前没有进行初始化。

(3) 结合专用的编译系统和检查规则生成检查点扫描程序。

(4) 查找检查点。

(5) 人工确认。为了保证可靠性，对查找到的检查点进行人工确认。

采用静态方法检测可能导致系统崩溃的软件故障，和其他的测试相比，该方法可以不必进行软件的正确性测试就可以发现某些故障，因此代价较低，而且检测更全面，可减少故障点的漏报数量。

6.2.2 基于路径的内存泄漏故障分析

为设计一个好的检测算法，首先仔细分析错误的模型，给出合适的错误模型描述。有哪些情况？这些情况有什么共同特征？先解决这两个问题，然后才能设计相应的检测算法。自动检测算法有两个主要指标：能接受的时间复杂度和能接受的故障报告准确率和完整率。

考虑在某条路径上所有影响内存泄漏故障分析而进行的操作如下所述。

1）内存分配操作

C/C++语言提供的内存分配函数有 malloc、calloc realloc、new、new[]等，程序调用这些函数的语句处表明内存泄漏故障分析开始。

2）内存释放操作和程序退出操作

C/C++语言提供的内存释放函数有 free、delete 和 delete[]。程序退出导致程序申请的内存返还给操作系统，C/C++语言程序退出操作有 return、exit 等，在这些函数调用的节点上表明内存泄漏故障分析结束。

3）和内存块相关指针变量的赋值操作

对指针的赋值会覆盖原内存指向关系。将指向某块内存指针的值赋给另一个指针变量，这样两个指针都指向同一块内存单元，其中的任何一个都可以对该内存单元进行访问，包括释放操作。

4）作用域变化

作用域的变化造成某些指针变量失效，如当从某个局部作用域转换到全局作用域下，该作用域中的局部变量全部失效。

可以对程序控制流图中每条路径上已经分配的内存进行跟踪，检查在路径结束的地方该内存是否已经释放，或者是否还有更高级作用域的变量指向它。但是，程序中的路径数往往是巨大的，对每条路径进行分析是不现实的。

由此得到面向故障的软件测试优点，即

（1）无需设计任何测试用例，自动化程度高；

（2）测试结果相对比较客观，测试结果可再现；

（3）针对性强，针对的都是用户关心，但使用其他方法难以找到的故障。

参考文献

[1] 王英龙，等. 软件测试技术. 北京：清华大学出版社, 2009

[2] 宫云战. 一种面向故障的软件测试新方法. 装甲兵工程学院学报, 2004, 3:21-25

[3] 肖庆，等. 内存泄漏的一种静态分析方法. 装甲兵工程学院学报, 2004, 2

[4] 张威，等. 空指针引用故障模型与测试方法研究. 计算机工程与应用, 2006. 4: 71-94

[5] Nie C H, Xu B W. A minimal test suite generation method. Chinese Journal of Computers, 2003, 2(612): 1690-1695

[6] Aho A V, Sethi R, Ullman J D. 编译原理、技术与工具（英文版）. 北京：人民邮电出版社, 2002

第7章 灰盒测试

7.1 白盒测试

白盒测试是软件测试中最为有效和实用的方法之一。它把程序看成装在一个透明的白盒子里，即明显了解程序结构和处理过程，检查是否所有的结构及路径都是正确的，检查软件内部动作是否按照设计说明的规定正常进行，所以白盒测试又被称为结构测试。

白盒测试的对象主要是源程序，是指用代码内部的分支、路径、条件，使程序设计的控制结构导出测试用例，主要使用被测单元内部如何工作的信息，通过对程序内部逻辑结构及有关信息来设计和选择测试用例，从而对程序的逻辑路径进行测试。逻辑覆盖测试与基本路径测试是其两大基本策略。

7.1.1 白盒测试的发展

第一代白盒测试在测试发展初期，测试工具很不成熟，人们通常以单步调试代替测试，或采用 assert 断言、print 语句等简单方式的组织测试体系，即为所谓的第一代白盒测试，这一时期的测试是半手工的，没实现自动化，测试效果也严重依赖测试者(或者调试者)的个人能力，缺少统一规范的评判标准。同时，测试过程难以重用，成功经验无法复制，测试结果也难以评估并用于改进，这些对于团队运作是非常致命的。

第二代白盒测试[1]将测试操作改用一种形式化语言(通常称为测试脚本)来表述，脚本可以组合成用例，用例可组合成测试集，用例与测试集再统一到测试工程中管理，把测试脚本保存到文件，重用问题随之解决。另外，代码覆盖率功能使测试结果可以评估，能直观地看到哪些代码或分支未被覆盖，然后有针对性地增加测试设计。虽然第二代白盒测试解决了重复测试问题，但没解决持续测试问题。简单来说，重复测试使测试操作能以规范格式记录，当被测对象没变化(或变化很少)时，测试用例是可重用的，但如果源代码大幅调整(甚至重构)，或者按迭代模式不停追加新功能时，如何维持用例同步增长，并与源代码一起同步更新，已经不是简单的增强用例复用能力就能解决的。因为代码更新与用例更新交织进行，测试用例与被测源码一样对等地成为日常工作对象，必然促使原有工作模式与测试方法产生变革。概括而言，白盒测试过程要从一次测试模式过渡到持续测试模式。目前，市面上有大量的商用工具，如 RTRT、CodeTest、Visual Tester、C++ Tester 等都属于第二代白盒测试工具。

第三代白盒测试工具以 xUnit 为代表，包括 JUnit、DUnit、CppUnit 等，主要解决持续测试问题。

第四代白盒测试尝试解决软件测试中投入产出比的矛盾，同时增加将测试过程(包括测试设计、执行与改进)高效融入开发的全过程。

7.1.2 白盒测试的主要方法

本节重点围绕逻辑覆盖测试和基本路径测试介绍常见的白盒测试方法，并通过实例说明如何实际运用白盒测试技术。

1. 逻辑覆盖测试

逻辑覆盖测试是利用程序的逻辑结构设计相应的测试用例。测试人员要深入了解被测程序的逻辑结构特点，完全掌握源代码的流程，才能设计出恰当的用例。

根据不同的测试要求，逻辑覆盖测试可分为语句覆盖、判断覆盖、条件覆盖、判断/条件覆盖、条件组合覆盖和路径覆盖。

程序段 7-1 是一段简单的 C 语言程序，作为公共程序段来说明逻辑驱动测试的各自特点。

程序段 7-1：

```
if (t1>100&& t2>500)
   count++;
if (t1>=1000|| t3>5000)
   count--;
```

图 7-1 为该程序段的流程图。

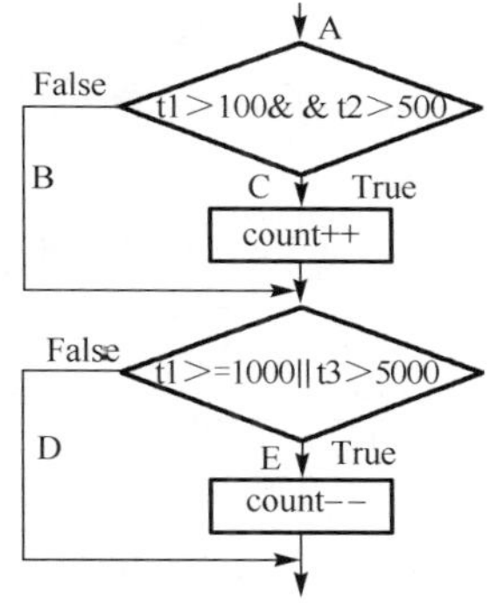

图 7-1 程序流程图

1) 语句覆盖

语句覆盖(Statement Coverage)是指设计若干个测试用例，程序运行时每个可执行语句至少被执行一次。在保证完成要求的情况下，测试用例的数目越少越好。

针对公共程序段设计的测试用例组 1(见表 7-1)为

```
Test Case 1: t1=2000, t2=600, t3=6000;
Test Case 2: t1=900, t2=600, t3=6000。
```

表 7-1 测试用例组 1

<table>
<tr><th>测试用例</th><th>t1,t2,t3</th><th>t1>100&&t2>500</th><th>t1>=1000||t3>5000</th><th>执行路径</th></tr>
<tr><td>TC1</td><td>2000,600,6000</td><td>True</td><td>True</td><td>ACE</td></tr>
<tr><td>TC2</td><td>900,600,6000</td><td>True</td><td>False</td><td>ACD</td></tr>
</table>

语句覆盖是最弱的逻辑覆盖方法。

2) 判断覆盖

判断覆盖(Branch Coverage)是指设计若干个测试用例，执行被测试程序时，程序中每个判断条件的真值分支和假值分支至少被执行一遍。在保证完成要求的情况下，测试用例的数目越少越好。判断覆盖又称为分支覆盖。

针对公共程序段设计的测试用例组 2(见表 7-2)为

```
Test Case 1: t1=2000, t2=600, t3=6000;
Test Case 3: t1=50, t2=600, t3=2000。
```

表 7-2　测试用例组 2

测试用例	t1,t2,t3	t1>100&&t2>500	t1>=1000||t3>5000	执行路径
TC1	2000,600,6000	True	True	ACE
TC3	50,600,2000	False	False	ABD

测试用例组 3(见表 7-3)为

```
Test Case 4: t1=900, t2=600, t3=2000;
Test Case 5: t1=2000, t2=200, t3=6000。
```

表 7-3　测试用例组 3

测试用例	t1,t2,t3	t1>100&&t2>500	t1>=1000||t3>5000	执行路径
TC4	900,600,2000	True	False	ACD
TC5	2000,200,6000	False	True	ABE

3) 条件覆盖

条件覆盖(Condition Coverage)是指设计若干个测试用例，执行被测试程序时，程序中每个判断条件中的每个判断式的真值和假值至少被执行一遍。

针对公共程序段设计的测试用例组 4(见表 7-4)为

```
Test Case 1: t1=2000, t2=600, t3=6000;
Test Case 3: t1=50, t2=600, t3=2000;
Test Case 5: t1=2000, t2=200, t3=6000。
```

表 7-4　测试用例组 4

测试用例	t1,t2,t3	t1>100	t2>500	t1>=1000	t3>5000	执行路径
TC1	2000,600,6000	True	True	True	True	ACE
TC3	50,600,2000	False	True	False	False	ABD
TC5	2000,200,6000	True	False	True	True	ABE

测试用例组 5(见表 7-5 和表 7-6)为

```
Test Case 6: t1=50, t2=600, t3=6000;
Test Case 7: t1=2000, t2=200, t3=1000。
```

表 7-5 测试用例组 5-1

测试用例	t1,t2,t3	t1>100	t2>500	t1>=1000	t3>5000	执行路径
TC6	50,600,6000	False	True	False	True	ABE
TC7	2000,200,1000	True	False	True	False	ABE

表 7-6 测试用例组 5-2

测试用例	t1,t2,t3	t1>100&&t2>500	t1>=1000||t3>5000	执行路径
TC6	50,600,6000	False	True	ABE
TC7	2000,200,1000	False	True	ABE

4) 判断/条件覆盖

判断/条件覆盖是指设计若干个测试用例，执行被测试程序时，程序中每个判断条件的真假值分支至少被执行一遍，并且每个判断条件的内部判断式的真假值分支被执行一遍。

针对公共程序段设计的测试用例组 6(见表 7-7 和表 7-8)为

```
Test Case 1: t1=2000, t2=600, t3=2000;
Test Case 8: t1=50, t2=200, t3=2000。
```

表 7-7 测试用例组 6-1

测试用例	t1,t2,t3	t1>100	t2>500	t1>=1000	t3>5000	执行路径
TC1	2000,600,6000	True	True	True	True	ACE
TC8	50,200,2000	False	False	False	False	ABD

表 7-8 测试用例组 6-2

测试用例	t1,t2,t3	t1>100&&t2>500	t1>=1000||t3>5000	执行路径
TC1	2000,600,6000	True	True	ACE
TC8	50,200,2000	False	False	ABD

5) 条件组合覆盖

条件组合覆盖是指设计若干个测试用例，执行被测试程序时，程序中每个判断条件内部判断式的各种真假组合可能都至少被执行一遍。由此可知，满足条件组合覆盖的测试用例组一定满足判断覆盖、条件覆盖和判断/条件覆盖。

针对公共程序段设计的测试用例组 7 为

```
Test Case 1: t1=2000, t2=600, t3=2000;
Test Case 6: t1=2000, t2=200, t3=6000;
Test Case 7: t1=2000, t2=600, t3=2000;
Test Case 8: t1=50, t2=200, t3=2000。
```

表 7-9　测试用例组 7-1

测试用例	t1,t2,t3	t1>100	t2>500	t1>=1000	t3>5000	执行路径
TC1	2000,600,2000	True	True	True	False	ACE
TC6	2000,200,6000	True	False	True	True	ABE
TC7	2000,600,2000	True	False	True	False	ABE
TC8	50,200,2000	False	False	False	False	ABD

表 7-10　测试用例组 7-2

测试用例	t1,t2,t3	t1>100&&t2>500	t1>=1000||t3>5000	执行路径
TC1	2000,600,2000	True	True	ACE
TC6	2000,200,6000	False	True	ABE
TC7	2000,600,2000	False	True	ABE
TC8	50,200,2000	False	False	ABD

6）路径覆盖

路径覆盖(Path Coverage)要求设计若干测试用例，执行被测试程序时，能够覆盖程序中所有的可能路径。

针对公共程序段设计的测试用例组 8 见表 7-11 和表 7-12 为

```
Test Case 1: t1=2000, t2=600, t3=6000;
Test Case 3: t1=50, t2=600, t3=2000;
Test Case 4: t1=2000, t2=600, t3=2000;
Test Case 7: t1=2000, t2=200, t3=1000。
```

表 7-11　测试用例组 8-1

测试用例	t1,t2,t3	t1>100	t2>500	t1>=1000	t3>5000	执行路径
TC1	2000,600,6000	True	True	True	True	ACE
TC3	50,600,2000	False	True	False	False	ABD
TC4	2000,600,2000	True	True	True	False	ACE
TC7	2000,200,1000	True	False	True	False	ABE

表 7-12　测试用例组 8-2

测试用例	t1,t2,t3	t1>100&&t2>500	t1>=1000||t3>5000	执行路径
TC1	2000,600,6000	True	True	ACE
TC3	50,600,2000	False	False	ABD
TC4	2000,600,2000	True	False	ACD
TC7	2000,200,1000	False	True	ABE

应该注意的是，上面 6 种覆盖测试方法所引用的公共程序只有短短 4 行，是一段非常简单的示例代码。然而，在实际测试程序中，一个简短的程序路径数目是一个庞大的数字。对其实现路径覆盖测试是很难的。所以，路径覆盖测试是相对的，尽可能把路径数压缩到一个可承受的范围内。

当然，即便对某个简短的程序段执行完路径覆盖测试，也不能保证源代码不存在软件的其他问题。其他的软件测试手段也是必要的，它们之间是相辅相成的。没有一个测试方法能够找尽软件所有的缺陷，只能尽可能多地查找软件缺陷。

2. 路径分析测试

1) 控制流图

白盒测试是针对软件产品内部逻辑结构进行测试的，测试人员必须对测试中的软件有深入的理解，包括其内部结构、各单元部分及之间的内在联系，还有程序运行原理等。因而，这是一项庞大且复杂的工作。为了更加突出程序的内部结构，便于测试人员理解源代码，可以对程序流程图进行简化，生成控制流图(Control Flow Graph)。简化后的控制流图是由节点和控制边组成的。

控制流图有以下 4 个特点。

(1) 具有唯一入口节点，即源节点，表示程序段的开始语句。

(2) 具有唯一出口节点，即汇节点，表示程序段的结束语句。

(3) 节点由带有标号的圆圈表示，表示一个或多个无分支的源程序语句。

(4) 控制边由带箭头的直线或弧表示，代表控制流的方向。

常见的 5 种控制流图如图 7-2 所示。

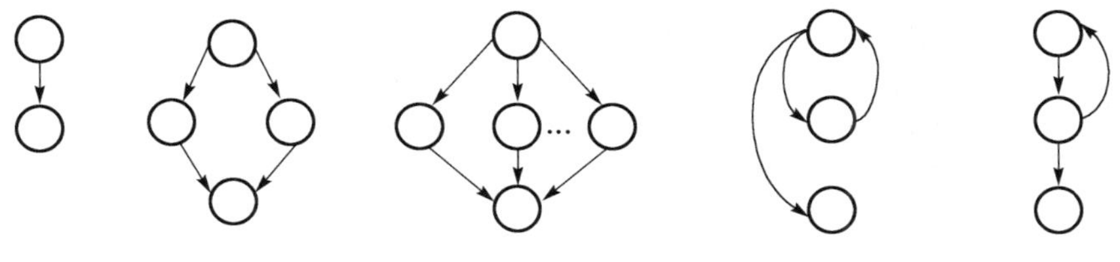

图 7-2 常见的控制流图

程序环形复杂度是一种描述程序逻辑复杂度的标准，该标准运用基本路径方法，给出程序基本路径集中的独立路径条数，这是确保程序中每个可执行语句至少执行一次所必需的测试用例数目的上界。

给定一个控制流图 G，设其环形复杂度为 $V(G)$，在这里介绍三种常见的计算方法来求解 $V(G)$。

(1) $V(G)=E-N+2$，其中 E 是控制流图 G 中边的数量，N 是控制流图中节点的数目。

(2) $V(G)=P+1$，其中 P 是控制流图 G 中判断节点的数目。

(3) $V(G)=A$，其中 A 是控制流图 G 中区域的数目。由边和节点围成的区域为区域，当在控制流图中计算区域的数目时，控制流图外的区域也应记为一个区域。

2）独立路径测试

在介绍覆盖测试时，对于一个较为复杂的程序，完全的路径覆盖测试是不可能实现的。既然路径覆盖测试无法达到，那么可以对某个程序所有的独立路径进行测试，即程序的每一条语句，从而达到语句覆盖，这种测试方法就是独立路径测试方法。从控制流图来看，一条独立路径是至少包含有一条在其他独立路径中从未有过的边的路径。路径可以用控制流图中的节点序列来表示。例如，在如图 7-3 所示的控制流图中，一组独立的路径是

path1：1 - 11

path2：1 - 2 - 3 - 4 - 5 - 10 - 1 - 11

path3：1 - 2 - 3 - 6 - 8 - 9 - 10 - 1 - 11

path4：1 - 2 - 3 - 6 - 7 - 9 - 10 - 1 - 11

路径 path1，path2，path3，path4 组成控制流图的一个基本路径集。

独立路径测试的步骤包括 3 个方面，即

(1) 导出程序控制流图。

(2) 求出程序环路复杂度。

(3) 设计测试用例(Test Case)。

程序段 7-2：

```
void main ()
{
    int num1=0, num2=0, score=100;
    int i;
    char str;
    scanf ("%d, %c\n", &i, &str);
    while (i<5)
    {
        if (str='T')
            num1++;
        else if (str='F')
        {
          score=score-10;
          num2 ++;
         }
        i++;
     }
    printf("num1=%d,num2=%d,score=%d\n",num1,num2,score);
}
```

(1) 导出程序控制流图。根据源代码 7-2 可以导出程序的控制流图，如图 7-4 所示。每个圆圈代表控制流图的节点，可以表示一个或多个语句。圆圈中的数字对应程序中某一行的编号。箭头代表边的方向，即控制流方向。

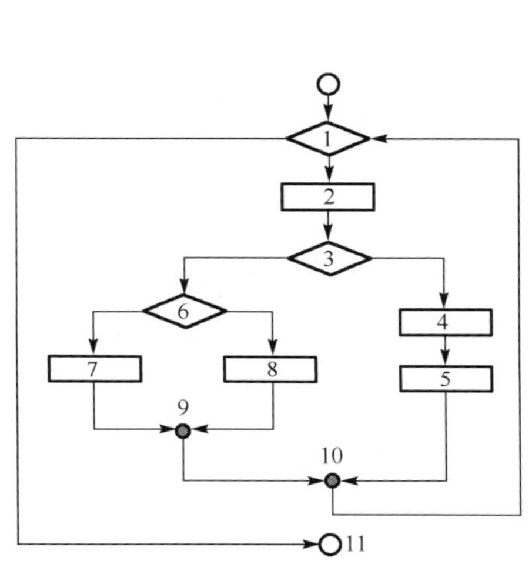

图 7-3 控制流图的基本路径集

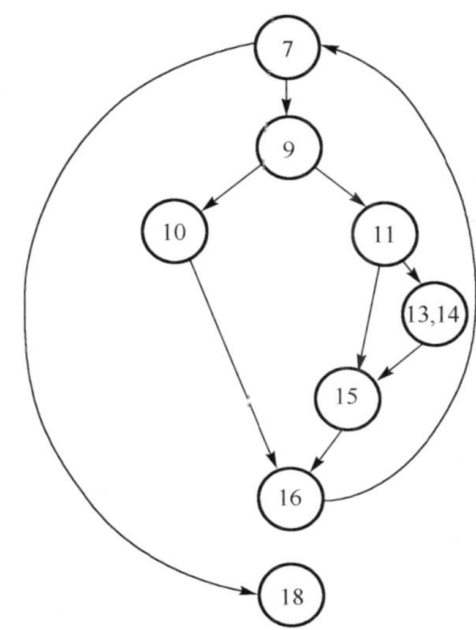

图 7-4 由源代码导出的控制流图

(2) 求出程序环形复杂度。根据程序环形复杂度的计算公式，求出程序路径集合中的独立路径数目。

公式 1：$V(G)=10-8+2$，其中 10 是控制流图 G 中边的数量，8 是控制流图中节点的数目。

公式 2：$V(G)=3+1$，其中 3 是控制流图 G 中判断节点的数目。

公式 3：$V(G)=4$，其中 4 是控制流图 G 中区域的数目。

因此，控制流图 G 的环形复杂度是 4，即至少需要 4 条独立路径组成基本路径集合，并由此得到能够覆盖所有程序语句的测试用例。

(3) 设计测试用例。根据上面环形复杂度的计算结果，源程序的基本路径集合中有 4 条独立路径，即

路径 1：7(→)18；

路径 2：7(→)9(→)10(→)16(→)7(→)18；

路径 3：7(→)9(→)11(→)15(→)16(→)7(→)18；

路径 4：7(→)9(→)11(→)13(→)14(→)15(→)16(→)7(→)18。

根据上述 4 条独立路径设计测试用例组 9(见表 7-13)。测试用例组 9 中的 4 个测试用例作为程序输入数据，能够遍历这 4 条独立路径。对于源程序中的循环体，测试用例组 9 中的输入数据使其执行零次或一次。

表 7-13　测试用例组 9

测试用例	输入		期望输出			执行路径
	i	str	num1	num2	score	
TC1	5	'T'	0	0	100	路径 1
TC2	4	'T'	1	0	100	路径 2
TC3	4	'A'	0	0	100	路径 3
TC4	4	'F'	0	1	90	路径 4

程序段 7-3：

```
1   if (a or b)
2   then
3     procedure x;
4   else
5     procedure y;
6   …
```

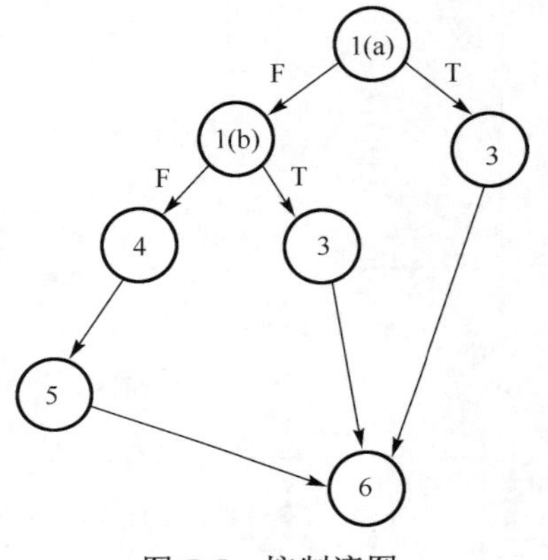

图 7-5　控制流图

对应的控制流图如图 7-5 所示，程序行 1 的 a 和 b 都是独立的判断节点，还有程序行 4 也是判断节点，所以共计 3 个判断节点。图 7-5 的环形复杂度为 $V(G)=3+1$，其中 3 是图 7-5 中判断节点的数目。

3) *Z* 路径覆盖测试

Z 路径覆盖是路径覆盖面的一种变体。对于语句较少的简单程序，路径覆盖是切实可行的。但是，对于源代码很多的复杂程序，或者对于含有较多条件语句和较多循环体的程序来说，需测试的路径数目成倍增长，达到一个巨大的数字，以至于无法实现路径覆盖。

为了解决这一问题，采用简化循环方法的路径覆盖，就是 *Z* 路径覆盖。

所谓“简化循环”，就是减少循环的次数。不考虑循环体的形式和复杂度如何，也不考虑循环体实际上执行多少次，只考虑通过循环体零次和一次这两种情况。这里的零次循环是指跳过循环体，从循环体的入口直接到循环体的出口。一次循环体是指检查循环初始值。

图 7-6(a)和图 7-6(b)表示两种最典型的循环控制结构。图 7-6(a)是先比较循环条件，后执行循环体，循环体 B 可能执行，也可能不被执行。限定循环体 B 执行零次和一次，这样就和图 7-6(c)的条件结构一致。图 7-6(b)是先执行循环体，后比较循环条件。假设循环体 B 执行一次，经过条件判断跳出循环，那么其效果就和图 7-6(c)的条件结构只执行右分支的效果一致。

一旦将循环结构简化为选择结构，路径的数量大大减少，这样就可以实现路径覆盖测试。对于实现简化循环的程序，可以将程序用路径树来表示。得到某一程序的路径树后，从其根节点开始一次遍历，再回到根节点时，将所经历的叶节点名排列起来，就得到一个路径。如果已经遍历所有的叶子节点，那就得到所有的路径。得到所有的路径后，生成每个路径的测试用例，就可以实现 Z 路径覆盖测试。

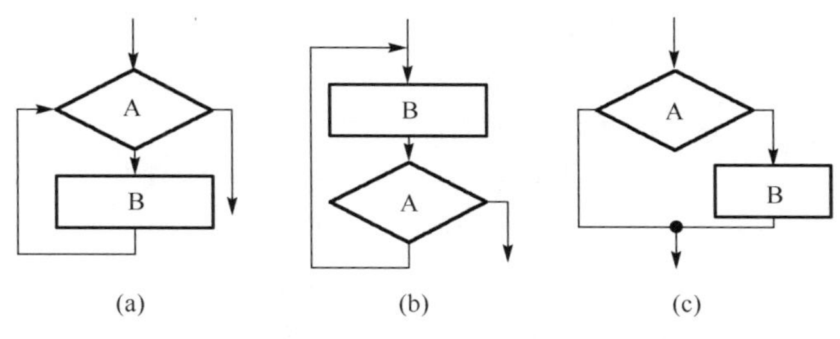

图 7-6　循环控制结构

4）其他白盒测试方法

（1）循环测试。循环测试是一种着重循环结构有效测试的白盒测试方法。循环结构测试用例的设计有以下 4 种模式，如图 7-7 所示。

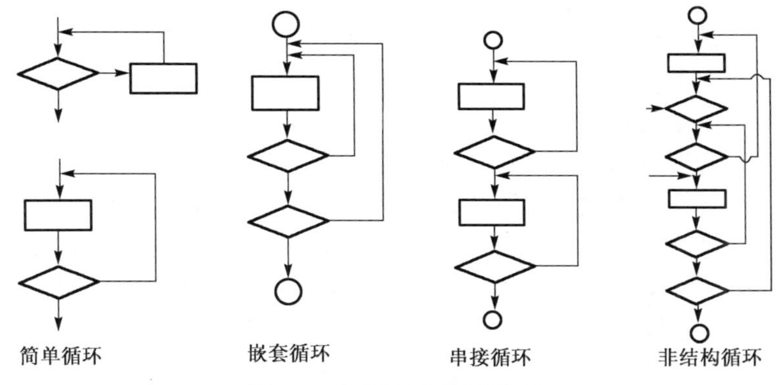

图 7-7　循环结构测试模式

（2）变异测试。变异测试是一种故障驱动测试，即针对某一类特定程序故障进行测试，变异测试也是一种比较成熟的排错测试方法。它可以通过检验测试数据集的排错能力来判断软件测试是否充分。

假设对程序 P 进行一些微小改动而得到程序 MP，程序 MP 就是程序 P 的一个变异体。

假设程序 P 在测试集 T 上是正确的，设计某一变异体集合：M = {MP|MP 是 P 的变异体}，若变异体集合 M 中的每一个元素在 T 上都存在错误，则认为源程序 P 的正确度较高；若 M 中的某些元素在 T 上运行正确，则可能存在以下一些情况：

① M 中的这些变异体在功能上与源程序 P 是等价的；

② 现有的测试数据不足以找出源程序 P 与其变异体之间的差别；

③ 源程序 P 可能产生故障，而其某些变异体却是正确的。

由上可知，测试集 T 和变异体集合 M 中的每一个变异体 MP 都是很重要的，它们直接影响变异测试的测试效果。

总之，对程序进行变换的方法多种多样，具体的操作依靠测试人员的实际经验。通过变异分析构造测试数据集的过程是一个循环过程。对源程序及其变异体进行测试后，若发现某些变异体并不理想，需适当增加测试数据，直到所有变异体达到理想状态，即变异体集合中的每一个变异体在 T 上都存在错误。

(3) 程序插桩。程序插桩是借助在被测程序中设置断点或打印语句来进行测试的方法，在执行测试的过程中可以了解一些程序的动态信息。这样在运行程序时，既能检验测试的结果数据，又能借助插入语句给出的信息掌握程序的动态运行特性，从而把程序执行过程中所发生的重要事件记录下来。

程序插桩设计时主要需考虑三方面因素：

① 需探测哪些信息？

② 在程序的什么位置设立插桩点？

③ 计划设置多少个插桩点？

插桩技术在软件测试中主要有以下 3 个应用：

① 覆盖分析。程序插桩可以估计程序控制流图中被覆盖的程度，确定测试执行的充分性，从而设计更好的测试用例，提高测试覆盖率。

② 监控。在程序的特定位置设立插桩点，插入用于记录动态特性的语句，用来监控程序运行时的某些特性，从而排除软件故障。

③ 查找数据流异常。程序插桩可以记录在程序执行中某些变量值的变化情况和变化范围。掌握数据变量的取值状况，准确判断数据流是否异常。虽然数据流异常可以用静态分析器来发现，但是使用插桩技术可以更经济更简便，毕竟所有的信息是随测试过程附带得到的。

7.2 黑 盒 测 试

黑盒测试也称为功能测试或数据驱动测试，它已知产品所应具有的功能，通过测试来检测每个功能是否都能正常使用。在测试时，把程序看作一个不能打开的黑盒，在完全不考虑程序内部结构和内部特性的情况下，测试者在程序接口进行测试。它只检查程序功能是否按照需求规格说明书的规定正常使用，程序是否能适当地接收输入数据而产生正确的输出信息，并且保持外部信息(如数据库或文件)完整。

黑盒测试方法主要有等价类划分、边值分析、因果图、错误推测等，主要用于软件确认测试。黑盒法着眼于程序外部结构，不考虑内部逻辑结构，针对软件界面和软件功能进行测试。黑盒法是穷举输入测试，只有把所有可能的输入都作为测试情况使用时，才能以这种方法查出程序中所有的错误。实际上，测试情况有无穷多个，不仅测试所有合法的输入，而且还对那些不合法，但是可能的输入进行测试。

以下讲述黑盒测试用例设计方法。

1）等价类划分法

（1）划分基础。以需求规格说明书中输入、输出要求为划分基础。

（2）等价类。某个输入域的子集合，分为有效等价类和无效等价类。

① 有效等价类：指对于程序规格说明书来说是合理有意义的输入数据构成的集合。利用有效等价类可以检验程序是否实现了规格说明书中的功能和性能。

② 无效等价类：与有效等价类的定义恰巧相反。

（3）划分等价类原则如表 7-14 所示。

表 7-14　划分等价类原则

序　号	输入条件(数据)	划分等价类
1	规定取值范围值的个数	一个有效等价类 两个无效等价类
2	规定输入值的集合 规定“必须如何”的条件	一个有效等价类 一个无效等价类
3	是一个布尔量	一个有效等价类 一个无效等价类
4	输入数据的一组值(*n* 个) 程序对每一个输入值分别进行处理	*n* 个有效等价类 一个无效等价类
5	规定必须遵守的规则	一个有效等价类(符合规则) 若干个无效等价类
6	在确知已划分的等价类中，各元素在程序处理中的方式不同的情况下，则应再将该等价类进一步地划分为更小的等价类	

（4）列出等价类表。在确定等价类之后，建立等价类表，列出所有划分出的等价类，如表 7-15 所示。

表 7-15　建立等价类表

输 入 条 件	有效等价类	无效等价类
⋮	⋮	⋮

（5）确定测试用例步骤。

第 1 步：为每个等价类规定一个唯一的编号。

第 2 步：设计一个新的测试用例，使其尽可能多地覆盖尚未覆盖的有效等价类。重复这一步骤，最后使得所有有效等价类均被测试用例所覆盖。

第 3 步：设计一个新的测试用例，使其只覆盖一个无效等价类。重复这一步骤，最后使得所有有效等价类均被测试用例所覆盖。

采用等价类划分方法设计测试用例，按照划分等价类、列出等价列表、确定测试用例三个步骤完成，目标是把可能的测试用例组合缩减到仍然足以满足软件测试需求为止。

2）边界值分析法

(1) 边界类型。

① 边界条件：可以在产品说明书中有定义或者在使用软件过程中确定。

② 次边界条件：在软件内部，也称为内部边界条件。

③ 其他边界条件：如输入信息为空(对于此类问题应建立单独的等价类空间)、非法、错误、不正确和垃圾数据。

(2) 边界值的选择方法如表 7-16 所示。

表 7-16 边界值的选择方法

序 号	输入条件(数据)	输入边界值数据
1	规定取值范围	正好达到这个范围 正好超越这个范围
2	规定值的个数	最大个数比最大个数大 1 最小个数比最小个数少 1
3	根据规格说明书的每个输出条件，使用原则 1～2	根据规格说明书的每个输出条件，使用原则 1～2
4	输入或输出是个有序集合	集合的第一个、最后一个元素
5	程序中使用一个内部数据结构	内部数据结构边界上的值
6	分析规格说明，找出其他可能的边界	分析规格说明，找出其他可能的边界

3）错误推测法

列举出程序中所有可能有的错误和容易发生错误的特殊情况，根据它们选择测试用例。

4）因果图法

侧重于输入条件的各种组合，以及各个输入情况之间的相互制约关系。

(1) 因果图设计方法。从用自然语言书写的程序规格说明的描述中找出因果，通过因果图转换成判定表。

(2) 因果图导出测试用例步骤如下所述。

第 1 步：分析程序规格说明的描述哪些是原因，哪些是结果。原因常常是输入条件或是输入条件的等价类，结果是输出条件。

第 2 步：分析程序规格说明的描述中语义的内容，并将其表示成连接各个原因与各个结果的因果图。

第 3 步：标明约束条件。

第 4 步：把因果图转换成判定表。

第 5 步：为判定表中每一列表示的情况设计测试用例。

(3) 因果图基本图形符号。

在因果图中，通常用 Ci 表示原因，Ei 表示结果；各结点表示状态，可取值 0(状态不出现)或 1(某状态出现)。

恒等：若原因出现，则结果出现；若原因不出现，则结果不出现。

非(～)：若原因出现，则结果不出现；若原因不出现，则结果出现。

或(V)：若几个原因中有一个出现，则结果出现；若几个原因都不出现，则结果不出现。

与(∧)：若几个原因都出现，结果才出现；若其中有一个原因不出现，则结果不出现。

(4) 因果图的约束符号。从输入(原因)考虑4种约束，即

E(互斥)：表示两个原因不会同时成立，两个最多有一个可能成立。

I(包含)：表示三个原因中至少有一个必须成立。

O(唯一)：表示两个原因中必须有一个，且仅有一个成立。

R(要求)：表示两个原因，a出现时，b也必须出现；a出现时，b不可能不出现。

从输出(结果)考虑一种约束，即M(屏蔽)：两个结果，a为1时，b必须是0；a为0时，b值不定。

5) 判定表驱动法

(1) 判定表。判定表是分析和表达多逻辑条件下执行不同操作的工具。

(2) 判定表组成如下所述。

条件桩：列出问题所有的条件。

动作桩：列出问题规定可能采取的操作。

条件项：列出针对它所列条件的取值，在所有可能情况下的真假值。

动作项：列出在条件项的各种取值情况下应该采取的动作。

规则：列出任何一个条件组合的特定取值及其相应要执行的操作。

注：判定表中贯穿条件项和动作项的一列就是一条规则。

(3) 判定表的建立(步骤)如下所述。

第1步：确定规则的个数。假如有n个条件，每个条件有两个取值(0, 1)，故有$2n$种规则。

第2步：列出所有的条件桩和动作桩。

第3步：填入条件项。

第4步：填入动作项。制定初始判定表。

第5步：简化。合并相似规则或者相同动作。

(4) 适合使用判定表设计测试用例的条件如下所述。

规格说明以判定表的形式给出，或很容易转换成判定表。

条件的排列顺序不影响执行哪些操作。

规则的排列顺序不影响执行哪些操作。

当某一规则的条件已经满足，并确定要执行的操作后，不必检验别的规则。

如果某一规则执行多个操作，这些操作的执行顺序无关紧要。

6）正交试验法

（1）概述。

从大量的试验数据中挑选适量典型的点，从而合理地安排测试的一种科学的试验设计方法。

使用已造好的表格“－”正交表来安排试验并进行数据分析的一种方法。

因子：影响实现指标的条件。

因子的状态：影响实现因子的条件。

该方法的优点为节省测试工时，可控制生成的测试用例的数量，测试用例具有一定的覆盖率。

（2）设计步骤如下所述。

第 1 步：提取功能说明，构造因子‘－’状态表。

第 2 步：加权筛选，生成因素分析表。

第 3 步：利用正交表构造测试数据集，正交表的推导依据 Galois 理论：

L 代表正交表，$L_8(2^7)$代表 7 为因子数，2 为因子的水平数，8 为此表行的数目(试验次数)。

在行数为 *mn* 型的正交表中，试验次数(行数)＝∑(每列水平数-1)+1。

例如，5 个 3 水平因子及一个 2 水平因子表示为 $3^5\times2^1$，试验次数 $=5\times(3-1)+1\times(2-1)+1=12$，即 $L_{12}(3^5\times2)$。

7）功能图法

（1）功能图法概述。

① 用功能图形象地表示程序的功能说明，并机械地生成功能图的测试用例。

② 功能图模型由状态迁移图和逻辑功能模型构成。

状态迁移图：用于表示输入数据序列，以及相应的输出数据；由输入数据和当前状态决定输出数据和后续状态。

逻辑功能模型：用于表示在状态中输入条件和输出条件的对应关系。由输入数据决定输出数据。此模型只适用于描述静态说明。

③ 功能图测试用例由测试中经过的一系列状态和在每个状态中必须依靠输入/输出数据满中的一对条件组成。

（2）程序功能说明包括两种：

① 动态说明：描述输入数据的次序或转移次序；

② 静态说明：描述输入条件和输出条件之间的对应关系。

（3）测试用例生成方法。从状态迁移图中选取测试用例，用节点代替状态，用弧线代替迁移，状态图就可转化成一个程序的控制流程图形式。

（4）测试用例生成规则。为了把状态迁移(测试路径)的测试用例与逻辑模型(局部测试用例)的测试用例组合起来，由功能图生成实用的测试用例，在一个结构化的状态迁移(SST)中，定义3种形式的循环：顺序、选择和重复。

(5) 功能图生成测试用例步骤。

生成局部测试用例：在每个状态中，由因果图生成局部测试用例。局部测试用例由原因值(输入数据)组合与对应的结果值(输出数据或状态)构成。

测试路径生成：利用上面的规则生成从初始状态到最后状态的测试路径。

测试用例合成：合成测试路径与功能图中每个状态的局部测试用例。结果是初始状态到最后状态的一个状态序列，以及每个状态中输入数据与对应输出数据的组合。

测试用例的合成算法：采用条件构造树。

8) 场景法

(1) 基本流和备选流。采用此方法进行设计时，需进行场景设计，在场景中采用基本流和备选流表示经过用例的每条路径。

基本流：采用直黑线表示，是经过用例最简单的路径(无任何差错，程序从开始直接执行到结束)。

备选流：采用不同的颜色表示，一个备选流可能从基本流开始，在某个特定的条件下执行，然后重新加入基本流，也可以起源于另一个备选流，或终止用例，不再加入到基本流中(各种错误情况)。

(2) 设计步骤如下所述。

第1步：根据说明，描述出程序的基本流及各项备选流。

第2步：根据基本流和各项备选流生成不同的场景。

第3步：对每一个场景生成相应的测试用例。

第4步：对生成的所有测试用例重新复审，去掉多余的测试用例。测试用例确定后，对每一个测试用例确定测试数据值。

9) 黑盒测试用例设计方法的选择策略

(1) 首先进行等价类划分，包括输入条件和输出条件的等价类划分，将无限测试变成有限测试，这是减少测试量和提高测试效率最有效的办法。

(2) 在任何情况下都必须使用边界值分析方法。由此方法设计的测试用例发现程序错误的能力最强。

(3) 可以用错误和推测法追加一些测试用例。

(4) 对照程序的逻辑，检查已设计的测试用例的逻辑覆盖度，如果没有达到要求，应再补充。

(5) 如果程序的功能说明中含有输入条件的组合情况，一开始就可以使用因果图法和判定表驱动法。

(6) 对于参数配置类的软件，用正交试验法选择较少的组合方式，以达到最佳效果。

(7) 功能图法也是很好的测试用例设计方法，可以通过不同时期条件的有效性设计不同的数据。

(8) 对于业务流清晰的系统，可以利用场景法贯空整个测试案例过程，在案例中综合使用各种方法。

7.3 灰盒测试

7.3.1 灰盒测试

灰盒测试介于黑盒和白盒之间，既关注输出对于输入的正确性，同时也关注内部表现的测试方法。这种关注不像白盒那样详细、完整，只是通过一些表征的现象、事件、标志来判断内部的运行状态。它达到某种目的，也就是一旦发现问题，可以迅速定位到黑盒中的某个分支，甚至代码级别。灰盒测试在系统组件的协同环境中评价应用软件的设计，从而增强测试效率，以及错误发现和错误分析的效率，可以使得测试达到一个新的境界。

这种测试方式主要用于由多模块构成稍微复杂的软件系统。在灰盒测试中，重点关注软件系统内部模块的边界(接口)。这里所说的“接口”是广义的，包含各种形式：对于进程内的模块，其接口可能是动态库的导出函数；对于进程级的模块，其接口可能是各种 IPC(进程间通信)机制；对于涉及数据库的软件系统，其接口可能是数据库的表结构等。

7.3.2 灰盒测试与白盒测试、黑盒测试的区别

1) 灰盒测试与黑盒测试的区别

如果某软件包含多个模块，使用黑盒测试时，只需关心整个软件系统的边界，无需关心软件系统内部各个模块之间如何协作。如果使用灰盒测试，需关心模块与模块之间的交互。

2) 灰盒测试与白盒测试的区别

在灰盒测试中，只需关心模块内部的实现细节。对于软件系统的内部模块，灰盒测试依然把它当成一个黑盒来看待。白盒测试则不同，还须再深入地了解内部模块的实现细节。

3) 灰盒测试与单元测试的区别

首先，在进行单元测试时，须写一些桩代码。一般来说，测试代码与被测试代码采用同种语言，且测试代码和被测试代码之间的耦合很紧密。因此，单元测试通常由开发人员来完成——测试人员的能力未必能胜任。

其次，单元测试的颗粒度更细(细到模块内部的类一级、函数一级)，而灰盒测试仅到模块一级。

7.3.3 灰盒测试的优缺点

1）优点

(1) 测试可以及早介入。由于黑盒测试把整个软件系统当成一个整体来测试，如果系统的某个关键模块还没有完成，那么测试人员就无法对整个系统进行测试；灰盒测试针对模块的边界进行，模块开发完一个，即测试一个。

(2) 有助于测试人员理解系统结构。为了进行灰盒测试，测试人员首先熟悉内部模块之间的协作机制。在熟悉的过程中，同时就对整个系统(及其结构)有一个初步宏观的认识。这有助于测试人员发现一些系统结构方面的缺陷。对于黑盒测试来说，由于测试人员不清楚软件系统的内部结构，难以发现一些结构的缺陷。

(3) 有助于管理层了解真实的开发进度。一些复杂的大系统经常会发生开发进度失控的情况，因为很多开发人员工作完成状况估算不足。当某个开发人员号称工作已经完成了 90%，往往说明还要花同样多的时间来完成剩下的 10%。这导致负责项目管理的人无法了解开发的真实进度。

由于灰盒测试针对每一个模块进行，而且测试人员从一个客观的角度来反馈模块的完成情况，这非常有利于管理层了解整个系统的真实完成情况。

(4) 可以构造更好的测试用例。如果仅用黑盒的方式测试系统的外部边界(通常是用户界面)，有很多软件缺陷是不容易发现的。分别以 B/S 系统和 C/S 系统来举例。

假设开发一个复杂(Windows 环境下)的 C/S 软件。那么，这个软件通常不仅只有一个 EXE 文件。它可能有若干个 EXE 文件，以及若干个 DLL 文件。假如某个 DLL 提供的导出函数没有按照约定对输入参数进行有效性判断(如指针是否为空)，那么用黑盒测试的方式难以暴露出这种缺陷，而灰盒测试就容易发现此类问题。

假如开发一个 Web 应用系统，那么，这种系统的服务端多半提供若干个 Web 接口，用于被客户端调用。假如某个 Web 接口存在安全问题/并发问题/健壮问题，单纯用黑盒测试的手段同样难以发现，而灰盒测试可以解决这类问题。

(5) 利于提升测试人员能力。很多公司的黑盒测试就是让测试人员用鼠标操作用户界面。在这种的环境里，测试人员的工作都是重复的体力劳动，技术能力难以提高。

如果选择灰盒测试，测试人员就需要多懂一些技术背景知识，必要时需写点测试脚本，这对测试人员的能力提升很有好处。

(6) 强化开发文档。对于一个复杂的软件系统，模块之间的接口是很重要的，因此，接口文档也很重要。如果引入测试人员对模块之间的接口进行测试，就可以有效防止此种弊端。因为测试人员在测试前需阅读模块间的接口文档，然后根据接口文档设计测试用例，最后再执行用例。

(7) 自动化测试。灰盒测试如果落实到位，还可以和自动化测试相结合，从此可以大大提升测试的效率，进而大大提升软件的质量。

2) 缺点

(1) 不适用于简单的系统。所谓“简单系统”，就是总共只有一个模块。由于灰盒测试关注系统内部模块之间的交互。如果某个系统只有一个模块，那就没必要进行灰盒测试。

(2) 对测试人员的要求比黑盒测试高。从上面的介绍来看，灰盒测试要求测试人员清楚系统内部由哪些模块构成，模块之间如何协作。因此，对测试的要求更高。因此，必需一定的培训成本。

(3) 没有白盒测试深入。灰盒测试对测试人员的要求也比较高，比如灰盒测试要求测试人员具有丰富的开发知识；需使测试人员更多地从业务层面考虑问题，考虑更多的组合测试业务场景的能力；另外，很多时候解决问题时还需要很多外围知识，包括数据库层面上的分析能力、J2EE 服务器内部的调用链分析等。

7.3.4 灰盒测试的自动化工具

灰盒测试中的精华就是通过灰盒测试大大缩短解决测试中发现问题的时间。问题的解决流程实际上包括主要两个过程：根源问题分析和问题解决。以经验来看，以前时间主要是耗费在根源问题分析上的，一旦问题被定位，解决问题相对是非常容易的。为了进行根源问题分析，通常需要 3 个典型步骤来进行分析：信息收集、问题重现和问题分析[2]。但是，目前来看，大多数开发人员都是手工来完成这些步骤的，即这个流程是非高效的手工方式，而且易于出错。

所以，灰盒测试是一个非常好的测试理念，但要真正发挥其作用，显然还需要相应的自动化工具。AppSight 就是其中一种自动化工具。BMC AppSight 通过自动化手段进行灰盒测试的优化应用，并提供开发测试解决方案。它采用的专利问题解决方案技术从以下 3 个方面大大加速测试过程中问题的解决流程：提供自动化的信息采集、捕获现场操作并将所有的相关信息统一打包处理；消除通常情况下需要完整重现问题发生的过程，避免在重现问题上耗费的时间开销；大大加速问题分析的过程，使得开发人员能够快速分析问题并隔离根源问题。AppSight 的背后实际上是提供一种问题解决思路，即尽可能消除重现问题的环节，同时在发现问题时就尽可能收集问题信息和相关的环境信息，并协助定位问题。

参 考 文 献

[1] 徐宏革. 白盒测试之道——C++test. 北京: 北京航空航天大学出版社, 2011

[2] 王顺, 等. 软件测试方法与技术实践指南. 北京: 清华大学出版社, 2010

第 8 章　组合覆盖准则

8.1　覆盖准则概念

白盒测试作为测试人员常用的一种测试方法，越来越受到测试工程师的重视。白盒测试并不是简单地按照代码设计用例，而是根据不同的测试需求，结合不同的测试对象，考虑程序的逻辑结构，使用适合的测试方法进行测试。因为不同复杂度的代码逻辑可以衍生出许多种执行路径，所以只有采用适当的方法，才能高效地找到正确的测试方向，提高测试效率，增强测试效果。这些测试方法称为覆盖准则。

目前，国内外已经对控制流覆盖准则进行较为深入的研究，主要的覆盖准则包括语句覆盖(SC)、判定覆盖(DC)、条件覆盖(CC)、判定/条件覆盖(DC/CC)、修改条件/判定覆盖(MC/DC)、条件组合覆盖、路径覆盖。基本概念如下。

(1) 判定(Decision)。判定至少包含一个逻辑操作符，如 AND，OR，NOT，XOR 等的布尔表达式。如果一个判定中的同一条件出现多次，则每次出现均为不同的条件。

(2) 条件(Condition)。不包含逻辑操作符的布尔表达式，仅由关系操作符，如由大于号(>)、小于号(<)，或等于号(=)等构成的布尔表达式属于条件。

1. 语句覆盖(SC)

(1) 主要特点。语句覆盖是最低的结构覆盖要求，语句覆盖要求设计足够多的测试用例，使得程序中每条语句至少被执行一次。

(2) 优点。其优点是可以很直观地从源代码得到测试用例，无需细分每条判定表达式。

(3) 缺点。由于这种测试方法仅针对程序逻辑中显式存在的语句，但对于隐藏的条件和可能到达的隐式逻辑分支是无法测试的，如在 Do-While 结构中，语句覆盖执行其中某一个条件分支。显然，语句覆盖对于多分支的逻辑运算是无法全面反映的，它只运行一次，而不考虑其他情况。

2. 判定覆盖(DC)

(1) 主要特点。判定覆盖又称为分支覆盖，它要求设计足够多的测试用例，使得程序中每个判定至少有一次为真值，有一次为假值，即程序中的每个分支至少执行一次。每个判断的取“真”、取“假”至少执行一次。

(2) 优点。判定覆盖比语句覆盖多几乎一倍的测试路径，当然也就具有比语句覆盖更强的测试能力。同样，判定覆盖也和语句覆盖一样简单，无需细分每个判定就可以得到测试用例。

(3) 缺点。大部分的判定语句往往由多个逻辑条件组合而成(如判定语句包含AND、OR、CASE)，若仅判断其整个最终结果，而忽略每个条件的取值情况，必然遗漏部分测试路径。

3. 条件覆盖(CC)

(1) 主要特点。条件覆盖要求设计足够多的测试用例，使得判定中的每个条件获得各种可能的结果，即每个条件至少有一次为真值，有一次为假值。

(2) 优点。显然，条件覆盖比判定覆盖增加对符合判定情况的测试和测试路径。

(3) 缺点。要达到条件覆盖，需要足够多的测试用例，但条件覆盖并不能保证判定覆盖。条件覆盖只能保证每个条件至少有一次为真，而不考虑所有的判定结果。

4. 判定/条件覆盖(DC/CC)

(1) 主要特点。设计足够多的测试用例，使得判定中每个条件所有的可能结果至少出现一次，每个判定本身所有的可能结果也至少出现一次。

(2) 优点。判定/条件覆盖满足判定覆盖准则和条件覆盖准则，弥补二者的缺点。

(3) 缺点。判定/条件覆盖准则的缺点是未考虑条件的组合情况。

5. 条件组合覆盖

(1) 主要特点。要求设计足够多的测试用例，使得每个判定中条件结果所有的可能组合至少出现一次。

(2) 优点。多重条件覆盖准则满足判定覆盖、条件覆盖和判定/条件覆盖准则。更改的判定/条件覆盖要求设计足够多的测试用例，使得判定中每个条件所有的可能结果至少出现一次，每个判定本身所有的可能结果也至少出现一次，并且每个条件都显示能单独影响判定结果。

(3) 缺点。其缺点为线性地增加测试用例的数量。

6. 路径覆盖

(1) 主要特点。设计足够的测试用例，覆盖程序中所有可能的路径。

(2) 优点。这种测试方法可以对程序进行彻底的测试，比前面 5 种的覆盖面都广。

(3) 缺点。由于路径覆盖需对所有可能的路径进行测试(包括循环、条件组合、分支选择等)，那么需设计大量复杂的测试用例，使得工作量呈指数级增长。在有些情况下，一些执行路径是不可能被执行的，如

```
If (!A)B++;
If (!A)D--;
```

这两个语句实际只包括两条执行路径，即 A 为真或假时对 B 和 D 的处理，“真”或“假”不可能都存在，而路径覆盖测试则认为是包含真与假的 4 条执行路径。这不仅降低测试效率，而且大量的测试结果的累积也为排错带来麻烦。

8.2　MC/DC 覆盖准则

测试覆盖的强度依次由弱渐强，测试的难度依次增加，需要的测试用例数目依次增多。为达到条件组合覆盖准则，需设计大量的测试用例，测试用例数随判定中条件的个数呈指数级增长，实际的工程应用代价太高，所以较少使用。对于更改条件判定覆盖准则(MC/DC)覆盖准则，测试用例个数与判定中的条件个数呈线性增长，并且对操作数及非等式条件反应敏感，还能够得到理想的目标代码测试覆盖率，因此，被广泛应用于实际的软件测试中，特别适用于对软件可靠度要求较高的生命攸关软件系统，如 MC/DC 已经被应用于 RTCA/DO-178B 标准，这个标准主要用于美国测试飞行软件的安全审查。已经有大量的商业化软件测试工具支持 MC/DC 准则，如 CodeTest，LDRA Testbed，C++Test 等。

更改条件/判定覆盖(Modified Condition/Decision Coverage，MC/DC)：每个入口点和出口点至少唤醒一次，判定中每个条件所有的可能结果至少出现一次，每个判定本身所有的可能结果也至少出现一次，并且每个条件都显示能单独影响判定结果[2, 3, 4]。

MC/DC 定义的第一部分是标准的语句覆盖，第二和第三部分是条件/判定覆盖准则，第四部分是 MC/DC 特有的判定条件。定义中最关键的字是“独立影响”，说明每一次每一个判定条件变化，必然导致一次判定结果改变。MC/DC 的目的就是消除测试过程中的各个单独条件之间的相互影响，并且保证每个单独条件能够分别影响判定结果。

例如，A OR B 全部测试用例组合见表 8-1。

表 8-1　A OR B 全部测试用例组合表

测试用例	A	B	结果
1	T	T	T
2	T	F	T
3	F	T	T
4	F	F	F

采用测试用例对(2，3)表明条件 A 和 B 的 True(T)和 False(F)分别出现一次，满足条件覆盖准则。测试用例 2 或 3 加上测试用例 4 标明每个判断本身的 True 和 False 也分别出现一次，满足判定覆盖。测试用例对(2，4)说明条件 A 独立地影响测试结果，测试用例对(3，4)说明条件 B 独立地影响测试结果，所以采用测试用例对(2，3，4)进行测试，满足 MC/DC 覆盖准则。

MC/DC 是一种对于结构测试来说比较好的折中方案，既保证比条件覆盖、判定覆盖或条件/判定覆盖具有更加完备的覆盖率，而且与条件组合覆盖准则相比，所需要的测试用例的个数在实际工程应用中也可以接受。

MC/DC 继承语句覆盖准则、判定/条件覆盖准则等的判定条件，同时加入新的判定条件。在判定/条件覆盖准则(DC/CC)中，不能够保证在模型中所有的条件都被覆盖，因为一个判定中的某些条件会被其他的一些条件所掩盖，如任何一个条件与“1”进行“或”运算时，这个条件就不会起到任何的作用。使用更改条件/判定覆盖准则(MC/DC)，在满足条件/判定覆盖准则的基础上，每一个条件都必须在保持其他条件固定不变的情况下改变，并且独立地影响判定的输出结果，消除判定中的某些条件被其他的条件所掩盖的问题，从而使得测试更加完备。

为达到条件组合覆盖，即完全覆盖，所有可能的条件取值组合至少执行一次。假设一个判定有 n 个条件，需要测试用例的数目是 2^n 个，呈指数级增长。在实际的工程应用领域，测试的代价太高，但测试的效果没有明显增加。为达到 MC/DC 准则，假设一个判定有 n 个条件，所需要的最少测试用例的个数是 $n+1$ 个，最多的测试用例个数也只是 $2×n$ 个，呈线性增加。在实际的工程领域中，这在一个可以接受的范围之内。

相对于其他的测试覆盖准则，MC/DC 测试也需要设计大量测试用例，测试难度较大，成本较高，目前还主要用于一些生命攸关软件的测试。这类生命攸关软件的一个判定结果很可能和整个系统的某一个重要操作相关，例如，核反应堆中某一个条件，温度、压力、辐射量等，如果出现超过设定值的情况，就会启动切断整个核反应堆的操作。通过 MC/DC 覆盖准则，可以测试一个条件改变，从而影响整个系统操作结果改变的情况。如果软件逻辑上有错误，就有可能会出现“不操作”(不能按要求操作)类型的软件失效，进而导致整个系统失败，最终造成巨大损失。因此，采用 MC/DC 测试准则对生命攸关这类软件进行测试是完全必要的。

但是，MC/DC 也有缺点，它缺乏对“错误动作”(不要求的操作)这种类型软件失败的有效测试。这也就使得 MC/DC 对多数生命攸关系统的测试是不充分的。系统的“错误动作”指某一个条件改变，判定本应该保持不变，但是由于软件逻辑错误，判定发生变化这种类型的软件失效。从系统安全角度来说，这种软件失效同样能导致巨大的灾难，因此所有类型的错误都应该注意，所有的情况都应该测试。

8.3 RC/DC 覆盖准则

为了解决 MC/DC 判定准则缺乏对“错误动作”这种类型软件失败的有效测试，在继承 MC/DC 准则的基础上，增加新的判定条件，提出新的判定准则 RC/DC。

增强条件/判定覆盖(Reinforced Condition/Decision Coverage，RC/DC)：每个入口点和出口点至少唤醒一次，判定中每个条件所有的可能结果至少出现一次，每个判定本身所有的可能结果也至少出现一次，每个条件都能单独影响判定结果，并且每个条件都要单独保持判定结果，即通过改变一个条件而保持其他条件不变，每个条件独立改变或保持一个判定的结果[5]。

RC/DC 准则在保留 MC/DC 准则中所有的判定条件基础上，增加一条新的判定条件——当一个条件改变时，保持判定的值不变。RC/DC 准则不仅继承 MC/DC 准则所有的优点，而且增加“对条件变化不敏感的判定”这种情况的测试，从而提高测试的完备度。

RC/DC 只是线性地增加测试用例的数目。测试一个条件所需要的测试用例最少是 2 个，最多的个数是 6 个(两个用于验证判定，两个用于保持判定结果为 0，两个用于保持判定结果为 1)。假设一个判定有 n 个条件，那么所需要的最少测试用例的个数是 n+1 个，最多的测试用例个数是 6×n 个，这在实际工程应用当中是可行的。

在表 8-1 中，测试用例对(1，2)说明条件 B 变化，判定结果保持不变；测试用例对(1，3)说明条件 A 变化，判定结果保持不变。采用测试用例对(1，2，3，4)进行测试，满足 RC/DC 覆盖准则。

下面举例说明 MC/DC 不能发现的软件失效而 RC/DC 能够识别。在基于软件规格说明的测试当中，使用 RC/DC 准则非常有效，对于这种类型的测试，测试产生的基础是软件规格说明，测试结果分析的数据也来源于软件规格说明。这种类型的测试可以使用测试结果与预期结果进行对比对照的方法来判定。

在基于规格说明的测试中，使用 RC/DC 准则不仅能够找出软件逻辑表达式中的单一错误(如算子引用故障、变量取反故障等)，而且能够查找更多的一般错误。例如，应用于某一计算机系统的一种模式下的规格说明却错误地应用于另一种模式。使用 RC/DC 能够找到这种错误，但 DC/MC 发现不了。

例如，正确的规格说明是 $R = A\wedge B\wedge C\wedge D$，$A$，$B$，$C$，$D$ 为条件因子。下面的测试用例组(表 8-2)能满足 MC/DC 覆盖准则。

增加以下测试用例(表 8-3)可以满足 RC/DC 覆盖准则，所有的测试用例都让 R 保持为 0 即可。

表 8-2　满足 MC/DC 测试用例组表

编号	数值					验证			
	A	*B*	*C*	*D*	*R*	*A*	*B*	*C*	*D*
1	1	1	1	1	1	*	*	*	*
2	0	1	1	1	0	*			
3	1	0	1	1	0		*		
4	1	1	0	1	0			*	
5	1	1	1	0	0				*

表 8-3　满足 RC/DC 增加的测试用例组表

编号	数值					验证			
	A	*B*	*C*	*D*	*R*	*A*	*B*	*C*	*D*
6	1	0	0	0	0	*			
7	0	1	0	0	0		*		
8	0	0	1	0	0			*	
9	0	0	0	1	0				*
10	0	0	0	0	0	*	*	*	*

一个不正确的规格说明被错误地使用在程序中，如 $R_1 = A\wedge B\wedge C\wedge D\vee(\neg A\wedge \neg B)\vee(\neg C\wedge \neg D)$，采用测试用例的组合如表 8-4 所示。

表 8-4　RC/DC 和 MC/DC 测试用例组合对比表

编号	数值				验证		编号	数值				验证	
	A	B	C	D	R	R_1		A	B	C	D	R	R_1
1	1	1	1	1	1	1	6	1	0	0	0	0	1
2	0	1	1	1	0	0	7	0	1	0	0	0	1
3	1	0	1	1	0	0	8	0	0	1	0	0	1
4	1	1	0	1	0	0	9	0	0	0	1	0	1
5	1	1	1	0	0	0	10	0	0	0	0	0	1

根据表 8-4，测试用例 1-5 的组合，对于 R 和 R_1 都是吻合的，它说明对于这类错误 MC/DC 不能够发现。另一方面，对于测试用例组合 6-10 的 R 和 R_1 的值不相等，也就是根据 RC/DC 准则建立起来的测试用例组发现在正确与不正确的规格说明之间不一致，也就是发现了软件存在错误。

8.4　基于算法的组合覆盖准则

组合覆盖是一种重要的软件测试方法，这种方法充分考虑了系统中各种因素以及各种因素之间的相互作用可能对系统产生的影响。组合测试已被软件业公认为是一种行之有效的测试方法。

从大量的参数数据组合中(完全组合在实际测试中通常不可行)挑选适量的具有代表性、典型性的数据组合，使得用较少的测试用例即可对被测方法进行较为全面和客观的测试，这种通过检查系统参数的取值组合来进行充分的测试就是组合测试[6]。

组合覆盖方法根据覆盖程度的不同可以分为单因素覆盖、两两组合覆盖、三三组合覆盖等。从算法设计的基本原理上看，目前常用的参数配对组合方法如下：

AETG(Automatic Efficient Test-case Generator)算法[7]：是由美国贝尔实验室的 D.M.Cohen 与 S.R.Dalal 等提出了一种基于两两组合覆盖的测试数据启发式生成方法，所产生的测试数据可以根据测试要求实现对系统参数的两两组合覆盖，或者多个参数的组合覆盖的测试方法。AETG 算法是以一个空的测试集开始，每次往测试集加入一个测试用例。为了得到一个新的测试用例，系统首先根据贪心算法产生一组候选用例，然后选择其中能覆盖最多未覆盖两两组合的用例，具体算法如下。

输入：参数 f1,f2,···,fk 及其相应的值集，t1,t2,···,tk，已经选择了 r 个测试用例，未被覆盖的组合对集 uncover。

输出：对 k 个参数的两两配对覆盖表。

步骤：

```
while(uncover 不为空)
选择参数 f 和参数 f 的值 i 使得该参数的值在所有未被覆盖的组合对集合 uncover
```

```
中出现的次数最多;
置 f1=f,剩下的参数随机排序，则这 k 个参数分别为 f1,f2,f3,…,fk;
假定参数 f1,f2,…,fk 的值已经确定，对于 1≤i≤j，设 fi 的值是 vi,那么按照如下方法选择 fi+1 的值 vi+1,对于 fj+1 的每个值 v 找出所有组合{fifj-1 即 viv,1≤i≤j}∩uncover,把在这些组合中出现次数最多的值 v 赋给 vj+1,并在 uncover 中将这些已被覆盖的组合对去掉;
end while;
```

IPO 算法[8]：美国北卡罗莱纳州大学计算机系的 Y.Lei 和 K.C.Tal 提出一种基于参数顺序的渐进扩展的两两组合覆盖测试数据生成方法。与 AETG 算法不同，IPO 算法的基本思想是以参数为对象，初始时先生成满足组合覆盖的测试要求的用例集合 T，然后一个个扩展剩余的参数，直至所有的参数都被包涵到测试用例中，并在算法中时刻都尽可能使测试集个数大小保持最优。参数的扩展步骤共有两步：水平扩展，即扩展原有最优的测试用例，将待扩展参数的取值添加到现有的测试用例中；垂直扩展，即在水平扩展后将剩余的未被覆盖两两组合重新组织，形成新的测试用例的过程。具体算法如下：

输入：参数 f1,f2,…,fn 及其相应的值集 T1,T2,…,Tn

输出：配对组合覆盖表 T

步骤：

```
//对于前两个参数 f1,f2 建立配对组合二元组，形成集合 T
T={(v1,v2)|v1∈T1 和 v2∈T2 分别是参数 f1,f2 的值};
//对剩下的参数构造测试用例
for i=3 to n do
    //对于参数 fi 首先对 T 中每个测试用例作水平扩充
    π={参数 fi 和参数 f2,f3,…,fi-1 中任何一个参数形成的组合对};
    s=min(|Ti|,|T|);
    for j=1 to s do
        将参数 fi 的第 j 个值添加到 T 中第 j 个测试用例的第 i 个位置上,即用(v1,
v2,…,vj)取代(v1,v2,…,vj-1);
        π=π-{扩展的测试用例覆盖组合对};
    end for;
    if s==|T|then return;    //否则需要对参数 f1 的值进行选择
    else for j=s+1 to|T|do
    π'={}
    for each Ti 中每个值 v do
        π"={当把 v 加进 T 中第 j 个测试案例时覆盖的π中的组合}
        If|π"|≥|π'|then π":=π';v":=v;end if;
    end for;
end for;
```

```
将参数 fj 的值 v'加进 T 中第 i 个测试用例，对它进行水平扩展；
π=π-π';
end if;
//然后根据参数 p 与其他参数组合对的遗漏项对 T 进行垂直扩充
设 T'是一个空的测试用例集；
For each π中每个组合对(pkω, piμ)do
    If  T'包含测试案例γ，该测试案例对参数 Pk 取值为“-”，而对参数 pi 取值为“μ”
then 将γ中的参数 Pk 替换为ω
```

人工智能算法：采用遗传算法(GA)、模拟退火算法(SAA)等人工智能方法来求解配对组合覆盖测试数据生成问题。将粒子群算法应用于组合测试的测试用例生成与缩减当中，获得了较好的效果。

8.5 小　　结

上海大学的钱钟胜在研究基本的覆盖准则的基础上，提出一系列覆盖准则。图 8-1 给出的是判定覆盖(DC)、条件覆盖(CC)、组合覆盖(CoC)、活动条件覆盖(一般活动条件覆盖(GACC)、相关活动条件覆盖(CACC)、受限活动条件覆盖(RACC))、掩盖条件覆盖(一般掩盖条件覆盖(GMCC)、受限掩盖条件覆盖(RMCC))、全真判定覆盖(FTDC)、全假判定覆盖(FFDC)、完全子判定覆盖(ASDC)、唯一条件真覆盖(UCTC)、唯一条件假覆盖(UCFC)、MC/DC、RC/DC，以及 MUMCUT 等测试准则之间的包含关系。在图 8-1 中，包含关系以从上到下的箭头方向来表示。由图 8-1 可知，判定覆盖和条件覆盖都比较弱，且都不能互相包含对方，而组合覆盖是最强的。

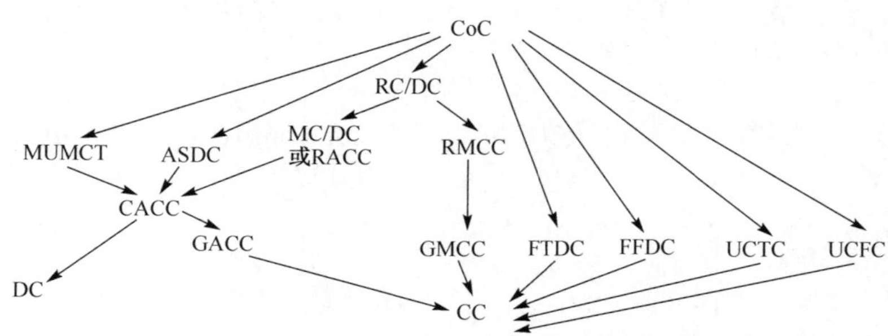

图 8-1　测试准则间的包含关系图

参 考 文 献

[1] Dolman B. Definition of statement coverage, decision coverage and modified condition decision coverage. WG-52/SC-190 Discussion paper. Paper reference: D004, revision 1.Draft, 2000, (9)

[2] 张义德，王国庆，汤幼宁．更改的判定条件覆盖测试技术研究．计算机工程与设计，2003 ,24（5）:19-26

[3] 赵瑾，高建华．对修正条件/判定覆盖方法测试集个数的分析．微机发展，2005 ,15(10): 110-112

[4] Chil Enski J J. An investigation of three forms of the modified condition decision coverage（MC/DC）criterion. Computer Programming and Software, 2001, 18(4): 214-219

[5] Vilkomir S A. From MC/DC to RC/DC: formalization and analysis of control-flow testing criteria. IEEE Transactions on Software Engineering, 2003, 3(18): 192-198

[6] 严俊，张健．组合测试：原理与方法．软件学报, 2009, 20(6):1393-1405

[7] Dalal S R, Patton G C.Automatic efficient test generator(AETG): a test generationsystem for screen testing, protocol verification,and feature interactions testing. Internal Bellcore Technical Memorandum, 1993

[8] Lei Y,Tai K C. In parameter order: a test generation strategy for pairwise testing.Department of Computer Science,North Carolina State University. Raleigh, North Carolina:Technical Report TR-2001-03, 2001

[9] 钱忠胜，缪淮扣．基于规格说明的若干逻辑覆盖测试准则．软件学报, 2010, 21(7):1536-1549

第 9 章　基于粒子群算法的测试用例自动生成与约简

9.1　基本粒子群算法

9.1.1　基本粒子群算法思想的起源

自然界中各种生物体均具有一定的群体行为，人工生命的主要研究领域之一是探索自然界生物的群体行为，从而在计算机上构建其群体模型。自然界中的鸟群和鱼群的群体行为一直是科学家的研究对象，粒子群优化(Particle Swarm Optimization，PSO)算法[1]是 Kennedy 和 Eberhart 受人工生命研究结果启发，通过模拟鸟群觅食过程中的迁徙和群聚行为而提出的一种基于群体智能的全局随机搜索算法。1995 年，IEEE 国际神经网络学术会议发表题为 Particle Swarm Optimization 的论文[1]，标志 PSO 算法诞生。它是基于“种群”和“进化”的概念，通过个体间的协作与竞争，实现复杂空间最优解的搜索；同时，PSO 又不像遗传算法那样对个体进行交叉、变异、选择等进化算子操作，而是将群体(Swarm)中的个体看作是在 D 维搜索空间中没有质量和体积的粒子(Particle)，每个粒子以一定的速度在解空间运动，并向自身历史最佳位置 pBest 和邻域历史最佳位置 pBest 聚集，实现对候选解的进化。PSO 算法具有很好的生物社会背景而易理解，参数少而易实现，对非线性、多峰问题均具有较强的全局搜索能力，在科学研究与工程实践被广泛关注[2]。

9.1.2　算法原理

PSO 从这种模型中得到启示并用于解决优化问题。在 PSO 中，每个优化问题的潜在解都是搜索空间中的一只鸟，称之为粒子。所有的粒子都有一个由被优化的函数决定的适值(Fitness Value)，每个粒子还有一个速度决定它们飞翔的方向和距离。然后粒子们就追随当前的最优粒子在解空间中搜索[1]。

PSO 初始化为一群随机粒子(随机解)，然后通过迭代找到最优解。在每一次迭代中，粒子通过跟踪两个极值以自我更新；第一个就是粒子本身所找到的最优解，这个解称为个体极值；另一个极值是整个种群目前找到的最优解，这个极值是全局极值。另外，也可以不用整个种群而只是用其中一部分作为粒子的邻居，那么在所有邻居中的极值就是局部极值。

假设在一个 D 维的目标搜索空间中，有 N 个粒子组成一个群落，其中第 i 个粒子表示为一个 D 维的向量，即

$$X_i=(x_{i1},x_{i2},\cdots,x_{iD}),\qquad i=1,2,\cdots,N$$

第 i 个粒子的“飞行”速度也是一个 D 维的向量，记为

$$V_i=(v_{i1},v_{i2},\cdots,v_{iD}),\qquad i=1,2,\cdots,3$$

第 i 个粒子迄今为止搜索到的最优位置称为个体极值，记为

$$\mathrm{p_{Best}}=(p_{i1},p_{i2},\cdots,p_{iD}),\qquad i=1,2,\cdots,N$$

整个粒子群迄今为止搜索到的最优位置为全局极值，记为

$$\mathrm{gBest}=(p_{g1},p_{g2},\cdots,p_{gD})$$

在找到这两个最优值时，粒子根据

$$v_{iD}=wv_{iD}+c_1r_1(p_{iD}-x_{iD})+c_2r_2(p_{gD}-x_{iD}) \tag{9-1}$$

$$x_{iD}=x_{iD}+v_{iD} \tag{9-2}$$

更新速度和位置[5]。式中，c_1 和 c_2 为学习因子，也称加速常数(Acceleration Constant)；r_1 和 r_2 为[0，1]范围内的均匀随机数。式(9-1)右边由三部分组成：第一部分为惯性或动量部分，反映粒子的运动习惯，代表粒子有维持先前速度的趋势；第二部分为认知部分，反映粒子对自身历史经验的记忆或回忆，代表粒子有向自身历史最佳位置逼近的趋势；第三部分为社会部分，反映粒子间协同合作与知识共享的群体历史经验，代表粒子有向群体或邻域历史最佳位置逼近的趋势。根据经验，通常 $c_1=c_2=2$ 。$i=1,2,\cdots,D$ ；v_{iD} 是粒子的速度，$v_{iD}\in[-v_{\max},v_{\max}]$ ，$v_{\max}$ 是常数，由用户设定用来限制粒子的速度；r_1 和 r_2 是介于[0,1]之间的随机数[4]。

9.1.3　基本粒子群算法流程

算法的流程如下[3]：

① 初始化粒子群，包括群体规模 N 、每个粒子的位置 x_i 和速度 V_i ；

② 计算每个粒子的适应度值 $F_{it}[i]$ ；

③ 对于每个粒子，比较适应度值 $F_{it}[i]$ 和个体极值 $\mathrm{pBest}(i)$ ，如果 $F_{it}[i]>\mathrm{pBest}(i)$ ，则用 $F_{it}[i]$ 替换 $\mathrm{pBest}(i)$ ；

④ 对于每个粒子，比较适应度值 $F_{it}[i]$ 和全局极值 gBest ，如果 $F_{it}[i]>\mathrm{pBest}(i)$ ，则用 $F_{it}[i]$ 替换 gBest ；

⑤ 根据式(9-1)、式(9-2)更新粒子的速度 v_i 和位置 x_i ；

⑥ 如果满足结束条件(误差足够好或到达最大循环次数)，退出，否则返回②。

说明：

(1) 式(9-1)中第 1 部分可理解为粒子先前的速度或惯性；第 2 部分可理解为粒子的认知行为，表示粒子本身的思考能力；第 3 部分可理解为粒子的社会行为，表示粒子之间的信息共享与相互合作。式(9-2)表示粒子在求解空间中由于相互影响导致的运动位置调整。在整个求解过程中，惯性权重 w、加速因子 c_1、c_2 和最大速度 $v_{\max}$ 共同维护粒子对全局和局部搜索平衡的能力。

(2) 粒子群优化算法初期，其解群随进化代数表现出更强的随机性，正是由于其产生了下一代解群的较大的随机性，以及每代所有解的“信息”的共享性和各个解的“自我素质”的提高。

(3) PSO 的一个优势就是采用实数编码，无需像遗传算法一样采用二进制编码(或者采用针对实数的遗传操作)。例如，对问题 $f = x_1^2 + x_2^2 + x_3^2$ 求解，粒子可以直接编码为 (x_1, x_2, x_3) ，而适应度函数就是 $f(x)$ 。

(4) 粒子具有“记忆”的特性，它们通过“自我”学习和向“他人”学习，使其下一代解有针对性地从“先辈”那里继承更多的信息，从而能在较短的时间内找到最优解。

(5) 与遗传算法相比，粒子群优化算法的信息共享机制是很不同的：在遗传算法中，染色体互相共享信息，所以整个种群比较均匀地向最优区域移动；在粒子群优化算法中，信息流动是单向的，即只有 gBest 将信息给其他的粒子，这使得整个搜索更新过程跟随当前解。

9.1.4 基本粒子群算法改进策略

PSO 算法主要在参数选择、拓扑结构，以及与其他优化算法相融合方面进行改进。当前典型的改进算法有：自适应 PSO 算法、模糊 PSO 算法、杂交 PSO 算法、混合粒子群算法(HPSO)和离散 PSO 算法等。其中，对于自适应和模糊 PSO 算法，Eberhart 和 Shi 研究了惯性因子ω对优化性能的影响，发现较大的ω值有利于跳出局部极小点，较小的ω值有利于算法收敛。自适应 PSO 算法通过线性减少ω值动态地调整参数ω，而模糊 PSO 算法则在此基础上利用模糊规则动态调整参数ω的值，即构造一个 2 输入、1 输出的模糊推理机来动态地修改惯性因子ω。杂交和混合粒子群算法是受遗传算法、自然选择机制的启示，将遗传算子与基本 PSO 相结合而得。杂交 PSO 在基本 PSO 中引入杂交算子，两者均取得满意的结果，又改善了算法的性能[5-10]。

9.2 离散粒子群优化算法

PSO 算法最初被应用于连续空间的优化，研究也主要集中在连续函数方面，即其速度、加速度等状态都是连续的，它们的运算法则也是连续量的运算。然而，许多实际的工程应用问题是离散的，变量是有限的，为了用 PSO 算法求解离散组合优化问题而形成两条完全不同的技术主线[11]：一是以经典的连续粒子群算法为基础，针对特定问题，将离散问题空间映射到连续粒子运动空间，并适当修改 PSO 算法来求解，在计算上仍保留经典粒子群算法速度-位置更新中的在连续运算规则；另一种方法是针对离散优化问题，以 PSO 算法信息更新的本质机理为基础，在经典粒子群优化算法的基本思想、算法框架下，重新定义特有的粒子群离散表示方式与操作算子来求解。在计算上以离散空间特有的对矢量中的位操作取代传统向量计算，从信息流动机制上仍保留 PSO 算法特有的信息交换和流动机制。这两种方法的区别在于：前者将实际离散问题映射到粒子连续运动空间后，在连续空间中计算和求解；后者则将 PSO 算法映射到离散空间，在离散空间中计算和求解。根据其特性，前者称为基于连续空间的 DPSO，后者称为基于离散空间的 DPSO。

9.2.1　基于连续空间的离散粒子群优化算法

离散粒子群优化算法(DPSO)[11]是 Kennedy 和 Eberhart 在 1997 年为解决离散空间问题提出的离散粒子群算法，即传统的离散粒子群算法，由于 DPSO 算法实现简单，效果好，目前已在许多离散工程领域中取得广泛的应用。传统的离散粒子群算法粒子的速度和位置表示为

$$v_{id}^{t+1} = wv_{id}^{t} + c_1 r_1^t(\text{pBest}_{id}^t - x_{id}^t) + c_2 r_2^t(\text{gBest}_{id}^t - x_{id}^t) \tag{9-3}$$

$$\begin{cases} x_{id}^t = \begin{cases} 0, \text{rand} \geqslant \text{sig}(v_{id}^{t+1}) \\ 1, \text{others} \end{cases} \\ \text{sig}(v_{id}^{t+1}) = 1/(1+\exp(-v_{id}^t)) \end{cases} \tag{9-4}$$

在式(9-3)中，v_{id}^t 为粒子 i 迭代第 t 次的速度；w 是为避免 DPSO 陷入局部最优而引入的惯性权重因子；c_j（$j=1,2$）为加速常数；r_1^t，r_2^t 是 0 到 1 之间的随机数；x_{id}^t 为个体 i 迭代第 t 次当前位置；pBest_{id} 为第 i 个粒子的个体极值；gBest_{id} 为全局极值。在式(9-4)中，rand 为 0～1 的随机数，sig(v)是一个根据粒子速度控制粒子位置为 1 或 0 的函数。

该传统的离散粒子群算法沿用基本连续粒子群优化的速度更新公式，即速度仍作用于连续空间，而位置则利用 sig 函数将其离散化。目前，DPSO 算法广泛用于离散空间的优化问题中。

DPSO 算法通过优化可连续变化的二进制概率达到间接优化二进制变量的目的。但是，该间接优化策略根据概率而非算法本身确定二进制变量，未能充分利用基本粒子群优化算法的性能。

和连续的粒子群算法相比，离散的粒子群算法在编码方式、粒子位置改变方式

上发生变化，但仍然缺少对连续量与离散量运算不同规律的考虑，运算量大，其性能与其他算法相比效果很一般。

9.2.2 基于离散空间的离散粒子群优化算法

基于离散空间的DPSO算法往往根据具体问题构建相应的粒子表达方式，并通过重新定义粒子更新式(9-3)和式(9-4)中的加减法和乘法运算规则来求解，如Clerc针对旅行商问题(Traveling Salesman Problem，TSP)提出的TSP-DPSO算法[12]和Farzaneh针对0-1规划问题提出的离散二进制PSO，记为B-PSO[13]。

在TSP-DPSO算法中，用所有城市的一个排列来表示粒子的一个位置，所有的排列就构成问题搜索空间。引入"交换子"和"交换序列"概念，一个交换子 S=swap(i, j)就是交换位置中第 i 个和第 j 个元素，一组特定顺序的交换子集合称为一个交换序列 SS=$(S_1, S_2, \cdots, S_m) = ((i_1, j_1), (i_2, j_2), \cdots, (i_m, j_m))$。速度则定义为粒子为达到目标状态所需要对其当前位置状态执行的基本交换序。例如，粒子位置 P_1、P_2 分别为(1,2,3,4,5)和(3,1,5,2,4)时，对应速度 $V=P_2-P_1$ 为交换序列((1,3),(2,3),(3,5),(4,5))。此时，粒子的位置和速度状态不再是同维矢量。

基于这一概念，Clerc重新定义粒子群算法中的加减法操作，并定义速度与随机数的乘积为依随机数对应概率值保留速度中所有的交换子，实现粒子群算法向离散空间的映射。其通过引入"基本交换序"概念，即在所有作用于同一解上产生相同新解的等价交换序中，拥有最少交换子的交换序称为基本交换序列。每次更新速度后，即重新计算速度 V^{t+1} 的等价基本交换序，作为粒子新的历史速度，以避免随算法的迭代造成速度记录列表的累积。重新定义后的粒子状态更新公式为

$$V_t^{k+1} = V_t^k \oplus \alpha(\mathrm{pBest}_i - X_t^{k+1}) \oplus \beta(\mathrm{gBest} - X_t^k)$$

$$X_t^{k+1} = X_t^k \oplus V_t^{k+1}$$

在B-PSO算法中，定义粒子的位置和速度为由0和1组成的同维度矢量，因子 c_1、c_2 为随机生成的与位置同维度的矢量，矢量间的加减法为对二进制位的"异或"操作，记为⊕；矢量间乘法为对二进制位的"与"操作，记为⊕，从而构造一种离散空间的新型二进制PSO算法。借鉴免疫机制以避免算法陷入局部最优，从其实验结果看B-PSO比连续空间DPSO和遗传算法的效率都高。B-PSO中粒子速度是与位置同维的二进制矢量，粒子的更新计算在离散空间中进行，这与连续空间的DPSO完全不同。基于离散空间的DPSO使用位操作，可能增加单步计算代价，但不存在冗余搜索问题，且对离散问题表达自然，易于与其他演化算法结合，发展前景很好。现有研究主要针对个别类型问题，缺少一个统一通用的标准模型。

9.3　基于改进离散粒子群优化算法两两覆盖组合软件测试用例集生成方法[14,15]

9.3.1　方法背景

软件测试作为保证软件质量和可靠的重要手段，贯穿于软件生命周期的整个过程，在整个软件生命周期中占有重要的地位，大约占整个开发成本的60%以上。特别对于航空航天、军事国防等系统，其测试费用甚至高达其工程开发阶段费用总和的 3 到 5 倍。针对一个具体的待测软件系统，一方面考虑采用什么样的测试方法对其进行系统科学的测试，另一方面考虑如何产生数量少而质量高的测试用例集，既达到对系统的充分测试，又能够提高测试的效率，同时降低测试的成本。

软件作为一种复杂的逻辑系统，它的正常运行可能受到多因素的影响，这些因素可能是系统的配置、内部事件、外部输入等。除单个因素之外，上述因素之间的相互作用也可能会对软件的正常运行产生影响。因此，在测试时不仅考虑所有对软件产生影响的可能因素，而且对存在于这些因素之间的相互作用，即因素之间的组合也进行充分的测试。研究发现，大约 70%的软件故障由一个或两个参数的相互作用而引发。为了使用尽可能少的测试用例来有效检测这些因素之间的相互作用对系统产生的影响，人们提出组合软件测试方法，组合软件测试方法是一种设计测试用例集的方法，依据一定的组合覆盖准则产生测试用例。根据不同的覆盖程度，可以分为单因素覆盖、两两组合覆盖等。这种方法力求用尽可能少的测试用例覆盖尽可能多的影响因素、有效的检测软件系统中各个因素，以及它们之间的相互作用对系统产生的影响。当前组合测试研究的核心问题是组合测试用例集生成问题，即如何针对具体的待测软件，在满足给定组合覆盖要求的前提下，生成规模尽可能小的测试用例集，以便在保证错误检测能力的前提下尽可能降低测试成本。

大量的实践表明，组合软件测试在软件测试实践中具有很好的效果，因此，很有必要对软件进行组合软件测试，寻找高效的自动组合测试用例集的生成方法，这对实现软件测试过程自动化、高效化和智能化有十分重要的现实意义。

考虑到待测软件系统中任意两个因素间的相互作用都可能对系统产生重要影响，所以测试用例集须保证覆盖任意两个因素间所有的取值组合满足约束限制，两两覆盖的组合测试用例集生成问题就是根据待测软件系统所有因素的离散值和约束限制情况找到覆盖二元关系矩阵中所有两两组合对规模最小的测试用例集。

组合测试方法始于 20 世纪 80 年代 Mandl 提出的两两组合覆盖的软件测试。20 世纪 90 年代末，贝尔实验室提出一种基于贪婪策略的组合测试用例集生成算法，并开发 AETG 系统用于产生组合测试用例集[18]。2001 年，Schroeder 提出利用软件附加信息对组合测试的测试用例集进行约简和优化的方法[19]；Lei 和 Tai 提出一种基于参数顺序扩充的两两组合测试数据生成策略，并开发 PairTest 系统用于产生两两组合的测试用例[20]。2002 年，Kuhn 和 Reilly 研究组合测试的可用性，发现大约 70%的故障是由两个以下参数的相互作用引起的[29]。同年，Kobayashi 和 Tsuchiya 提出一种生成两两组合测试数据的代数方法[21]。2003 年，Cohen 等将模拟退火算法应用于多重维数组合测试用例，该方法综合考虑运算效率和运算结果之间的关系，可以根据时间和效率上不同的要求来生成尽可能优的结果[22]。2004 年，Kuhn 和 Wallace 通过实验进一步研究大规模分布式系统中组合测试可用性，发现此类系统中的故障一般由 4～6 个参数的相互作用引发[28]。同年，Shiba 和 Tsuchiya 等研究遗传算法和蚁群算法在组合测试数据自动生成中的应用[23]。Colbourn 和 Cohen 等提出一种两两组合测试数据生成的确定度密度算法[24]。Schroeder 等通过实验比较 N 维组合测试与相同规模随机测试的错误检测能力[25]。2005 年，Colbourn 和 Sherwood 等研究两种组合覆盖表的生成方法，分别应用于具有不同参数取值的两两组合覆盖表和高维组合覆盖表[26]。2006 年，Microsoft 的 Czerwonka 发布组合测试用例生成工具 PICT，该工具使用基于 One-Test-At-a-Time 策略的算法生成测试用例集；徐宝文、聂长海、史亮等提出两种类似的二水平二维组合测试用例集生成算法[27]；严俊、张健等提出在组合测试用例生成中完备搜索算法的应用。2007 年，徐宝文等提出一种基于 in-parameter-order 策略的广义变力度组合测试用例集生成方法，命名为 ParaOrder，完整地解决了相邻因素组合测试用例的生成问题[17]。2010 年 12 月，查日军等提出组合测试数据生成的交叉熵与粒子群方法，该方法简单地使用传统的粒子群算法，并取得一定的效果[19]。

从近年来国内外对组合测试用例生成方法的研究可以发现，组合测试用例采用的方法可以概括为：针对不同类型的组合测试结合一定最优化搜索方法来实现测试用例，这里使用的方法主要有确定的搜索方法(即代数方法)和基于进化和模拟生物的优化方法(即启发式方法)。代数方法主要有正交表方法、图覆盖的方法，由于组合测试用例生成是一个 NP 完全问题，该方法主要适合小规模的问题；针对该 NP 完全问题使用启发式方法生成近似最优解是一种常用的方法，使用的启发式算法主要有：贪婪算法、爬山算法、模拟退火算法、洪泛算法、禁忌搜索等个体搜索算法和遗传算法、蚁群算法、粒子群等群体智能算法。从前人的实验结果可以看出群体智能算法的寻优效果比个体算法好，但是整体寻优效果相当，原因在于其仅简单地套用传统的遗传算法、蚁群算法、粒子群算法，没有在使用中充分地体现组合测试用例生成问题的解空间离散的特点，位置更新没有体现组合测试用例各个因素的各个离散值出现机会基本均等的特点，并且采用一次产生一个测试用例的方法，没有从测试用例集的整体情况考虑，不利于得到最小的测试用例集，而且计算量大。所以，其寻优效果一般，不利于产生整体最优测试用例集。

离散粒子群优化算法(DPSO)是 Kennedy 和 Eberhart 在 1997 年为解决离散空间问题提出的离散粒子群算法，DPSO 算法通过优化可连续变化的二进制概率达到间接优化二进制变量的目的。但是，该间接优化策略根据概率而非算法本身确定二进制变量，未能充分利用基本粒子群优化算法的性能；缺少对连续量与离散量运算不同规律的考虑，运算量大，其性能与其他算法相比效果很一般。将 DPSO 算法应用于组合测试用例集生成问题还没有。

为此，笔者以离散粒子群算法为基础，结合组合用例生成问题对基本离散粒子群算法加以改进，减少计算量，位置更新采用以各个因素的各个离散值出现的次数为依据来产生新的位置，同时采用一次产生一个测试用例集的方法，通过整体评价一个测试用例集的优劣来指导生成测试用例集，从而产生一个高效实用的两两覆盖组合测试用例集生成方法[14, 15]。

9.3.2 方法内容

本方法解决的问题：克服现有方法的缺点，将改进的离散粒子群算法应用于两两覆盖组合软件测试用例生成问题中，为两两覆盖组合测试用例生成问题提供一种操作简单、计算速度快、稳定度好且生成的测试用例集整体规模小的自动测试用例集生成方法。

本方法解决方案：一种两两覆盖组合软件测试用例集生成方法，其特点在于主要包括以下步骤，流程图如图 9-1 所示。

(1) 在软件测试中，测试人员根据待测软件系统SUT的需求规格说明书，确定相应的测试需求说明书，在软件测试需求说明书中可以获得影响待测软件系统SUT的各种因素和因素之间的约束限制，这些因素可以用集合 F 表示为 $F=\{f_1,f_2,\cdots,f_i,\cdots,f_n\}$，$n$ 为影响待测软件系统的因素的个数，i 为 1 到 n 中的任意一个值，其中因素 f_i 假设经过等价类划分后包含 p_i 个离散的值，则因素 f_i 可能的取值可以用集合 V_i 为 $V_i=\{v_{i1},v_{i2},\cdots,v_{ip_i}\}$，其中 v_{i1} 表示因素 f_i 的第一个离散值，v_{i2} 表示因素 f_i 的第 2 个离散值，v_{ip_i} 表示因素 f_i 的第 p_i 个离散值，则该待测软件系统SUT因素的所有离散值共有 $P=\sum_{i=1}^{n}p_i$，约束限制集合可以表示为 $C=\{c_1,c_2,\cdots,c_m\}$，m 为约束限制的个数，待测软件系统SUT的一个测试用例 Test 可以用 n 元组表示为 $test=(v_1,v_2,\cdots,v_n)$，其中 $v_1\in V_1$，$v_2\in V_2$，$v_n\in V_n$ 且满足约束限制 C。

(2) 对待测软件系统SUT因素的所有离散值按照因素从左到右的顺序进行编号，第一个因素 f_1 的第一个离散值 v_{11} 编号为 1，第 2 个离散值 v_{12} 的编号为 2，第 p_i 个离散值 v_{ip_i} 编号为 p_i，依次类推，第 i 个因素 f_i 的第一个离散值 v_{i1} 编号为因素 f_1 到 f_{i-1} 的离散值个数之和加 1，最后一个因素 f_n 的最后一个离散值的编号为 P，因此

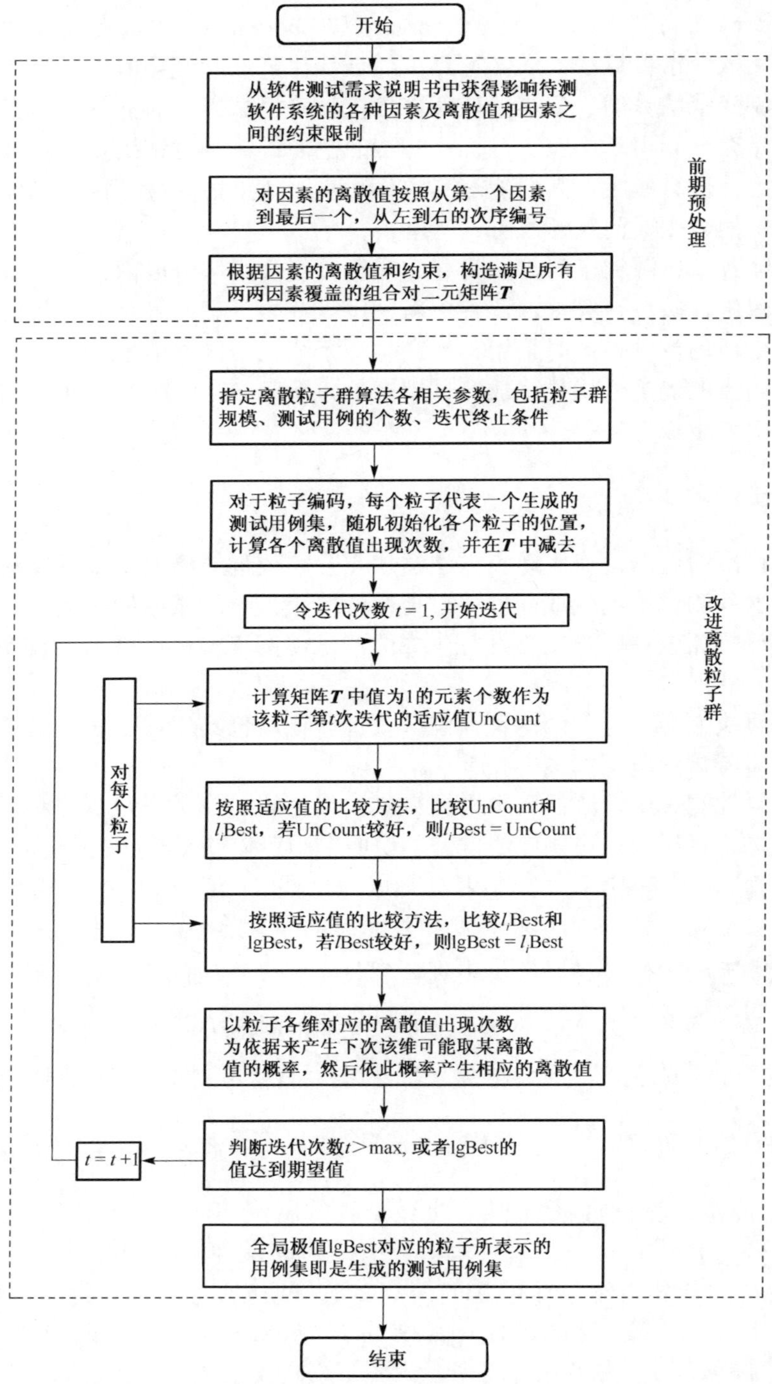

图 9-1　一种两两覆盖组合软件测试用例集生成方法流程图

第 i 个因素 f_i 的离散值的编号集合可以用集合 H_i 表示为 $H_i=\{h_{i1},h_{i2},\cdots,h_{ip_i}\}$，这样就可以用编号来代表该待测软件系统所有的可能离散取值。

(3) 考虑到待测软件系统SUT中任意两个因素间的相互作用都可能对系统产生重要影响，测试用例集 Ts 需要保证覆盖任意两个因素间所有的取值组合满足约束限制，待测软件系统SUT中任意两个因素覆盖对可以用二元关系矩阵 $\boldsymbol{T}=(t_{i,j})_{P\times P}$ 表示，其中 P 表示待测软件系统的因素的全部离散值个数，i，j 为离散值的编号，$t_{i,j}$ 表示第 i 个离散值和第 j 个离散值覆盖对是否要覆盖，$t_{i,j}=1$ 表明第 i 个离散值和第 j 个离散值对需要覆盖，$t_{i,j}=0$ 表明第 i 个离散值和第 j 个离散值对不需要覆盖，不需要覆盖的原因可以是同一因素内部的离散值对，也可以是违背了约束限制 C 的不同因素之间的离散值对。

(4) 对上述待测软件系统，在粒子群中每个粒子代表一个生成的测试用例集，则粒子群中第 i 个粒子 l_i 的编码为 $l_i=<(l_{i11},l_{i12},\cdots,l_{i1n}),(l_{i21},l_{i22},\cdots,l_{i2n}),\cdots,(l_{iq1},l_{iq2},\cdots,l_{iqn})>$。其中，$l_{ijk}\in\{V_k\text{中离散值的编号}\}$，$q$ 是待生成的测试用例集中的测试用例的数量，该编码的长度为 $q\times n$。$(l_{i11},l_{i12},\cdots,l_{i1n})$ 代表该测试用例集中的第 1 个测试用例，$(l_{i21},l_{i22},\cdots,l_{i2n})$ 代表该测试用例集中的第 2 个测试用例，$(l_{iq1},l_{iq2},\cdots,l_{iqn})$ 代表该测试用例集中的第 q 个测试用例。

(5) 设定基于离散粒子群算法的参数，所述的参数包括粒子群中粒子的数量 N、生成的测试用例集中测试用例的个数 q、随机选取各因素可取离散值初始化每个粒子的位置。令迭代次数 $t=1$，开始生成两两覆盖组合软件测试用例集。

(6) 若粒子 l_i 的编码为 $l_i=<(l_{i11},l_{i12},\cdots,l_{i1n}),(l_{i21},l_{i22},\cdots,l_{i2n}),\cdots,(l_{iq1},l_{iq2},\cdots,l_{iqn})>$，则其对应的二元覆盖关系矩阵 $\boldsymbol{T}=(t_{i,j})_{P\times P}$，从 l_i 的编码中可以准确地获得该粒子所代表的测试用例集所覆盖的两两覆盖对，以及其出现的次数，若覆盖对 $<i,j>$ 出现 w 次，则将关系矩阵 $\boldsymbol{T}$ 中的 $t_{i,j}$ 的值减去 w。计算关系矩阵 $\boldsymbol{T}$ 中值为 1 的元素个数 $\text{UnCount}(l_i)=\sum_{i=1}^{P}\sum_{j=1}^{P}1$，若 $t_{i,j}=1$，即为该粒子代表的测试用例集没有覆盖的对数，则每个粒子所代表生成的测试用例集的适应值 $f(l_i)=\text{UnCount}(l_i)$。

(7) 对于每个粒子，将当前适应值和该粒子局部最优位置的适应值 $l_i\text{Best}$ 进行比较，若其值小于 $l_i\text{Best}$，则将粒子的当前位置其作为该粒子当前的局部最优位置 $\text{LocBest}_i=l_i$，且该粒子的当前适应值作为该粒子的局部最优适应值 $l_i\text{Best}=f(l_i)=\text{UnCount}(l_i)$。

(8) 对于每个粒子，将其局部最优适应值 $l_i\text{Best}$ 和全局经历过最优位置的适应值 LGBest 进行比较，若第 i 个粒子 l_i 的局部最优值 $l_i\text{Best}$ 小于 LGBest，则将其局部最优位置作为当前粒子群的全局最优位置 $\text{gBest}=l_i$，该粒子的局部最优适应值作为粒子群的全局最优适应值 $\text{LGBest}=l_i\text{Best}$。

(9) 根据下面的方法更新每个粒子的各维的位置，粒子 l_i 当前位置为 $l_i = <(l_{i11}, l_{i12}, \cdots, l_{i1n}), (l_{i21}, l_{i22}, \cdots, l_{i2n}), \cdots, (l_{iq1}, l_{iq2}, \cdots, l_{iqn})>$，更新之后的位置为 $l_i' = <(l_{i11}', l_{i12}', \cdots, l_{i1n}'), (l_{i21}', l_{i22}', \cdots, l_{i2n}'), \cdots, (l_{iq1}', l_{iq2}', \cdots, l_{iqn}')>$ 更新的方法为：计算各个离散值出现的次数，l_{ijk} 出现的次数为 $\text{num}(l_{ijk})$ 则 $l_{ijk}' = \begin{cases} \text{rand}(\text{prob}(h_{k1}), h_{k1}) \\ \text{rand}(\text{prob}(h_{k2}), h_{k2}) \\ \vdots \\ \text{rand}(\text{prob}(h_{kp_k}), h_{kp_k}) \end{cases}$，$\text{rand}(\text{prob}(h_{k1}), h_{k1})$ 表示以 $\text{prob}(h_{k1})$ 为概率随机取 h_{k1}，$\text{rand}(\text{prob}(h_{k2}), h_{k2})$ 表示以 $\text{prob}(h_{k2})$ 为概率随机取 $h_{k2}, \cdots$，$\text{rand}(\text{prob}(h_{kp_k}), h_{kp_k})$ 表示以 $\text{prob}(h_{kp_k})$ 为概率随机取 h_{kp_k}，$\text{pror}(h_{kj}) = \begin{cases} 1 - p_k \times \text{num}(h_{kj}) / n, 若 p_k \times \text{num}(h_{kj}) < n \\ 1/n, 若 p_k \times \text{num}(h_{kj}) \geqslant n \end{cases}$ $(1 \leqslant j \leqslant p_k)$，$\text{prob}(h_{kj}) = \text{pror}(h_{kj}) \Big/ \sum_{j=1}^{p_k} \text{pror}(h_{kj})$，其中 n 为该粒子代表的测试用例集中包含的测试用例个数，p_k 为第 k 个因素的离散值个数，$\text{num}(h_{kj})$ 为粒子中第 h_{kj} 个离散值出现的次数。

(10) 如果当前的迭代次数 t 等于最大迭代次数 max，或者当前粒子群的 LGBest 的 UnCount 达到期望的值 0，则全局最优值 lgBest 所对应的粒子所代表的测试用例集即为两两覆盖组合软件测试用例集生成方法生成的最优测试用例集，结束循环；否则，$t = t + 1$，返回第(6)步。

该两两覆盖组合软件测试用例集生成方法可以应用于软件测试过程中的单元测试阶段、集成测试阶段、确认测试阶段、系统测试阶段、验收测试阶段。

9.3.3 方法有益效果

传统的离散粒子群优化算法(DPSO) 是 Kennedy 和 Eberhart 于 1997 年在粒子群算法基础上为解决离散空间问题提出的，其原理和传统的连续粒子群优化算法一样，求解离散优化问题时，首先将问题的离散可行解通过一定的离散编码方式编码成粒子，用一个粒子来代表该问题的一个离散可行解，用粒子群来代表一组可行的离散解，根据要求随机初始化一个粒子群，通过粒子群中各粒子的迭代，寻找最优位置在每一次迭代中，粒子根据两个“极值”来更新位置。第一个就是粒子本身所找到的最优解，即个体极值 pBest；另一个极值是整个种群目前找到的最优解，即全局极值 gBest。粒子位置的好坏由被优化的问题决定的适应值函数来评价。每一个粒子根据当前速度并利用 sig 函数来决定下一步粒子到达的位置，各个粒子追随当前的个体最优和全局最优位置，在离散搜索空间进行搜索，利用各个粒子的飞行信息不断地更新“极值”位置，最终达到或接近问题的最优位置。

该传统的离散粒子群算法沿用基本粒子群优化的速度更新公式，即速度仍作用于连续空间，而位置则利用 sig 函数将连续的速度转化为位置的离散值，即通过优化可连续变化的二进制概率达到间接优化二进制变量的目的。该间接优化策略根据概率而非算法本身确定二进制变量。和连续的粒子群算法相比，离散的二进制粒子群算法在编码方式、粒子位置改变方式上有变化，但仍然缺少对连续量与离散量运算不同规律的考虑，运算量大，未能充分利用基本粒子群优化算法的性能，其性能与其他算法相比效果很一般。

在离散空间优化问题的求解中，离散粒子群算法近年来受到的广泛关注，为了提高性能，并更好地解决离散问题，专家学者提出很多改进算法，取得一定的成绩。但是，将离散粒子群算法应用于两两覆盖组合测试用例集生成问题的研究却没有。

两两覆盖的组合测试用例集生成问题就是根据待测软件系统SUT所有因素的离散值和约束限制情况找到覆盖二元关系矩阵 $\boldsymbol{T}=(t_{i,j})_{P\times P}$ 中所有两两组合对规模最小的测试用例集，以便在保证错误检测能力的前提下尽可能降低测试成本。

在传统的离散粒子群算法中，粒子位置的更新是利用 sig 函数将连续的速度转化而来的，并间接利用传统的粒子群算法解决离散问题，此方法缺少对连续量与离散量运算不同规律的考虑，运算量大，未能充分利用离散化数据的特点。在测试用例集生成问题中，粒子位置每一维值选择只有有限个事先确定的离散值，待产生的是不同因素间的组合。同时，对于最后产生的最优测试用例集来说，同一因素的各个离散值出现的概率应该是均等的(个别有约束的因素的离散值例外)，所以根据目前粒子的测试用例组成情况可以重新确定下次出现的概率，现在已经出现次数多的离散值在更新中下次出现的概率小；相反，当前粒子中出现次数少的离散值在更新中下次出现的概率增大。所以，粒子的更新就更加易于趋向最优值，可以加快测试用例集的生成的速度，所以本方法位置更新采用以各个因素的各个离散值出现的次数为依据来产生新的位置的方法，提高算法的收敛速度，同时简化位置更新的操作。

在传统的粒子群算法中，通常采用一个粒子代表一个测试用例，通过粒子群算法迭代过程一次产生一个测试用例的方法。该方法是基于贪婪的思想，每次找到当前覆盖最多覆盖对的测试用例，但是该方法缺少从整体上来考虑测试用例集中各个测试用例的整体效应，不能体现粒子群的整体寻优能力，因此不利于得到最小的测试用例集。为此，本方法采用一个粒子代表一个测试用例集，充分考虑测试用例集的整体效果，进行整体评价，通过粒子群算法迭代过程一次产生需要的测试用例集的方法，从而提高测试用例集的生成效率，便于得到更小规模的测试用例集。

将改进的离散粒子群算法应用于两两覆盖组合软件测试用例集生成问题，并且位置更新采用以各个因素的各个离散值出现的次数为依据来随机产生新的位置，同时采用一次产生一个测试用例集的方法，通过整体上评价一个测试用例集的优劣来指导生成测试用例集，从而产生一个高效实用的两两覆盖组合测试用例集生成方法。

下面的典型实例实验结果证实该方法的有效性：两两覆盖组合软件测试用例集

生成问题是 NP 完全问题，目前有多种启发式方法能获得该问题的近似解，达到对测试用例集的自动生成。现有的启发式方法和系统主要包括 AETG,PAIRTEST, NetWork, PSST,SA,GA,ACA,CE,PSO 等。本方法 MDPSO 和现有的两两覆盖组合软件测试用例集生成方法 AETG,PAIRTEST,NetWork,PSST,SA,GA,ACA,CE,PSO，实验比较结果如表 9-1 和表 9-2 所示。

表格待测软件系统问题解释：以问题 $5^3\times4^4\times3^1\times2^2$ 为例，$5^3\times4^4\times3^1\times2^2$ 表示有 3 个因素的离散值取值个数为 5 个，有 4 个因素的离散值取值个数为 4 个，有 1 个因素的离散值取值个数为 3 个，有 2 个因素的离散值取值个数为 2 个。

由表 9-1 和 9-2 可知，本方法生成的测试用例规模结果大部分是近优，与其他方法相比生成的测试用例集的规模在整体上较好，方法稳定度好。

表 9-1　生成结果比较一

算　法	测试数据个数					
	(3^4)	(3^{13})	(2^{100})	$(3^{12}\times4^5)$	$(4^1\times3^{39}\times2^{35})$	$(5^3\times4^4\times3^1\times2^2)$
AETG	9	15	10	31	28	31
PAIRTEST	9	19	15	29	29	37
Williams	9	17	14	28	40	45
Kobayashi	9	15	16	28	36	50
NetWork	9	19	70	26	49	34
PSST	9	20	16	28	30	33
SA	9	16	NA	NA	21	NA
GA	9	17	12	NA	27	NA
ACA	9	17	13	NA	27	NA
CE	9	17	13	28	30	34
PSO	9	17	13	29	32	33
MDPSO	9	16	13	29	31	31

表 9-2　生成结果比较二

算　法	测试数据个数								
	(4^5)	(4^6)	(7^8)	(7^9)	(8^9)	(8^{10})	(11^{10})	(11^{12})	(11^{13})
AETG	28	28	80	87	116	121	207	221	229
PAIRTEST	16	28	85	91	132	136	236	260	275
NetWork	24	24	49	91	140	145	121	231	231
PSST	16	27	49	86	64	114	121	121	230
CE	19	22	74	81	106	113	210	235	252
PSO	19	22	78	82	111	125	238	261	271
MDPSO	16	22	50	82	98	115	134	126	232

通过以上分析和实例验证，本文提出的两两覆盖组合软件测试用例集生成方法与已有的组合软件测试用例集生成方法相比，本文提供的两两覆盖组合软件测试用例集生成方法充分利用组合测试生成离散值的特点，生成的测试用例集规模整体较小，方法稳定度好，计算量少，是一种有效的两两覆盖组合软件测试用例集生成方法。

9.3.4　方法具体实施方式

以某待测软件系统的两两覆盖组合软件测试用例集生成为例，结合图 9-1 具体说明本文的两两覆盖组合软件测试用例集生成方法的实施方式。

从某待测软件系统测试需求说明书获得影响该待测软件系统SUT的 4 个因素及其可能取值和因素之间的一个约束限制如下所述。

因素及其可能取值为

```
Database: DB/2,Oracle
Client:   Firefox,IE,Opera,Google
WebServer:WebSphere,Apache,NET
OS:       Windows,Linux
```

参数之间的约束为

```
if([Client]=="IE")then([OS]!="linux")
```

(1) 因素可以用集合 F 表示： $F=\{\text{Database},\text{Client},\text{WebServer},\text{OS}\}$ ，影响待测软件系统的因素的个数为 4：第一个因素 Database 含有两个离散值，$V_1=\{\text{DB}/2,\text{Oracle}\}$，$p_1=2$；第 2 个因素 Client 含有 4 个离散值，$V_2=\{\text{Firefox,IE,Opera,Google}\}$， $p_2=4$；第 3 个因素 WebServer 含有 3 个离散值，$V_3=\{\text{WebSphere,Apache,NET}\}$， $p_3=3$；第 4 个因素 OS 含有两个离散值， $V_4=\{\text{Windows,Linux}\}$， $p_4=2$。该待测系统SUT因素所有的离散值共有 P 个： $P=\sum_{i=1}^{n}p_i=2+4+3+2=11$；约束限制只有一个，可以用 C 表示，$C=\{\text{if([Client]=="IE")then([OS]!="linux")}\}$。待测软件系统SUT的一个测试用例 test 可以用四元组表示： $\text{test}=(v_1,v_2,v_3,v_4)$，其中 $v_1\in V_1$， $v_2\in V_2$， $v_n\in V_n$， 且满足约束限制 C。

(2) 对待测系统SUT因素所有的离散值按照因素从左到右的顺序进行编号，第一个因素 Database 的第一个离散值 DB/2 编号为 1，第 2 个离散值 Oracle 的编号为 2，其编号集合可以用集合 H_1 表示： $H_1=\{1,2\}$；第 2 个因素 Client 的第一个离散值 Firefox 编号为 3，第 2 个离散值 IE 的编号为 4，第 3 个离散值 Opera 编号为 5，第 4 个离散值 Google 编号为 6，其编号集合可以用集合 H_2 表示： $H_2=\{3,4,5,6\}$；第 3 个因素 WebServer 的第一个离散值 WebSphere 编号为 7，第 2 个离散值 Apache 的编号为 8，第 3 个离散值 NET 编号为 9，其编号集合可以用集合 H_3 表示：$H_3=\{7,8,9\}$；第 4 个因素 OS 的第一个离散值 Windows 编号为 10，第 2 个离散值 Linux 的编号为 11，其编号集合可以用集合 H_4 表示： $H_4=\{10,11\}$。

(3) 待测软件系统SUT中任意两个因素对可以用二元关系矩阵 $\boldsymbol{T}=(t_{i,j})_{11\times 11}$ 表示为

0	0	1	1	1	1	1	1	1	1	1
0	0	1	1	1	1	1	1	1	1	1
0	0	0	0	0	0	1	1	1	1	1
0	0	0	0	0	0	1	1	1	1	0
0	0	0	0	0	0	1	1	1	1	1
0	0	0	0	0	0	1	1	1	1	1
0	0	0	0	0	0	0	0	0	1	1
0	0	0	0	0	0	0	0	0	1	1
0	0	0	0	0	0	0	0	0	1	1
0	0	0	0	0	0	0	0	0	0	0
0	0	0	0	0	0	0	0	0	0	0

$t_{4,11}=0$ 是因为参数直接约束 if([Client]=="IE") then([OS]!="linux")造成不存在(IE，linux)的覆盖对，其他 $t_{i,j}=0$ 的是因为没有存在覆盖对。

(4) 对上述待测软件系统SUT，粒子群中每个粒子代表一个生成的测试用例集，根据测试需求和历史数据取测试用例集中含测试用例个数为 12，则粒子群中粒子 l_i 的编码为 $l_i=<(l_{i11},l_{i12},l_{i13},l_{i14}),(l_{i21},l_{i22},l_{i23},l_{i24}),\cdots,(l_{i121},l_{i122},l_{i123},l_{i124})>$，其中 $l_{\mathrm{ijk}}\in H_k$，该编码的长度为 12×4=48，$(l_{i11},l_{i12},l_{i13},l_{i14})$ 代表该测试用例集中的第 1 个测试用例，$(l_{i21},l_{i22},l_{i23},l_{i24})$ 代表该测试用例集中的第 2 个测试用例，$(l_{i121},l_{i122},l_{i123},l_{i12n})$ 代表该测试用例集中的第 12 个测试用例。

(5) 设定基于粒子群算法的参数，所述的参数包括粒子群中粒子的数量 10，生成的测试用例集中测试用例的个数 12，初始化各个粒子的局部最优值为 100，全局部最优值为 100。随机选取各因素可取离散值初始化每个粒子的各维位置，如第 4 个粒子随机初始化的位置编码为 $l_4=<(2,5,8,11),(1,5,7,11),(1,3,9,10),(2,6,8,11),(1,4,9,10),(1,5,7,11),(1,3,8,10),(1,5,8,10),(2,5,9,10),(2,5,7,10),(2,5,7,11),(2,6,9,11)>$。令迭代次数 $t=1$，组合测试用例集开始生成。

(6) 上述粒子 l_4 对应的二元覆盖关系矩阵 $\boldsymbol{T}=(t_{i,j})_{11\times 11}$ 为

0	0	−1	0	−2	1	−1	−1	−1	−3	−1
0	0	1	1	−3	−1	−1	−1	−1	−1	−3
0	0	0	0	0	0	1	0	0	−1	1
0	0	0	0	0	0	1	1	0	0	0
0	0	0	0	0	0	−3	−1	0	−2	−3
0	0	0	0	0	0	1	0	0	1	−1
0	0	0	0	0	0	0	0	0	0	−2
0	0	0	0	0	0	0	0	0	−1	−1
0	0	0	0	0	0	0	0	0	−2	0
0	0	0	0	0	0	0	0	0	0	0
0	0	0	0	0	0	0	0	0	0	0

计算过程：从 l_4 的编码中可以准确地获得该粒子所代表的测试用例集所覆盖的两两覆盖对，以及其出现的次数，若两两覆盖对<i, j>出现 w 次，则将关系矩阵 $\boldsymbol{T}$ 中的 $t_{i,j}$ 的值减去 w，如<1,3>出现两次，$t_{1,3}=1-2=-1$；计算关系矩阵 $\boldsymbol{T}$ 中值为 1 的元素的个数。$\text{UnCount}(l_4)=1+(1+1)+(1+1)+(1+1)+0+(1+1)+0+0+0+0+0=9$ 就是该粒子代表的测试用例集没有覆盖的对数，作为该粒子所代表的生成测试用例集的适应值 $f(l_4)=\text{UnCount}(l_4)=9$。

(7) 对于粒子 l_4，将当前适应值为 9 和该粒子局部最优位置的适应值 $l_4\text{Best}=100$ 进行比较：当前位置较好，则将粒子的当前位置其作为该粒子当前的局部最优位置 $\text{LocBest}_4=l_4$，即粒子的当前适应值作为该粒子的局部最优适应值 $l_4\text{Best}=f(l_4)=\text{UnCount}(l_4)=9$。

(8) 对于粒子 l_4，将其局部最优适应值 $l_4\text{Best}$ 和全局经历过的最优位置的适应值 $\text{lgBest}=100$ 进行比较，若第 4 个粒子 l_4 的局部最优值 $l_4\text{Best}$ 比 lgBest 好，则将其局部最优位置作为当前粒子群的全局最优位置 $\text{gBest}=\text{LocBest}_4$，该粒子的局部最优适应值作为粒子群的全局最优适应值 $\text{lgBest}=l_4\text{Best}=9$。

$$\begin{aligned}l_4=<&(2,5,8,11),(1,5,7,11),(1,3,9,10),(2,6,8,11),(1,4,9,10),(1,5,7,11),\\&(1,3,8,10),(1,5,8,10),(2,5,9,10),(2,5,7,10),(2,5,7,11),(2,6,9,11)>\end{aligned}$$

(9) 更新粒子的各维的位置，以 l_4 为例，从 l_4 编码中计算各个离散值出现的次数分别为{6,6,2,1,7,2,4,4,4,6,6}，即 num(1)=6, num(2)=6, num(3)=2, num(4)=1, num(5)=7, num(6)=2, num(7)=4, num(8)=4, num(9)=4, num(10)=6, num(11)=6。以第一个测试用例的更新为例说明更新过程，其他的 11 个测试用例的更新过程和第一个完全一样。第一个测试用例(2，5，8，11)，2 出现 num(2)=6 次，其更新过程中可能取值为{1,2}，pror(1)= 1/12，pror(2)= 1/12，$\text{prob}(1)=\frac{1}{12}\Big/\left(\frac{1}{12}+\frac{1}{12}\right)=1/2$，$\text{prob}(2)=\frac{1}{12}\Big/\left(\frac{1}{12}+\frac{1}{12}\right)=1/2$；5 出现 num(5)=7 次，其更新过程中可能取值为{3,4,5,6}，pror(3)= 1−4×2/12=1/3，pror(4)= 1−4×1/12=2/3，pror(5)= 1/12，pror(6)= 1−4×2/12=1/3，则

$$\text{prob}(3)=\frac{1}{3}\Big/\left(\frac{1}{3}+\frac{2}{3}+\frac{1}{12}+\frac{1}{3}\right)=\frac{1}{3}\Big/\frac{17}{12}=\frac{4}{17}$$

$$\text{prob}(4)=\frac{2}{3}\Big/\left(\frac{1}{3}+\frac{2}{3}+\frac{1}{12}+\frac{1}{3}\right)=\frac{2}{3}\Big/\frac{17}{12}=\frac{8}{17}$$

$$\text{prob}(5)=\frac{1}{12}\Big/\left(\frac{1}{3}+\frac{2}{3}+\frac{1}{12}+\frac{1}{3}\right)=\frac{1}{12}\Big/\frac{17}{12}=\frac{1}{17}$$

$$\text{prob}(6)=\frac{1}{3}\Big/\left(\frac{1}{3}+\frac{2}{3}+\frac{1}{12}+\frac{1}{3}\right)=\frac{1}{3}\Big/\frac{17}{12}=\frac{4}{17}$$

同理，可以计算 prob(7)=prob(8)=prob(9)=1/3，prob(10)=prob(11)=1/2。按照以上计算的各个离散值概率取值，得到的结果如下：

$$l_4' = <(1,6,8,10),(2,3,8,11),(2,3,7,10),(1,5,7,10),(2,6,7,11),(2,4,8,10),\\(1,5,9,11),(2,5,8,10),(2,5,8,10),(2,3,7,11),(1,3,7,10),(2,5,9,10)>$$

矩阵 $\boldsymbol{T}'$ 为

0	0	0	1	−1	0	−1	0	0	−2	0
0	0	−2	0	−2	0	−2	−3	0	−4	−2
0	0	0	0	0	0	−2	0	1	−1	−1
0	0	0	0	0	0	1	0	1	0	0
0	0	0	0	0	0	0	−1	−1	−3	0
0	0	0	0	0	0	0	0	1	0	0
0	0	0	0	0	0	0	0	0	−2	−1
0	0	0	0	0	0	0	0	0	−3	0
0	0	0	0	0	0	0	0	0	0	0
0	0	0	0	0	0	0	0	0	0	0
0	0	0	0	0	0	0	0	0	0	0

$f(l_4') = \text{UnCount}(l_4') = 5$，粒子 l_4 的适应值减小，其代表的测试用例集剩余没有覆盖的对数减少，覆盖的两两覆盖对增多，朝着最优的方向前进。

(10) 如果当前的迭代次数 t 等于最大迭代次数 MAX，或者当前粒子群的 lgBest 的 UnCount 达到期望的值 0，则全局最优值 gBest 所对应的粒子所代表的测试用例集即为测试用例集缩减的最优测试用例集，结束循环；否则，$t = t+1$，返回第(6)步。经过 7 次迭代，粒子群的 LGBest 的 UnCount 达到期望的值 0，最优位置为

$$l_4 = <(2,4,7,10),(1,6,7,10),(1,5,7,11),(2,3,7,10),(1,3,9,10),(1,6,8,10),\\(2,6,9,11),(1,4,9,10),(1,5,9,10),(1,4,8,10),(2,5,8,11),(2,3,8,11)>$$

矩阵 $\boldsymbol{T}$ 为

0	0	0	−1	−1	−1	−1	−1	−2	−5	0
0	0	−1	0	0	−1	−1	−1	0	−1	−2
0	0	0	0	0	0	0	0	0	−1	0
0	0	0	0	0	0	0	0	0	−2	0
0	0	0	0	0	0	0	0	0	0	−1
0	0	0	0	0	0	0	0	0	−1	0
0	0	0	0	0	0	0	0	0	−2	0
0	0	0	0	0	0	0	0	0	−1	−1
0	0	0	0	0	0	0	0	0	−2	0
0	0	0	0	0	0	0	0	0	0	0
0	0	0	0	0	0	0	0	0	0	0

生成组合测试用例(12 个)：

(Database	Client	WebServer	OS)
Oracle	IE	WebSphere	Windows
DB/2	Google	WebSphere	Windows
DB/2	Opera	WebSphere	Linux
Oracle	Firefox	WebSphere	Windows
DB/2	Firefox	NET	Windows
DB/2	Google	Apache	Windows
Oracle	Google	NET	Linux
DB/2	IE	NET	Windows
DB/2	Opera	NET	Windows
DB/2	IE	Apache	Windows
Oracle	Opera	Apache	Linux
Oracle	Firefox	Apache	Linux

通过以上过程可以实现两两覆盖组合软件测试用例集自动生成，用基于改进离散粒子群算法的测试用例集生成方法将上述过程执行 30 次，初始值每次随机产生，30 次的结果都是 12 个测试用例，满足约束条件，同时还覆盖所有的两两覆盖，虽然生成测试用例集的具体内容可能不一样，但个数都最小，同时又处理了约束问题，所以该方法生成效果好、稳定，结果与初值无关。

图 9-2 给出某一次迭代过程中粒子群 10 个粒子的局部最优值的平均值的变化情况，从中可知，粒子群中粒子整体收敛速度较快，经过 7 次迭代，达到最优，结束迭代，说明该方法效果好。

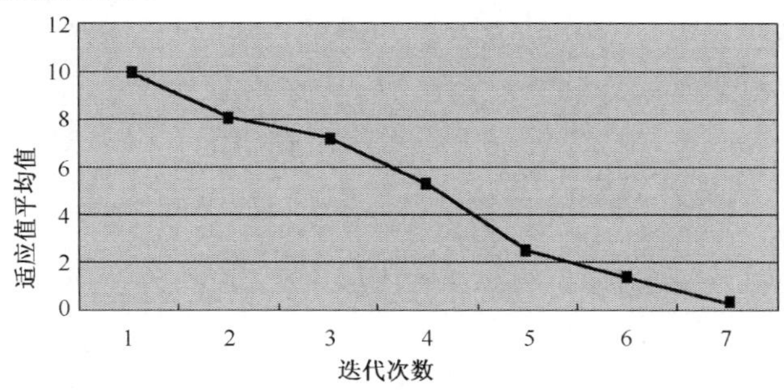

图 9-2　一次测试用例集生成的迭代次数和局部最优的平均适应值图

图 9-3 给出 30 次实验中每次找到最优测试用例集生成方案进行的迭代次数，最少 2 次迭代，最多 20 次迭代，平均值为 7.336 次，迭代次数较少，计算速度快。

实例分析表明，本文提出的两两覆盖组合软件测试用例集生成方法与已有的组合软件测试用例集生成方法相比，本文提供两两覆盖组合软件测试用例集生成方法充分利用组合软件测试生成离散值的特点，编码形式简单，位置更新操作简单，收敛速度快，稳定度好，计算量少，并且与初始值无关，生成的测试用例集规模整体较小，是一种有效的两两覆盖组合软件测试用例集生成方法，在组合测试中自动生成满足约束条件最小的两两覆盖测试用例集有利于快速检测系统中存在的错误，不仅可以有效减小测试用例设计的开销，而且大大提高了测试的效率。

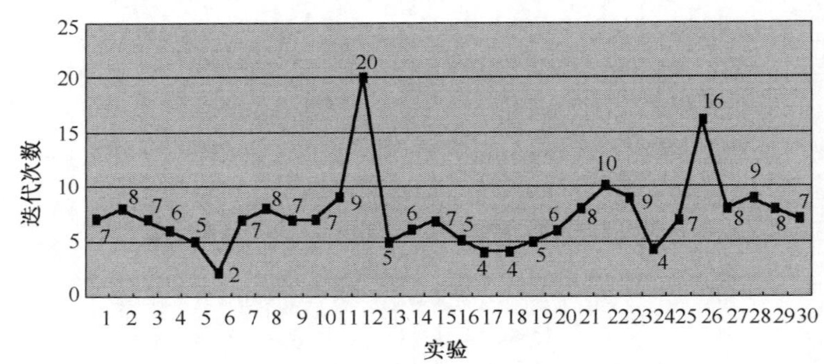

图 9-3 30 次实验中找到最优测试用例集的迭代次数图

9.4 基于自适应粒子群算法的组合测试数据生成方法

9.4.1 概述

2002 年，Kuhn 和 Reilly 研究发现大约 70%的软件故障是由一个或两个因素的相互作用引发的[28]，故采用两两组合测试能够在保证错误检出率的前提下采用较少的测试数据测试系统。所谓两两组合测试，就是设计生成规模尽可能小的组合测试数据集，对待测软件系统外部输入参数可能的两两组合至少被测试数据集覆盖一次。研究者尝试采用各种启发式算法，启发式算法用于生成测试数据，包括禁忌搜索、模拟退火和遗传算法[30]。和这些算法相比较，粒子群优化算法有收敛快，易于实现，调整参数少等优势，故该算法在各种工程优化问题中都有很大的发展空间。2010 年 12 月，查日军等提出组合测试数据生成的交叉熵与粒子群方法，该方法简单地使用传统的粒子群算法，并取得一定的效果。

笔者将粒子群优化算法应用于两两覆盖的组合测试数据集的生成进行改进，根据各个粒子的适应度自适应调整其更新操作的惯性权重，更好地平衡算法的全部与局部搜索能力，实验表明该方法对于组合测试数据集生成问题的迭代次数，以及收敛速度上具有优势和改善的条件。

9.4.2 基本粒子群优化算法原理

1995 年，由 Eberhart 和 Kennedy 提出的粒子群算法[1]起源于对社会系统的简单模拟，最初是模拟鸟群觅食过程。基本思想是首先初始化一组随机粒子。粒子的位置表示代优化问题的解，每个粒子的优劣程度取决于待优化问题目标函数确定的适应值，通过迭代寻找最优值。

在每一次迭代中，粒子通过跟踪两个“极值”自我更新。其一就是粒子本身所找到的最优解 pBest，称为个体极值；另一个极值是整个种群目前找到的最优解 gBest，称为全局极值。为了改善基本粒子群算法的收敛性能，Shi 和 Eberhart[2]在 1998 年引入了惯性权重，它可更好地控制算法的收敛和探索能力，同时提高基本粒子群算法的性能。

算法描述如下所述。

设搜索空间为 d 维，总粒子数为 n，该粒子群可用如下参数表示：在第 t 次迭代时粒子 i 的位置表示为 $X_i^t=(x_{i1}^t,x_{i2}^t,\cdots,x_{id}^t)$，相应的飞行速度表示为 $V_i^t=(v_{i1}^t,v_{i2}^t,\cdots,v_{id}^t)$。在第 $t+1$ 次迭代计算时，粒子 i 的速度和位置的更新规则为

$$v_{ij}^{t+1}=wv_{ij}^t+c_1r_1(\mathrm{pBest}_{ij}^t-x_{ij}^t)+c_2r_2(\mathrm{gBest}_j^t-x_{ij}^t) \tag{9-5}$$

$$x_{ij}^{t+1}=x_{ij}^t+v_{ij}^{t+1} \tag{9-6}$$

式中，c_1、c_2 为两个学习因子，r_1、r_2 为两个均匀分布在 (0,1) 间的随机数，$i=1,2,\cdots,n$，$j=1,2,\cdots,d$。w 为惯性权重，决定新粒子对于原有速度的记忆保持程度，具有平衡粒子勘探和开采的能力。算法开始时随机产生粒子群的初始位置和速度，然后按照式(9-5)、式(9-6)进行迭代，直至找到满意的解。

每个粒子的个体极值用下面的公式更新，即

$$\mathrm{pBest}_i(t+1)=\begin{cases}X_i(t+1), & X_i(t+1)\geqslant \mathrm{pBest}_i(t)\\ \mathrm{pBest}_i(t), & X_i(t+1)<\mathrm{pBest}_i(t)\end{cases} \tag{9-7}$$

对所有粒子的全局极值按

$$\mathrm{gBest}(t+1)=\max[\mathrm{pBest}_i(t+1)],\ i=1,2,\cdots,n \tag{9-8}$$

选取。

在粒子群优化算法可以调整参数中，惯性权重对算法优化性能的影响较大：较大的 w 会使算法对未探测空间的搜索能力增强，而局部细调能力减弱；较小的 w 会使算法的局部开发能力增强，而探测新空间的能力减弱。这使得算法的全局寻优和局部寻优产生矛盾，不能同时进行。

9.4.3　基于改进粒子群优化算法的测试数据集自动生成

1）基本粒子群优化算法的改进

通过对基本粒子群优化算法的深入研究，采用文献[14]中的组合覆盖模型，针对两两组合测试数据集生成问题中测试因素的占有率尽量趋于平均化，使得到的测试数据集对于待测软件有较高的覆盖度，故采用自适应调整惯性权重方式。将测试

数据个体按照在更新过程中不同的适应度分为两个子群，分别采用不同的操作，以保持惯性权重的多样性。用惯性权重较大的粒子进行全局寻优，在算法后期用来跳出局部最优，避免过早收敛。另外，用惯性权重较小的粒子进行局部寻优，以提高算法收敛速度。

根据吴浩扬等[31]讨论的评价种群过早收敛程度的指标，参考其提出的自适应调整算法控制参数的方法进行修改，使用判断粒子群中个体适应度的优劣指标描述如下：设粒子群中粒子个数为 n ，在第 t 次迭代时粒子群表示为 $T^t=(X_1^t,X_2^t,\cdots,X_n^t)$ ，其中 X_i^t 表示在第 t 次迭代时粒子 i 的位置。适应度分别为 $f_1^t,f_2^t,\cdots,f_n^t$ 。 $\overline{f^t}=\frac{1}{n}\sum_{i=1}^{n}f_i^t$ 表示第 t 次更新种群个体的平均适应度， $f_{\max}$ 表示第 t 次更新种群最优个体的适应度。调整惯性权重 w ，以增加算法中惯性权重的多样性：首先将粒子群中的各个粒子进行优劣划分，然后分别针对不同的粒子进行调整，方法如下所述。

若粒子 i 适应度 f_i^t 大于 $\overline{f^t}$ ，表示该粒子在粒子群中表现较为优秀的粒子，比较接近全局最优，调整策略将赋予其较小的惯性权重，以提高粒子的局部寻优能力。设该类粒子有 m_1 个，计算这 m_1 个粒子的平均适应度 $\overline{f'}=\frac{1}{m_1}\sum f_i^t$ 。定义 $\Delta=f_{\max}-\overline{f'}$ ，表示粒子的过早收敛程度。 Δ 越小表示粒子群越趋于过早收敛。使用

$$w=w_{\min}\frac{f_{\max}-\overline{f'}}{\left|f_i^t-\overline{f'}\right|} \tag{9-9}$$

调整惯性权重值，其中 $w_{\min}$ 表示 w 的最小值。

若粒子适应度 f_i^t 小于 $\overline{f^t}$ ，表示该粒子为粒子群中较差粒子，设这类粒子共有 m_2 个，计算这 m_2 个粒子的平均适应度 $\overline{f''}=\frac{1}{m_2}\sum f_i^t$ 。定义 $\Delta'=f_{\max}-\overline{f''}$ 表示适应度较差粒子的聚集度； Δ' 较大表示粒子分布较为分散，反之，粒子分布较为聚集；增加粒子 w ，使得粒子具有较强的探查能力，从而跳出局部最优。对其惯性权重调整采用自适应调整控制参数的方法表示为

$$w=-\frac{1}{1+\exp(-k\cdot\Delta')}+1.5 \tag{9-10}$$

2）基于改进 PSO 的测试数据集自动生成

在基于改进的粒子群优化算法的测试数据集自动生成算法中，一个粒子代表一个测试数据，一次产生一个测试数据集。算法起始随机初始化含有 N 粒子的一个测试数据集 $T^0=(t_1,t_2,\cdots,t_N)$ ，其中每个粒子 t_i 都有各自的位置 $X_i(i=1,2,\cdots,N)$ ，都有各自的速度 $V_i(i=1,2,\cdots,N)$ ， X_i 和 V_i 均为多维向量，维数是待测系统的影响因素个数。建立待测系统所有参数的测试需求集合 $R=\{r_1,r_2,\cdots,r_m\}$ 。

(1) 依次计算各个粒子的适应值 $f_1, f_2, \cdots, f_N$，即各个粒子对于测试需求集合 R 的覆盖情况。从中选出最优粒子 g_{Best}^0，并且记录初始粒子为 $p_{\text{Best}i}^0 (i=1,2,\cdots,N)$。根据改进算法中比较各个粒子的适应度值 $\overline{f}=\dfrac{1}{N}\sum_{i=1}^{N} f_i$ 与粒子群中各个粒子适应度的大小关系，调整粒子各个粒子的惯性权重 $w_i (i=1,2,\cdots,N)$。接着进行粒子群更新操作。

(2) 由式(9-1)和式(9-2)更新当前粒子的位置 X_i^k 和速度 V_i^k。如果位置不满足参数水平的约束条件，则回飞到上一位置 X_i^{k-1}。

(3) 根据扰动机制[4]，对当前位置 X_i^t 进行扰动，生成新的可行解，并在其领域内确定最优 X''。

(4) 比较 X_i^t 和 X''，如果 X'' 等于 X_i^t，则令粒子 i 当前位置为 X''，否则令其位置为 X_i^t。

(5) 根据式(9-7)更新当前粒子 i 的最优位置 $p_{\text{Best}_i} (i=1,2,\cdots,N)$。根据式(9-8)更新种群的最优位置 g_{Best}。

(6) 判断当前的粒子群是否满足约束条件：满足停止；不满足，返回步骤(1)。这里的约束条件即为由找到的粒子组成的集合对两两因素组合的覆盖度达到标准或者迭代到一定代数。

9.4.4 实验分析

为了测试基于改进粒子群优化算法求解两两覆盖组合测试数据集生成问题的性能，按照该改进算法，以及文献[14]中的粒子群算法编写原型程序进行实验分析。对于粒子群的速度更新公式(9-1)的参数，取 $c_1=c_2=1.49$。惯性权重在标准粒子群算法中取 $w=0.729$，在改进算法中随着迭代次数根据粒子个体的适应度自适应调整。取 $w_{\min}=0.1$，$k=0.5$。

1) 实验 1：测试数据集规模比较

将本文的改进算法和现有的两两覆盖组合软件测试数据集生成方法 AETG, PAIRTEST, NetWork, PSST, SA, GA, ACA, CE, PSO 的实验比较结果列于表 9-3。

表格中 SUT 测试数据集规模解释：以问题 $(5^3\times4^4\times3^1\times2^2)$ 为例，表示待测系统中共有 10 个因素，其中有 3 个因素的取值个数为 5 个，有 4 个因素的取值个数为 4 个，有 1 个因素的取值个数为 3 个，有 2 个因素的取值个数为 2 个。

由表 9-3 可知，由基于改进的粒子群优化算法生成的测试数据集和由其他方法生成的测试数据集规模总体相当，在某些情况下生成的数据规模较小，如 $3^{12}\times4^5$ 和 $4^1\times3^{39}\times2^{35}$。在对每组数据进行 20 次实验，实验中遇到如 3^4，3^{13} 这类待测软件系统的影响因素较少时，85%以上的结果都可以达到优值，约 10%的结果出现 1 个到 3 个的测试数据偏差，还有很少部分测试数据个数偏差超过 5 个。对于待测软件系统含有大量的影响因素时，70%以上的结果都可以达到近似最优值，其余结果有或多或少的偏差。

表 9-3　不同算法生成测试数据集规模比较

算　法	测试数据个数				
	(3^4)	(3^{13})	$(3^{12}\times4^5)$	$(4^1\times3^{39}\times2^{35})$	$(5^3\times4^4\times3^1\times2^2)$
AETG[3]	9	15	31	28	31
PAIRTEST[3]	9	19	29	29	37
NetWork[3]	9	19	26	49	34
PSST[3]	9	20	28	30	33
SA[3]	9	16	NA	21	NA
GA[3]	9	17	NA	27	NA
ACA[3]	9	17	NA	27	NA
PSO[3]	9	17	29	32	33
改进的 PSO	9	16	27	24	32

2）实验 2：算法迭代次数比较

设置最大迭代次数为10^4。在该条件下，以标准粒子群算法和本文的改进算法为核心算法，对测试数据集规模为$3^4,(4^1\times3^1\times2^2),(5^3\times4^4\times3^1\times2^2)$，$3^{13}$的测试数据分别进行 10 组独立实验，对 10 次运行中生成最优解所需的迭代次数(如表 9-4 所示)进行比较。

由表 9-4 可知，与标准的粒子群算法相比较，利用本文改进的 PSO 算法生成测试数据所需要的迭代次数明显少于标准的 PSO 算法。当测试数据集规模是$(4^1\times3^1\times2^2)$时，进行 10 次试验，实验中标准粒子群算法最少迭代次数为 12 次，最多迭代次数 400 次；使用本文的改进算法最少为 6 次，最多为 71 次。并且，随着测试数据集规模的增加，应用本文找到最优解的迭代次数明显减少，因此改进算法的优势更加明显。

表 9-4　两种算法找到最优解迭代次数比较

测试数据规模	PSO 最好	PSO 最差	改进的 PSO 最好	改进的 PSO 最差
(3^4)	12	400	6	71
$(4^1\times3^1\times2^2)$	9	659	6	322
$(5^3\times4^4\times3^1\times2^2)$	113	861	52	458
(3^{13})	274	10^4	175	10^4

由上述分析可知，改进的 PSO 算法生成测试数据集不仅收敛速度快，而且能有效地避免局部最优问题，可以高效地生成所需的测试数据集。但改进算法还存在缺点，在测试数据规模大的情况下存在不能找到最优的情况，即在结束程序时所生成的测试数据集不能完全覆盖所有的组合。

9.4.5 小结

将改进的粒子群优化算法应用于组合测试数据生成，粒子群采用随机方式初始化，测试数据集生成结果与初始值无关；通过对惯性权重的自适应调整，充分考虑粒子之间的差异，更好地平衡算法的全局和局部搜索能力，增加测试数据的多样性，使得粒子能够快速靠近最优解，从而减少算法的迭代次数，提高效率。

9.5 基于粒子群算法的测试用例约简方法

9.5.1 方法背景

软件测试是提高软件质量的重要手段。回归测试作为软件生命周期的一个组成部分，在软件开发的各个阶段都会多次进行。软件产生新版本、软件硬件平台变更或硬件配置改变后，都需进行回归测试，验证以前发现和修复的错误是否在新软件版本上再次出现，同时还需补充新的测试用例来测试新的或被修改的功能。在渐进和快速迭代开发模式中，新版本的连续发布使回归测试进行得更加频繁，导致测试用例库迅速扩大，回归测试成本也随之急剧增加。在测试用例库中，往往存在冗余的测试用例，冗余测试用例降低回归测试的效率。因此很有必要缩减测试用例集，使用尽可能少的测试用例，充分覆盖给定的测试需求目标，从而提高测试效率。

回归测试的上述特点决定回归测试是一项工作量大、烦琐的工作。因此，实现自动化的回归测试可以提高测试效率，保证测试的可靠度。自动化的回归测试首先须对测试用例库进行自动缩减。

传统的测试用例库缩减是靠测试人员人工来判断的，缩减的效果和测试人员的经验和个人偏好有很大的关系，因此根据测试用例本身对于需求的覆盖情况来自动进行测试用例集的缩减有助于实现真正的回归测试自动化。

Harrold 等 1993 年首次提出“测试用例集缩减”的概念[32]，随后 Chen 等又给出测试用例集缩减问题中一系列术语的定义[33]。测试用例集 $T=\{t_1,t_2,\cdots,t_n\}$ 与测试需求集 $R=\{r_1,r_2,\cdots,r_m\}$ 的二元满足关系 $S(T,R)=\{(t,r)\mid(t,r)\equiv T\times R\}$，即 $S(T,R)$ 表示测试用例 $t\in T$ 与测试需求 $s\in S$ 的满足关系。建立二元关系矩阵 $\boldsymbol{B}=(b_{i,j})_{n\times m}$，其中 $b_{i,j}=1$ 表明测试用例 t_i 覆盖需求 r_j；$b_{i,j}=0$ 表明测试用例 t_i 没有覆盖需求 r_j。获得各个测试用例 t_i 对于测试需求集 R 的覆盖度 $\mathrm{cov\_}tr[i]=\sum_{j=1}^{m}b_{i,j}$，其中 $i\in\{1,2,\cdots,n\}$，即该

测试用例满足需求的数量；测试用例集 $T' \subseteq T$，其中 $T = \{t_{k_1}, t_{k_2}, \cdots, t_{k_p}\}$，该测试用例集含有 p 个测试用例，满足的总需求为 $\text{covTotal}[T'] = \sum_{i=1}^{p}\sum_{j=1}^{m} b_{k_i,j}$ 则此测试用例集 T' 的覆盖度 $\text{cov}[T']$ 为该测试用例集满足的需求数。该粒子所表示的测试用例集对于需求覆盖的冗余度为 $\text{covRedun}[T'] = \text{covTotal}[T'] - \text{cov}[T']$。

由上述描述可知，测试用例集缩减问题就是根据测试用例集 T 与测试需求集 R 的覆盖情况，求出在覆盖最大测试需求的情况下找到最小的测试用例集，且其冗余的覆盖较少。

对于测试用例集缩减问题，如果能够求出最少的测试用例集，能实现原有测试用例集测试需求覆盖率，则可以对原测试用例集达到最大的缩减量，实现测试用例集的最小化。但是测试用例集的最小化问题是一个 NP 完全问题，一般采用启发式算法来获得该问题的近似解，从而有效地缩减测试用例集。现有的启发式算法主要包括：贪婪算法、HGS 算法、GE 和 GRE 算法等。

近年来，一些群体智能优化算法迅速发展。一些学者对用遗传算法解决测试用例集的缩减问题进行研究和探索[34]，但是遗传算法搜索速度比较慢，对初始种群的选择有较大的依赖度[35]，并且该算法建立在各个测试用例测试代价的基础之上，对各个用例进行代价评估非常困难，不利于在工程上实现，同时在用于测试用例集缩减时采用一个适应值评价方式，不能很客观地评价测试用例集。

粒子群算法是其中一个很成功的群体智能算法。粒子群算法(PSO)是 Kennedy 博士和 Eberhart 博士于 1995 年提出的[1]，源于对鸟群捕食的行为研究。由于 PSO 算法实现简单，效果好，目前已在许多工程领域中取得广泛的应用，很多情况下比遗传算法更有效，近年来受到各界的广泛关注，并提出算法。但是，PSO 算法还不能应用于测试用例集缩减问题。

9.5.2　方法具体内容

本方法解决的问题：克服现有方法的缺点，首次将粒子群算法应用于测试用例集缩减问题中，并结合测试用例集缩减问题提供一种操作简单，搜索速度快，不依赖初值的测试用例集缩减方法[36]。

本方法解决方案：一种测试用例集缩减方法，其特点在于主要包括以下步骤。

(1) 在项目开发中，测试人员在实施测试的过程中将所使用测试用例及其测试结果保存在测试用例库中，从测试用例库中得到测试用例对测试需求集的覆盖情况，这里的测试需求可以是语句覆盖、条件覆盖、判定覆盖、也可以是功能测试中的各个模块的覆盖，进而获得测试用例集 $T = \{t_1, t_2, \cdots, t_n\}$ 与测试需求集 $R = \{r_1, r_2, \cdots, r_m\}$ 的二元满足关系 $S(T,R) = \{(t,r) \mid (t,r) \in TR\}$，$n$ 表示测试用例集中包含的测试用例数量，m 表示被测系统测试需求的数量，$S(T,R)$ 表示测试用例 $t \in T$ 与测试需求 $s \in S$ 的满足关系。建立二元关系矩阵 $\boldsymbol{B}=(b_{i,j})_{nm}$，$i$ 表示测试用例集中第 i 个测试用例 t_i 的编号，j 表示被测系统第 j 个测试需求 r_j 的编号；$b_{i,j}=1$ 表明测试用例 t_i 覆盖需求 r_j，$b_{i,j}=0$ 表明测试用例 t_i 没有覆盖需求 r_j。

（2）根据测试用例集 T 与测试需求集 R 的二元满足关系矩阵 $\boldsymbol{B}=(b_{i,j})_{nm}$，获得各个测试用例 t_i 对于测试需求集 R 的覆盖度 $\mathrm{cov\_}tr[i]=\sum_{j=1}^{m}b_{i,j}$，其中 $i\in\{1,2,\cdots,n\}$，即该测试用例满足需求的数量，进一步求得该测试用例对测试需求集的覆盖率 $\mathrm{cov\_}tp[i]=\mathrm{cov\_}tr[i]/m$，其中 $i\in\{1,2,\cdots,n\}$。

（3）对于上述测试用例集 T 与测试需求集 R 的二元满足关系矩阵 $\boldsymbol{B}=(b_{i,j})_{nm}$，粒子群中第 i 粒子 p_i 的编码为 $p_i=<p_{i,1},p_{i,2},\cdots,p_{i,n}>$，且 $p_{i,j}\in\{0,1\}$，n 为该编码的长度，是待缩减的测试用例集中的测试用例数量，$p_{i,j}$ 取 1 表示第 i 粒子 p_i 代表的测试用例集中包含第 j 个测试用例，取 0 则表明没有包含第 j 个测试用例，则粒子 p_i 代表测试用例集。

（4）设定粒子群算法的参数，所述的参数包括粒子群中粒子的数量 N、粒子各维位置的取值范围 $\{0,1\}$、粒子第 i 维的随机取 1 的概率 $\mathrm{cov\_}t\mathrm{p}[i]$。设定迭代终止条件，迭代次数达到最大迭代次数 MAXN，或者当前粒子群的 PGBest 的 cov[p] 达到期望的覆盖度 $\mathrm{COV\_EXP}$ 且 covRedun[p] 小于给定的冗余度 $\mathrm{COV\_RED}$。随机初始化每个粒子的各维位置，令迭代次数 $t=1$，粒子群优化开始。

（5）对于每个粒子 p_i，其编码 $p_i=<p_{i,1},p_{i,2},\cdots,p_{i,n}>$，则其代表的测试用例集为 $T'\subseteq T$，其中 $T'=\{p_{i,1}t_1,p_{i,2}t_2,\cdots,p_{i,n}t_n\}$；该测试用例集含有测试用例数量为 $|p_i|=\sum_{j=1}^{n}p_{i,j}$，则 $T'=\{t_{k_1},t_{k_2},\cdots,t_{k_{|p_i|}}\}$，$k_i$ 表示粒子 p_i 所代表的测试用例集中包含的测试用例的编号；T' 中总共有 $|p_i|$ 个测试用例，该粒子代表的测试用例集满足的总需求为 $\mathrm{covTotal[p_i]}=\sum_{i=1}^{|p_i|}\sum_{j=1}^{m}b_{k_i,j}$；粒子 p_i 的覆盖度 $\mathrm{cov}[p_i]$ 为该测试用例集满足的需求数，则该粒子所表示的测试用例集对于需求覆盖的冗余度为 $\mathrm{covRedun}[p_i]=\mathrm{covTotal}[p_i]-\mathrm{cov}[p_i]$，计算每个粒子所代表测试用例集的二维适应值 $f(p_i)=[\mathrm{cov}[p_i],\ \mathrm{covRedun}[p_i]]^{\mathrm{T}}$。

（6）对于每个粒子，将当前适应值和该粒子局部最优位置的适应值 p_iBest 进行比较：如果粒子当前适应值的覆盖度 $\mathrm{cov}[p_i]$ 大于等于 p_iBest 对应的覆盖度 $\mathrm{cov}[p_i]$，并且粒子当前适应值的冗余度小于 p_iBest 对应的冗余度，说明当前的粒子位置较好，则将其作为该粒子局部最优位置，即 $p_i\mathrm{Best}=f(p_i)=[\mathrm{cov}[p_i],\ \mathrm{covRedun}[p_i]]^{\mathrm{T}}$，否则无须更新该粒子的局部最优位置。

（7）对于每个粒子，将其局部最优位置适应值和全局最优位置的适应值 gBest 进行比较，如果局部最优位置 p_iBest 适应值的覆盖度大于等于 gBest 对应的覆盖度，并且粒子局部最优位置适应值 p_iBest 的冗余度小于 gBest 对应的冗余度，说明 p_iBest 对应粒子位置较好，则将其作为粒子群的全局最优位置，即 gBest = p_iBest 。

(8) 根据下面的公式更新每个粒子各维的位置：$p_i^{(t)} = < p_{i,1}, p_{i,2}, \cdots, p_{i,n} >$，获得新的位置 $p_{i,j}^{(t+1)} = \text{Rand}(\text{cov\_}tp[j])$，$\text{Rand}(\text{cov\_}tp[j])$ 表示以 cov_tp[j] 为概率随机取 1，以 $1-\text{cov\_}tp[j]$ 为概率随机取 0，即以第 j 个测试用例对测试需求的覆盖率 cov_tp[j] 为概率随机取 1，以第 j 个测试用例对测试需求的遗漏率 $1-\text{cov\_}tp[j]$ 为概率随机取 0。

(9) 如果当前的迭代次数 t 等于最大迭代次数 MAXN，或者当前粒子群的 GBest 的 cov[p] 达到期望的覆盖度 COV_EXP，且 covRedun[p] 小于给定的冗余度 COV_RED，则全局最优值 gBest 所对应的粒子所代表的测试用例集即为测试用例缩减的最优测试用例集，结束循环，否则 $t = t + 1$，返回第(5)步。

9.5.3 本方法的原理

粒子群算法(PSO)是美国社会心理学家 Kennndy 和电气工程师 Eberhart 于 1995 年共同提出一种进化计算方法，源于对鸟群捕食的行为研究。其基本思想是受他们早期对鸟类群体行为(鸟群觅食行为)进行建模与仿真研究结果的启发。研究者发现鸟群在飞行过程中经常突然改变方向、散开、聚集，其行为不可预测，但其整体总保持一致，个体与个体间也保持最适宜的距离。通过对类似生物群体行为的研究，发现生物群体中存在一种社会信息共享机制，它为群体的进化提供一种优势，这也是 PSO 算法形成的基础。由于 PSO 算法容易理解，易于实现，所以 PSO 算法发展很快。在学者们的研究下粒子群算法广泛用于各种工程优化问题的求解中。在粒子群算法求解优化问题中，首先将问题的可行解通过一定的编码方式编码成粒子，用一个粒子来代表该问题的一个可行解，用粒子群来代表一组可行的解，随机初始化一个粒子群，通过粒子群中各粒子的飞行，即 PSO 的迭代，寻找最优解。在每一次迭代中，粒子通过跟踪两个“极值”以自我更新。第一个就是粒子本身所找到的最优解。这个解是个体极值 pBest。另一个极值是整个种群目前找到的最优解，这个极值是全局极值 gBest。粒子位置的好坏由被优化的问题决定的适应值函数来评价。每一个粒子还有一个速度来决定下一步粒子到达的位置，各个粒子追随当前的最优粒子在搜索空间进行搜索，利用各个粒子的飞行信息不断地更新“极值”位置，最终达到或接近问题的最优位置。

PSO 同遗传算法类似，是一种基于迭代的优化工具。系统初始化为一组随机解，通过迭代搜寻最优值。同时，它保留基于种群的全局搜索策略，采用简单的速度位移模型，避免遗传算法复杂的交叉，以及变异操作，同时它特有的记忆使其可以动态跟踪当前的搜索情况以调整其搜索策略，具有较强的全局收敛能力和鲁棒性，且无需借助问题的特征信息。同遗传算法相比较，PSO 的优势在于简单，容易实现并且没有许多参数需调整，收敛速度快。目前已在很多工程领域中取得广泛的应用，很多情况下比遗传算法更有效，近年来受到学术界的广泛关注，并提出了很多改进算法。但是，将 PSO 算法应用于测试用例集缩减问题的研究却很少。

在软件项目开发中，软件测试工程师在测试的过程中保留测试的结果，形成测试报告，其中各个测试用例及其测试结果构成测试用例报告，进而构建测试用例库，通过测试用例库，可以得到各个测试用例对于需求的满足情况，可以通过这些满足情况对测试用例集进行缩减，以期获得较少的测试用例集，减少回归测试中测试的代价，提高回归测试的效率。

对于测试用例集缩减问题，设测试用例集 T 中含有 n 个测试用例，测试需求集 R 中含有 m 个测试需求，通过测试用例库可以得到测试用例集 T 与测试需求集 R 的二元满足关系矩阵 $\boldsymbol{B}=(b_{i,j})_{n\times m}$，用粒子代表测试用例集的缩减方案，则粒子群中第 i 粒子 p_i 的编码为 $p_i=<p_{i,1},p_{i,2},\cdots,p_{i,n}>$，且 $p_{i,\mathrm{j}}\in\{0,1\}$。

式中，n 为该编码的长度，是缩减的测试用例集中的测试用例数量，$p_{i,\mathrm{j}}$ 取 1 表示第 i 粒子 p_i 代表的测试用例集中包含第 j 个测试用例，取 0 则表明没有包含第 j 个测试用例，则粒子 p_i 代表测试用例集。在迭代过程中，各粒子采用两个适应函数值的评价方法，位置采用一种基于测试用例覆盖率的概率分布随机更新方法。

在标准的粒子群算法中，粒子位置的更新是以速度的更新为依据的，而速度的更新需要各维的惯性权重。在测试用例集缩减问题中，粒子位置的每一维值只有两个选择结果：选中为 1，否则为 0；选中表示该维对应的测试用例包含在此粒子代表的测试用例集中，否则表示此测试用例被裁减。同时，由于各个测试用例对于测试需求的覆盖有差异，覆盖率大的测试用例应该有较高的被选中概率，这样可以加快测试用例集的缩减速度，所以本方法采用一种基于测试用例覆盖率的概率分布随机更新粒子位置的方法，以提高算法的收敛速度，同时简化位置更新的操作。

在标准的粒子群算法中，根据问题确定一个适应值函数来评价各个粒子的位置优劣；在测试用例集缩减问题中，如果采用一个适应值函数评价粒子的优劣，需将测试覆盖率和每个需求的权重、测试运行代价等测试信息作为评价的指标通过加权的方式构造为一个评价函数，这种传统的利用权值方法往往不能准确评价粒子，并且在一个测试项目中各个指标的权值很难确定，工程上也难以确定，并且增加工程中的复杂度。所以，本方法结合测试用例集缩减问题采用两个适应值评价方法，将各个粒子对需求的覆盖度作为第一个，将该粒子对需求的覆盖冗余度作为第二个，通过第一个来刻画粒子对于测试需求的满足程度，通过第二个来衡量在满足覆盖的情况下覆盖的冗余度。在覆盖度相等的情况下，冗余度越小越好。

将粒子群算法应用于测试用例集缩减问题，并且对粒子的评价采用两个适应值的评价方法，位置的更新采用一种基于测试用例覆盖率的概率分布随机更新方法，本方法给出一种测试用例集缩减方法。

本方法与已有的测试用例集缩减方法相比：本方法提供的测试用例集缩减方法编码形式简单，两个适应值评价更精确，位置更新操作简单，收敛速度快，稳定，并且与初始值无关[37]。

9.5.4 具体实施方式

以某软件系统测试用例集的缩减为例，具体说明本方法的实施方式。表 9-5 为某软件系统的测试用例集和测试需求的满足关系表。

表 9-5 某软件系统的测试用例集和测试需求的满足关系

	r_1	r_2	r_3	r_4	r_5	r_6	r_7	r_8	r_9	r_{10}	r_{11}	r_{12}	r_{13}	r_{14}	r_{15}	r_{16}	r_{17}	r_{18}	r_{19}
t_1	1	1	1	1	1	0	1	0	1	1	0	0	0	0	0	0	0	0	0
t_2	1	1	1	1	1	1	0	1	0	1	1	0	1	1	0	0	0	0	0
t_3	1	1	1	1	0	1	0	0	0	0	1	1	1	1	1	0	1	1	0
t_4	1	1	1	1	0	1	0	0	0	0	0	1	0	0	1	1	1	1	1
t_5	1	1	1	1	1	0	0	1	0	1	0	0	0	0	0	0	0	0	0
t_6	1	1	1	1	0	1	0	0	0	0	0	1	0	0	0	1	0	0	1
t_7	1	1	1	1	1	0	1	0	1	1	0	0	0	0	0	0	0	0	0
t_8	1	1	1	1	0	1	0	0	0	0	1	1	1	1	0	1	0	0	1
t_9	1	1	1	1	1	1	0	1	0	1	0	1	0	0	1	0	1	1	0
t_{10}	1	1	1	1	1	1	1	0	1	1	1	0	1	1	0	0	0	0	0
t_{11}	1	1	1	1	1	0	0	1	0	1	0	0	0	0	0	0	0	0	0
t_{12}	1	1	1	1	1	1	1	0	1	1	0	1	0	0	1	0	1	1	0

(1) 由表 9-5 某软件系统的测试用例集 $T=\{t_1,t_2,\cdots,t_{12}\}$ 与测试需求集 $R=\{r_1,r_2,\cdots,r_{19}\}$ 的二元满足关系 $S(T,R)=\{(t,r)\,|\,(t,r)\in T\times R\}$，$r_1,r_2,\cdots,r_{19}$ 是被测系统的 19 个需求，$t_1,t_2,\cdots,t_{12}$ 是 12 个测试用例。表中满足关系用 0 或 1 数字表示，如第 i 行第 j 列中的数字如果等于 1，则表示测试用例 t_i 测试覆盖需求 r_j；如果等于 0，则表示测试用例 t_i 测试没有测试需求 r_j。表中第 i 行中值为 1 的需求集合为 $\mathrm{Re}q(t_i)$，其元素个数表示测试用例 t_i 运行时测试到的需求个数，即它的覆盖度；同理，表中第 j 列中值为 1 的测试用例集合为 $\mathrm{Test}(r_j)$，其元素个数表示在一次测试中覆盖需求 r_j 的一个测试用例子集的测试用例个数。

由表 9-5 建立二元关系矩阵 $\boldsymbol{B}=(b_{i,j})_{12\times 19}$，即

$$
\boldsymbol{B}_{12\times19}=\begin{bmatrix}
1, & 1, & 1, & 1, & 1, & 0, & 1, & 0, & 1, & 1, & 0, & 0, & 0, & 0, & 0, & 0, & 0, & 0, & 0\\
1, & 1, & 1, & 1, & 1, & 1, & 0, & 1, & 0, & 1, & 1, & 0, & 1, & 1, & 0, & 0, & 0, & 0, & 0\\
1, & 1, & 1, & 1, & 0, & 1, & 0, & 0, & 0, & 0, & 1, & 1, & 1, & 1, & 1, & 0, & 1, & 1, & 0\\
1, & 1, & 1, & 1, & 0, & 1, & 0, & 0, & 0, & 0, & 0, & 1, & 0, & 0, & 1, & 1, & 1, & 1, & 1\\
1, & 1, & 1, & 1, & 1, & 0, & 0, & 1, & 0, & 1, & 0, & 0, & 0, & 0, & 0, & 0, & 0, & 0, & 0\\
1, & 1, & 1, & 1, & 0, & 1, & 0, & 0, & 0, & 0, & 0, & 1, & 0, & 0, & 0, & 1, & 0, & 0, & 1\\
1, & 1, & 1, & 1, & 1, & 0, & 1, & 0, & 1, & 1, & 0, & 0, & 0, & 0, & 0, & 0, & 0, & 0, & 0\\
1, & 1, & 1, & 1, & 0, & 1, & 0, & 0, & 0, & 0, & 1, & 1, & 1, & 1, & 0, & 1, & 0, & 0, & 1\\
1, & 1, & 1, & 1, & 1, & 1, & 0, & 1, & 0, & 1, & 0, & 1, & 0, & 0, & 1, & 0, & 1, & 1, & 0\\
1, & 1, & 1, & 1, & 1, & 1, & 1, & 0, & 1, & 1, & 1, & 0, & 1, & 1, & 0, & 0, & 0, & 0, & 0\\
1, & 1, & 1, & 1, & 1, & 0, & 0, & 1, & 0, & 1, & 0, & 0, & 0, & 0, & 0, & 0, & 0, & 0, & 0\\
1, & 1, & 1, & 1, & 1, & 1, & 1, & 0, & 1, & 1, & 0, & 1, & 0, & 0, & 1, & 0, & 1, & 1, & 0
\end{bmatrix}
$$

其中，$b_{i,j}=1$表明测试用例t_i覆盖需求r_j，$b_{i,j}=0$表明测试用例t_i没有覆盖需求r_j。

(2) 根据测试用例集T与测试需求集R的二元满足关系矩阵$\boldsymbol{B}=(b_{i,j})_{12\times19}$获得各个测试用例$t_i$对于测试需求集$R$的覆盖度$\mathrm{cov_}tr[i]=\sum_{j=1}^{19}b_{i,j}$，其中$i\in\{1,2,\cdots,12\}$，该测试用例满足需求的数量。对于$\boldsymbol{B}_{12\times19}$，测试用例的覆盖度为$\mathrm{cov_}tr=[8,11,12,11,7,8,8,11,12,12,7,13]$，进一步求得该测试用例对测试需求集的覆盖率$\mathrm{cov_}tp[i]=\mathrm{cov_}tr[i]/19$，其中$i\in\{1,2,\cdots,12\}$。对于$\boldsymbol{B}_{12\times19}$，$\mathrm{cov_}tp=[8/19,11/19,12/19,11/19,7/19,8/19,8/19,11/19,12/19,12/19,7/19,13/19]=[0.42,0.58,0.63,0.58,0.37,0.42,0.42,0.58,0.63,0.63,0.37,0.68]$。

(3) 对于上述测试用例集T与测试需求集R的二元满足关系矩阵$\boldsymbol{B}=(b_{i,j})_{12\times19}$，粒子群的规模为$N=10$，则粒子群中粒子$p_i$的编码为$p_i=<p_{i,1},p_{i,2},\cdots,p_{i,12}>$，且$p_{i,\mathrm{j}}\in\{0,1\}$，$i\in\{1,2,\cdots,12\}$，该编码的长度为 12，是待缩减的测试用例集中的测试用例数量。$p_{i,\mathrm{j}}$取 1 表示第i粒子p_i代表的测试用例集中包含第j个测试用例，取 0 则表明没有包含第j个测试用例，则粒子p_i代表测试用例集。

(4) 利用本方法对该测试用例集进行缩减时，指定的粒子群算法各相关参数值见表 9-6，其中粒子的数量 10，粒子的维数为 12，粒子各维位置的取值范围为$\{0,1\}$，粒子各维随机取 1 的概率为$[0.42,0.58,0.63,0.58,0.37,0.42,0.42,0.58,0.63,0.63,0.37,0.68]$，粒子各维的覆盖度为$[8,11,12,11,7,8,8,11,12,12,7,13]$。设定迭代终止条件：迭代次数达到最大迭代次数 MAXN=500，或者当前粒子群的 GBest 的 cov[p]达到期望的覆盖度$\mathrm{COV_EXP}=19$且 covRedun[p]小于给定的冗余度$\mathrm{COV_RED}=11$，随机初始化每个粒子的各维初始位置，令迭代次数$t=1$，粒子群优化开始。

表 9-6　对测试用例缩减时二维随机粒子群算法粒子群算法相关参数设置

参　数	值	参　数	值
粒子数量	10	粒子各维覆盖度	[8,11,12,11,7,8,8,11,12,12,7,13]
粒子维数	12	粒子各维取 1 概率	[0.42,0.58,0.63,0.58,0.37,0.42, 0.42,0.58,0.63,0.63,0.37,0.68]
位置范围	{0,1}	最大迭代次数 MAXN	500
COV _ EXP	19	初始粒子位置	随机产生
COV _ RED	11	t	1

（5）对于每个粒子，假设粒子 p_i 当前位置编码 $p_i = <1,1,0,1,0,0,0,0,0,0,0,0>$，则其代表的测试用例集为 $T' \subseteq T$，其中 $T' = \{t_1, t_2, t_4\}$。该测试用例集含有测试用例数量为 $|p_i| = 3$，则该粒子代表的测试用例集满足的总需求为 $\text{covTotal}[p_i] = \sum_{j=1}^{19} b_{1,j} + \sum_{j=1}^{19} b_{2,j} + \sum_{j=1}^{19} b_{4,j} = 8+11+11 = 30$。粒子 p_i 的覆盖度 $\text{cov}[p_i] = 19$ 为该测试用例集满足的需求数，则该粒子所表示的测试用例集对于需求覆盖的冗余度为 $\text{covRedun}[p_i] = \text{covTotal}[p_i] - \text{cov}[p_i] = 30 - 19 = 11$。计算每个粒子所代表的测试用例集的适应值 $f(p_i) = [\text{cov}[\text{p}_\text{i}],\ \text{covRedun}[\text{p}_\text{i}]]^\text{T} = [19,\ 11]^\text{T}$。

（6）对于每个粒子，假设粒子 p_i 将当前位置适应值和该粒子局部最优位置的适应值 $p_i\text{Best}$ 进行比较；如果粒子当前适应值的覆盖度 $\text{cov}[p_i]$ 大于等于 $p_i\text{Best}$ 对应的覆盖度 $\text{cov}[p_i]$，并且粒子当前适应值的冗余度小于 $p_i\text{Best}$ 对应的冗余度，说明当前的粒子位置较好，则将其作为该粒子局部最优位置，即 $p_i\text{Best} = f(p_i) = [\text{cov}[p_i],\ \text{covRedun}[p_i]]^\text{T}$，否则无须更新该粒子的局部最优位置。

假设该粒子经历过的最好位置为 $p_i\text{Best} = <1,1,0,1,0,0,0,0,0,0,1,0>$，则其代表的测试用例集为 $\{t_1, t_2, t_4, t_{11}\}$，该位置的测试用例集满足的总需求为 $\text{covTotal}[p_i\text{Best}] = \sum_{j=1}^{19} b_{1,j} + \sum_{j=1}^{19} b_{2,j} + \sum_{j=1}^{19} b_{4,j} + \sum_{j=1}^{19} b_{11,j} = 8+11+11+7 = 37$，$p_i\text{Best}$ 的覆盖度 $\text{cov}[p_i\text{Best}] = 19$ 为该测试用例集满足的需求数，则其测试用例集对于需求覆盖的冗余度为 $\text{covRedun}[p_i\text{Best}] = \text{covTotal}[p_i\text{Best}] - \text{cov}[p_i\text{Best}] = 37 - 19 = 18$。其二维适应值 $f(p_i\text{Best}) = [\text{cov}[p_i\text{Best}],\ \text{covRedun}[p_i\text{Best}]]^\text{T} = [19,\ 18]^\text{T}$。和当前位置 p_i 比较，覆盖度 $\text{cov}[p_i] = \text{cov}[p_i\text{Best}]$，而冗余度 $\text{covRedun}[p_i] < \text{covRedun}[p_i\text{Best}]$，所以当前位置较好，更新该粒子的局部最优位置 $p_i\text{Best} = p_i$。

（7）对于每个粒子，将局部最优位置适应值和全局最优位置的适应值 gBest 进行比较，如果粒子局部最优位置适应值 $p_i\text{Best}$ 的覆盖度大于等于 gBest 对应的覆盖度，并且粒子历史最优适应值 $p_i\text{Best}$ 的冗余度小于 gBest 对应的冗余度，说明 $p_i\text{Best}$ 对应的粒子位置较好，则将其作为粒子群全局最优位置，即 $\text{gBest} = p_i\text{Best}$；

（8）根据下面的公式更新每个粒子各维的位置：$p_i^{(t)} =< p_{i,1}, p_{i,2}, \cdots, p_{i,12} >$，获得新的位置 $p_{i,j}^{(t+1)} = \text{Rand}(\text{cov\_}tp[j])$，$\text{Rand}(\text{cov\_}tp[j])$ 表示以 $\text{cov\_}tp[j]$ 为概率随机取 1，以 $1-\text{cov\_}tp[j]$ 为概率随机取 0，即以第 j 个测试用例对测试需求的覆盖率 $\text{cov\_}tp[j]$ 为概率随机取 1，以第 j 个测试用例对测试需求的遗漏率 $1-\text{cov\_}tp[j]$ 为概率随机取 0。

（9）如果当前的迭代次数 t 等于最大迭代次数 MAXN，或者当前粒子群的 gBest 的 cov[p] 达到期望的覆盖度 COV_EXP 且 covRedun[p] 小于给定的冗余度 COV_RED，则全局最优位置适应值 gBest 所对应的粒子所代表的测试用例集即为测试用例缩减的最优测试用例集，结束循环；否则，$t = t+1$，返回第(5)步。

通过以上过程可以实现软件系统的测试用例集缩减，用基于粒子群算法的测试用例缩减方法将上述过程执行 50 次，50 次的结果如表 9-7 所示。

表 9-7　50 次缩减结果表

粒　子	测试用例集	次　数
p1	1,2,4	16
p2	2,4,7	11
p3	4,5,10	8
p4	4,10,11	15

由此可知，50 次缩减每次都得到只含有 3 个测试用例的测试用例集，将原来的 12 个测试用例缩减到 3 个，缩减为原来的 25%，缩减效果好，稳定。

图 9-4 给出一次迭代过程中粒子群全局最优适应值的变化情况，由此可知全局最优适应值的覆盖度由 17 逐步增加 19，达到对 19 个需求的完全覆盖，而粒子群的全局最优适应值的冗余度由 35 逐步下降到 11，最终收敛到最优的位置，结束迭代，说明该方法效果好。

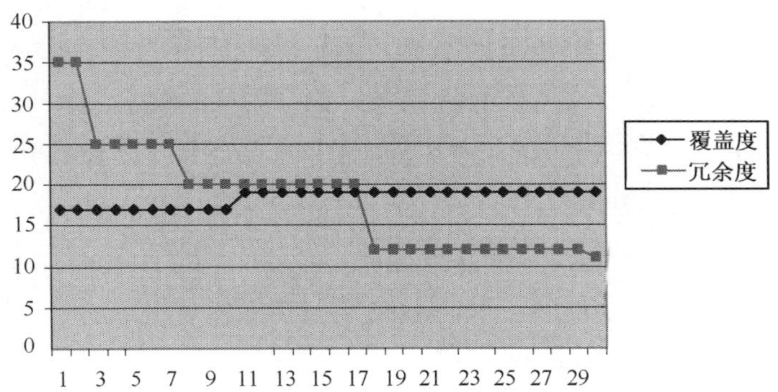

图 9-4　测试用例集缩减迭代次数和全局最优的适应值图

图 9-5 给出 50 次实验中每次找到最优测试用例缩减方案进行的迭代次数，最少的两次迭代，最多的是 180 次迭代，平均值为 71.88 次，迭代次数较少，计算速度快。

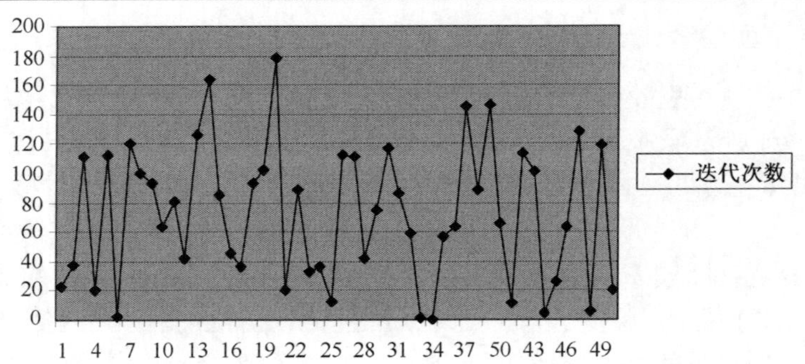

图 9-5　50 次实验中找到最优测试用例集的迭代次数图

测试用例集的缩减问题是 NP 完全问题，一般采用启发式算法来获得该问题的近似解，从而有效缩减测试用例集。现有的启发式算法主要包括 GE 算法、GRE 算法、H 算法、GA 算法等，和现有的测试用例缩减方法 GE 算法、GRE 算法、H 算法对本实例的结果如表 9-8 所示。

表 9-8　缩减结果比较

初始测试用例集算法	$T^{(1)}=\{t_1,t_2,t_3,t_4,t_5,t_6,t_7\}$	$T^{(2)}=\{t_1,t_2,t_3,t_4,t_8,t_9\}$	$T^{(3)}=\{t_1,t_3,t_4,t_5,t_6,t_8,t_{10},t_{11},t_{12}\}$
GE	$\{t_1(t_7),t_2(t_5),t_3,t_4(t_6)\}$	$\{t_1,t_2(t_9),t_3,t_4(t_8)\}$	$\{t_{12},t_8,t_5(t_{11})\}$
H	$\{t_1(t_7),t_2(t_5),t_3,t_4(t_6)\}$	$\{t_1,t_2(t_9),t_4(t_8)\}$	$\{t_5(t_{11}),t_1(t_{10},t_{12}),t_3,t_4(t_8,t_6)\}$
GRE	$\{t_1(t_7),t_2,t_4\}$	$\{t_1,t_2(t_9),t_3,t_4(t_8)\}$	$\{t_5(t_{11}),t_{10}(t_{12}),t_3,t_4(t_8)\}$
PSO	和初始测试用例集无关，$\{t_1(t_7),t_2,t_4\}$，$\{t_4,t_5(t_{11}),t_{10}\}$		

由此可知，本方法结果和初始集无关，每次都能将测试用例集缩减到 3 个。

该实例分析表明，在测试需求数量较大、相互间关系复杂、测试资源又较为紧张的情况下，首先实施测试用例集的缩减过程不仅可以有效减小计算开销，又可提高测试的效率。

9.6　小　　结

组合测试用例生成和约简问题都是 NP 完全问题，针对该 NP 完全问题使用群体智能算法生成近似最优解是一种高效的方法，本章介绍传统粒子群优化算法、离散粒子群优化算法。详细阐述基于改进离散粒子群优化算法组合测试用例自动生成方法、基于自适应粒子群算法的组合测试数据生成方法，以及基于粒子群算法的测试用例约简方法，通过实验对比，验证上述三种方法的有效性。

参 考 文 献

[1] Kennedy J, Eberhart R C. A new optimizer using particle swarm theory. Proc. of the sixth International Symposium on Micro Machine and Human Science-Nogoya, 1995: 39-43

[2] Eberhart R, Shi Y. Particle swarm optimization: developments, applications and resources. Proc. of IEEE Congr. Evol. Comput., 2001,1(1): 81-86

[3] Parsopoulos K, Vrahatis M. Recent approaches to global optimization problems through article swarm optimization. Natural Computing, 2002,40(1):235-306

[4] 谢晓锋, 张文俊, 杨之廉. 微粒群算法综述. 控制与决策 , 2003,18(2): 129-134

[5] Langdon W B, Poli R. Evolving problems to learn about particle swarm and other optimizers. Proc. of CEC-2005, 2005, 1:81-88

[6] Hu X, Shi Y, Eberhart R. Recent advances in particle swarm. Proc. of IEEE Congr. Evol. Comput., 2004, 1:90-97

[7] Banks A, Vincent J, Anyakoha C. A review of particle swarm optimization. part I: background and development . Natural Computing, 2007,45(6):467-484

[8] 王万良, 唐宇. 微粒群算法的研究现状与展望. 浙江工业大学学报, 2007,35(2): 36-141

[9] Poli R, Kennedy J, Blackwell T. Particle swarm optimization: An overview. Swarm Intelligence, 2007, 1(1):33-57

[10] 高卫峰, 刘三阳. 一种高效粒子群优化算法. 控制与决策, 2011,26(8): 136-141

[11] Shi Y, Eberhart R C. A modified particle swarm optimizer. Proc. of the IEEE Congress on Evolutionary Computation,1998:69-73

[12] Kennedy J, Eberhart R C. A discrete binary version of the particle swarm algorithm. Proc. of the World Multiconference on Systemics,Cybemetics, 1997: 4104-4109

[13] Clerc M, Kennedy J. The particle swam – explosion,stability,and convergence in a multidimensional complex space. IEEE Transactions on Evolutionary Computation, 2002, 6(1):58-73

[14] 孙家泽, 王曙燕, 张荣, 等. 一种两两覆盖组合软件测试用例集生成方法. 中国: CN102135937A, 2011-07-27

[15] Sun J Z, Wang S Y.Generation of pair wise test sets using a novel dpso lgorithm. Proc. of GCN. WA: LNCS, 2011:479-487

[16] Mandl R. Orthogonal latin squares: an application of experiment design to compiler testing. Communications of the ACM, 1985, 28(10):1054

[17] 王子元, 等. 相邻因素组合测试用例集的最优生成方法. 计算机学报, 2007, 30(2): 200-211

[18] Cohen D M, Dalal S R, Fredman M L, et al. The AETG system: an approach to testing based on combinatorial design. IEEE Transactions on Software Engineering, 1997, 23(7):437-444

[19] Schoeder P J. Black-box test reduction using input-output analysis. Department of Computer Science, Illinois Institute of Technology, Chicago, 2001: 102-121

[20] Lei Y, Tai K C. A test generation strategy for pairwise testing. Department of Computer Science, North Carolina State University. Raleigh, North Carolina: Technical Report:TR-2001-03,2001

[21] Kobayashi N, Tsuchiya T, Kikuno T. A new method for constructing pair-wise covering designs for software testing. Information Processing Letters,2002,81 (2):85-91

[22] Cohen M B, Colbouns C J, Collofello J S, et al. Variable strength interaction testing of components. Proc. of the 27th International Computer Software and Applications Conference (COMPSAC2003). Dallas TX, 2003:413-418

[23] Shiba T, Tsuchiya T, Kikuno T. Using artificial life techniques to generate test cases for combinatorial testing. Proc. of the 28th International Computer Software and Applications Conference (COMPSAC2004).Hong Kong, 2003:72-78

[24] Colbourn C J, Cohen M B, Turban R C. A deterministic density algorithm for pairwise interaction coverage. Proc. of the IASTED International Conference on Software Engineering (SEI2004). Innsbruck, 2004:345-352

[25] Schroeder P J, Bolaki P, Gopu V. Comparing the fault detection effectiveness of n-way and random test suite. Proc. of the 2004 International Symposium on Empirical Software Engineering (ISESE2004).Redondo Beach, California, 2004:49-59

[26] Colbourn C J, Martirosyan S S, Mullen G L, et al. Products of mixed covering arrays of strength two. Journal of Combinatorial Designs, 2005, 14(2):124-138

[27] 聂长海，徐宝文，史亮. 一种新的二水平多因素系统两两组合覆盖测试数据生成算法. 计算机学报, 2006, 29(6)

[28] Kuhn D R, et al. Software fault interactions and implications for software testing. IEEE Transactions on Software Engineering, 2004, 30(6): 418-421

[29] Kuhn D R, Reilly M J. An investigation of the applicability of design of experiments to software testing. Proc. of the Annual NASA/IEEE Software Engineering (SEW). Los Alamitos: IEEE Press, 2002:91-95

[30] McCaffrey J D. Generation of pairwise test sets using a genetic algorithm. Proc. of the 33rd Annual IEEE International Computer Software and Applications Conference. Seattle, 2009

[31] 吴浩扬，朱长纯. 基于种群过早收敛程度定量分析的改进自适应遗传算法.西安交通大学学报, 1999, (11):27-30

[32] Harrold M J, Gupta R, Soffa M L. A methodology for controlling the size of a test suite. ACM Transactions on Software Engineering and Methodology, 1993, 2(3) : 270-285

[33] Chen T Y, Lau M F. A simulation study on some heuristics for test suite reduction. Information and Software Technology, 1998, 40(13): 777-787

[34] 马雪英, 等. 用遗传算法的测试用例最小化. 计算机科学, 2007, 34(1): 285-288

[35] 章晓芳, 等. 一种基于测试需求约简的测试用例集优化方法. 计算机学报, 2004, 18(4): 821-831

[36] 孙家泽, 王曙燕, 曹小鹏. 用于测试用例最小化问题的改进 PSO 算法. 计算机工程, 2009, 35(15): 201-202

[37] 王曙燕, 孙家泽, 曹小鹏. 一种测试用例集缩减方法. 中国: ZL200910020845, 2009-06-24

第 10 章　基于模拟退火的测试用例自动生成与约简

10.1　模拟退火算法

10.1.1　模拟退火算法概述

模拟退火算法来源于固体退火原理，将固体加温至充分高，再让其徐徐冷却。加温时，固体内部粒子随温度升高变为无序状，内能增大，而徐徐冷却时粒子渐趋有序，在每个温度都达到平衡态，最后在常温时达到基态，内能减为最小。

模拟退火算法(Simulated Annealing，SA)最早由 Kirk Patrick 等应用于组合优化领域，它是基于蒙特卡洛迭代求解策略的一种随机寻优算法，其出发点是基于物理中固体物质的退火过程与一般组合优化问题之间相似的特点。模拟退火算法从某一较高初温出发，伴随温度参数的不断下降，结合概率突变特性在解空间中随机寻找目标函数的全局最优解，即在局部最优解能以某个概率跳出并最终趋于全局最优。模拟退火算法是一种通用的优化算法，理论上算法具有概率的全局优化性能，目前已在工程中得到广泛应用，诸如 VLSI、生产调度、控制工程、机器学习、神经网络、信号处理等领域[1-3]。

模拟退火算法是通过赋予搜索过程一种时变且最终趋于零的概率突变，从而可有效避免陷入局部极小并最终趋于全局最优的串行结构优化算法。

10.1.2　模拟退火算法

模拟退火算法可以分解为解空间、目标函数和初始解三部分。

模拟退火的基本思想如下所述。

(1) 初始化：初始温度 T(充分大)，初始解状态 S(是算法迭代的起点)， 每个 T 值的迭代次数 L。

(2) 对 $k = 1,\cdots,L$ 转入第 3～6 步。

(3) 产生新解 S'。

(4) 计算增量 $\Delta t' = C(S') - C(S)$，其中 $C(S)$ 为评价函数。

(5) 若 $\Delta t' < 0$，则接受 S'作为新的当前解，否则以概率 $\exp(-\Delta t' / T)$ 接受 S'作为新的当前解。

(6) 如果满足终止条件，则输出当前解作为最优解，结束程序。终止条件通常取为连续若干个新解都没有被接受时终止算法。

(7) T 逐渐减少，且 T 趋于零，然后转第 2 步。

模拟退火算法新解的产生和接受过程可分为如下 4 个。

第一步：由一个产生函数从当前解产生一个位于解空间的新解；为便于后续的计算和接受，减少算法耗时，通常选择由当前新解经过简单变换即可产生新解的方法，如对构成新解的全部或部分元素进行置换、互换等。由于产生新解的变换方法决定当前新解的邻域结构，因而对冷却进度表的选取有一定的影响。

第二步：计算与新解所对应的目标函数差。因为目标函数差仅由变换部分产生，所以目标函数差的计算最好按增量计算。事实表明，对大多数应用而言，这是计算目标函数差的最快方法。

第三步：判断新解是否被接受，判断的依据是一个接受准则。最常用的接受准则是 Metropo1is 准则：若 $\Delta t' < 0$，则接受 S' 作为新的当前解 S，否则以概率 $\exp(-\Delta t'/T)$ 接受 S' 作为新的当前解 S。

第四步：当新解被确定接受时，用新解代替当前解，这只需将当前解中对应于产生新解时的变换部分予以实现，同时修正目标函数值即可。此时，当前解实现一次迭代。可在此基础上开始下一轮试验。当新解被判定舍弃时，则在原当前解的基础上继续下一轮试验。

模拟退火算法与初始值无关，算法求得的解与初始解状态 S（是算法迭代的起点）无关；模拟退火算法具有渐近收敛性，已在理论上被证明是一种以概率 1 收敛于全局最优解的全局优化算法；模拟退火算法具有并行性。

10.1.3　模拟退火算法一个简单问题的实现

根据上述流程，给出一个实例，研究模拟退火算法实现的过程。

求解目标函数 f(x, y) = 5sin(xy) +x^2+y^2 在 $x\in[-4, 4]$ $y\in[-4, 4]$ 时 z 的最小值，流程图如图 10-1 所示。

1）算法描述

（1）定义目标函数 z = 5.0 * Math.sin(x*y) + x*x + y*y。

（2）初始化冷却参数表：

```
马尔可夫链长度 MarkovLength = 10000;        // 马尔可夫链长度
衰减参数 double DecayScale = 0.95;          // 衰减参数
初始温度 Temperature = 100;
最优解 best 和下一个解 next
```

（3）随机产生一个解。

（4）是否满足终止条件：

① 在此点附近随机选下一点，在当前温度 T 下迭代 loop（即马尔可夫链长度）次。

② 是否全局最优解？是，保留当前解。

③ Metropolis 过程。

如果 ObjectFunction (PreX, PreY) -ObjectFunction (NextX, NextY) >0，接受该解；否则，若 Exp (ΔE/t (i)) >rnd (0…1)，接受该解。

④ 等温过程结束，判断终止条件是否满足。

(5) 输出结果。

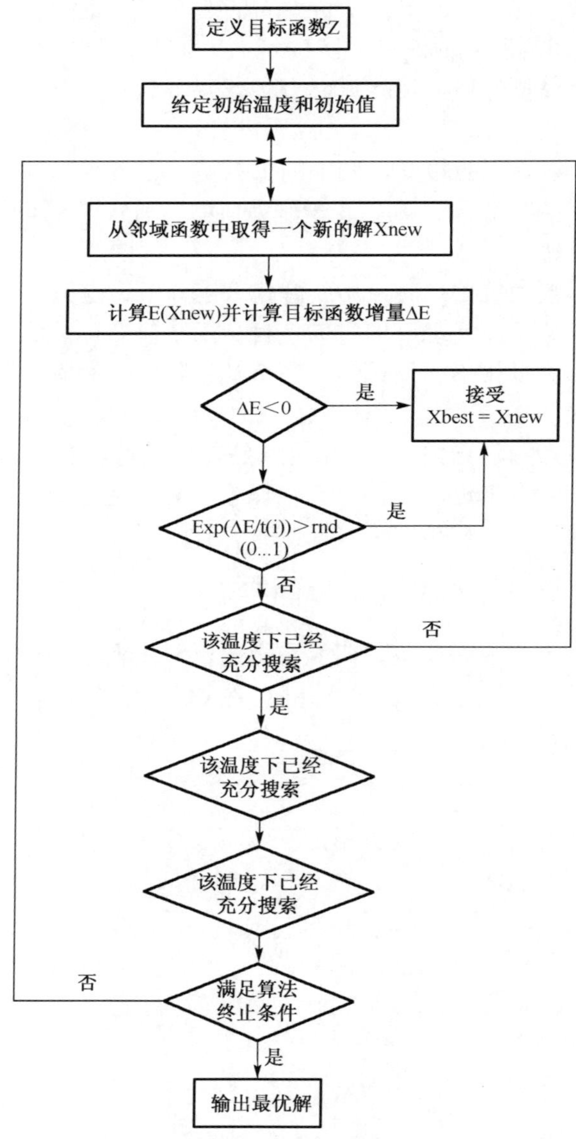

图 10-1　求解函数极值的模拟退火流程图

2）函数曲线图

z = 5.0 * Math.sin(x*y) + x*x + y*y 函数的曲线图。如图 10-2 所示。

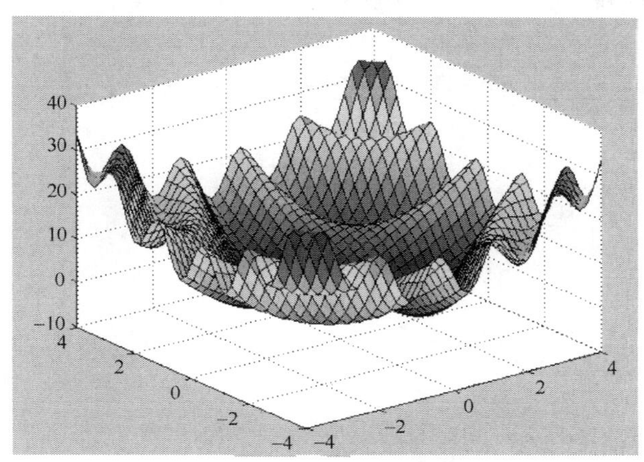

图 10-2　函数曲线图

10.1.4　模拟退火算法的优点和缺点

优点：计算过程简单、通用，鲁棒性强，适用于并行处理，可用于求解复杂的非线性优化问题。

缺点：收敛速度慢，执行时间长，算法性能与初始值有关，参数敏感。

模拟退火算法的改进措施如下所述。

（1）设计合适的状态产生函数，使其适应搜索进程的要求，表现出状态的全空间分散性或局部区域性。

（2）设计高效的退火策略。

（3）避免状态的迂回搜索。

（4）采用并行搜索结构。

（5）为避免局部极小，改进对温度的控制方式。

（6）选择合适的初始状态。

（7）设计合适的算法终止准则。

通过增加某些环节而改进模拟退火算法。主要的改进方式包括以下 5 种。

（1）增加升温或重升温过程。在算法进程的适当时机，将温度适当提高，从而可激活各状态的接受概率，以调整搜索进程中的当前状态，避免算法在局部极小解处停滞不前。

（2）增加记忆功能。为避免搜索过程中由于执行概率接受环节而遗失当前遇到的最优解，可通过增加存储环节，将一些在这之前好的态记忆下来。

（3）增加补充搜索过程，即在退火过程结束后，以搜索到的最优解为初始状态，再次执行模拟退火过程或局部搜索。

（4）对每一当前状态采用多次搜索策略，以某个概率接受区域内的最优状态，而非标准 SA 的单次比较方式。

（5）结合其他搜索机制的算法，如遗传算法、混沌搜索等。

10.1.5 小结

模拟退火算法对于求解多元极值的问题有较好的效率。可以根据需求，选择退火的初始值和降温曲线，以获得更好的效率。

10.2 基于模拟退火算法的测试用例自动生成

10.2.1 成对组合测试的问题

软件测试是构建高可信软件的关键环节。统计数据表明，该环节一般占软件开发总成本的 50%以上[4]。在测试中选择典型的测试用例驱动被测程序是测试用例生成的核心问题，但该过程大部分工作往往需手工完成。组合测试技术是一种有效的测试用例生成技术，可作为其他测试技术(如等价类划分、边界值分析等)的有效补充[5]。

构建可信软件离不开高质量的软件测试，这个阶段是软件开发过程中的基本环节，而组合测试通过关注部分组合因素，从而有效减小组合测试用例集规模[6-7]。

大量的软件工程测试实例表明，成对测试可以覆盖 70%以上的软件缺陷[8]。本文所侧重的是成对组合测试用例的约简算法。针对一般的群体智能优化约简算法，可以较大幅度降低二元组合测试用例产生的个数并提高效率。

由组合测试生成的测试用例集可映射成矩阵(TS)，其中行代表测试用例，列代表输入参数。任意 t 元组在该矩阵中至少出现一次，其中 t($t\geqslant 2$) 代表组合测试的覆盖强度。当 $t=2$ 时，称其为成对组合测试。

Mandl 等最早将组合测试引入软件测试中，即采用正交拉丁方对 Ada 编译器进行测试。其后，研究人员对组合测试的缺陷检测能力进行分析，如 Kuhn 等根据 3 份缺陷分析报告分析了组合覆盖强度与缺陷检测率间的关系并发现成对组合测试可以发现 70%的缺陷；3-way 组合测试可以发现 90%的缺陷；为发现所有缺陷，覆盖强度仅须达到 6-way。目前，组合测试已经广泛应用于兼容性测试、GUI 测试、Web 应用测试和高度可配置的系统中。

定义 1 覆盖数组 CA$(N;t,k,v)$是一个值域大小为 v 的 $N\times k$ 矩阵，任意的 $N\times t$ 子矩阵包含在 v 值域上所有大小为 t 的排列。这里，t 被称为强度，k 被称为阶数，v 称为序。一个覆盖数组如果具有最小的行数，则被称为最优的，这个最小的行数称为覆盖数，记为 CAN(t,k,v)[9]。

定义 2　混合水平覆盖矩阵 MCA(N; t, k,(n_1, n_2,⋯,n_k))是一个 $N\times k$ 的矩阵，N 为矩阵的行数，k 为输入参数的个数，其中 n_i 代表第 i 个参数可能取值的个数。规模为 t 的任意组合在相应的 $N\times t$ 子矩阵中出现的次数至少为 1。若有多个参数具有相同的取值个数，可以缩写，将 MCA(N; t, k,(n_1, n_2,⋯, n_k))改写为 MCA(N; t, k, ($w_1^{r_1}, w_2^{r_2},\cdots,w_2^{r_s}$)，其中 $k=\sum_{i=1}^{s} r_i$ [10]。

上述组合对象均假设参数间的覆盖强度一致，但在实际软件测试中，参数间的交互关系较为复杂，不同的参数子集间的覆盖强度也并不一致，对一些关键参数子集往往采用更高的覆盖强度，所以又提出可变强度覆盖矩阵。

一般而言，强度为 t 的覆盖数组被称为 t 覆盖数组，$t=2$ 的覆盖数组称为成对覆盖数组。覆盖数组要求矩阵的每一列具有相同大小的值域。

成对组合覆盖的测试数据生成是一个 NP 问题[11]，由于所有的 NP 问题还都没有多项式时间算法，所以在实际的测试中，一般利用启发式算法、贪婪算法[12]等方法近似求解。这些方法具有不同的优缺点。本文使用 One-Test-At-a-Time[13]和模拟退火结合的策略，并在生成候选测试用例时，找到一对参数，使得当前生成的一条测试用例匹配所有未覆盖的成对组合的数目最多。

贪婪算法的基本思想是从小到大构造矩阵，直到所有的覆盖条件都满足。另外一种寻找最优(或者较优的)覆盖数组的方法是利用一个已有的数组，通过合适的变换得到一个更优的覆盖矩阵，这样通过逐次变换得到较优的矩阵。为了避免陷入局部最优，算法采用一些启发式的策略，通过多样化或变异的方法跳出局部最优点。这里的一些启发式算法，主要是指近年来流行的模拟自然界行为的智能优化算法。

模拟退火算法的主要原理是模拟统计物理中固体物质的结晶过程。Cohen 等给出的模拟退火算法需预先给出覆盖矩阵的大小，然后随机产生一些矩阵，每个矩阵 $\boldsymbol{S}$ 的评价函数 $c(\boldsymbol{S})$ 取决于矩阵中未覆盖的 t 元组数，矩阵变换的方法随机改变矩阵中的某些位。在退火的过程中，以概率 $e^{-[c(s')-c(s)]/KT}$ 接受不好的解。其中，$c(\boldsymbol{S}')$ 和 $c(\boldsymbol{S})$ 分别表示变换后和变换前矩阵的评价；K 是常数；T 表示控制温度，按照下一时刻温度 $T'=\alpha T$ 模拟降温过程，系数 α 略小于 1，用于控制降温的速度。Shiba 等的实验指出，模拟退火算法在启发式算法中能够得到最优的结果，同时花费的时间也比较长。

10.2.2　One-Test-At-a-Time

所谓的 One-Test-At-a-Time 方法，即在构造覆盖数组时，按照贪婪策略依次增加一行，使得这一行覆盖一些未覆盖的 t 元组，直到所有的 t 元组都被覆盖。最直接的贪婪策略就是每次选择的新测试用例覆盖最多的未覆盖 t 元组。Cohen 等证明，对于成对测试 CA(N;2,k,v)，采用这种一维扩张策略产生的贪婪测试集大小与 SUT 参数的个数呈对数关系($O(v^2\log k)$)。但是，枚举所有可能的测试用例是不现实的(复杂度随参数个数的增加呈指数增长)，因而，大部分的贪婪策略都是从一个较小的测试用例集合(称为候选测试用例)中选择下一个测试用例。一维扩张算法框架最初源于商业工具 AETG。AETG 的贪婪策略如下所述。

(1) 首先随机选择一些(50 个左右)候选测试用例。候选用例的选择方法是随机指定一个参数(矩阵的列)的次序，然后按照这个次序依次给每个参数赋值。赋值的策略是新的赋值和用例中已有的赋值能够覆盖最多的 t 元组。

(2) 然后从这些测试用例中选择一个覆盖最多的未覆盖 t 元组作为数组的下一行。

AETG 的贪婪策略是非确定的，所以多次运行 AETG 的结果可能不同。TCG 也是从若干候选中选择最好的一行。与 AETG 不同的是，TCG 在对参数排序时按照参数的值域从大到小的次序，然后依次使 $v_1 \geqslant v_2 \geqslant v_3 \geqslant \cdots \geqslant v_k$。给第 1 个参数赋值为 1, 2, ⋯, v_1，最后按照与 AETG 相同的方式产生 v_1 个候选用例。因而，TCG 的贪婪策略是确定的。

微软开发的工具 PICT 采用类似 AETG 的方法选择候选测试用例。与 AETG 的不同之处在于，PICT 不产生固定大小的候选测试用例集(或者说只选择大小为 1 的候选测试用例)，并且总是采用固定的随机测试用例，所以 PICT 的贪婪策略实际上是确定的。PICT 目前仅能用于成对测试中。

使用 One-Test-At-a-Time 策略时，理想的情况是使用全局贪婪算法，每次均选择一条最优测试用例，使其能最大限度地覆盖 uncover 中的组合。

元启发式搜索方法近年来被广泛应用于组合测试用例生成问题。常见的元启发式搜索算法包括爬山算法、模拟退火算法、洪泛算法、禁忌搜索，以及遗传算法、蚁群算法等。

针对 NP 完整问题，使用元启发式算法生成近似最优解是一种常用方法。在使用元启发式算法解决组合测试用例生成问题时，逐条生成测试用例 One-Test-At-a-Time 的策略得以广泛应用。

```
输入：uncover(待覆盖的两两取值组合对的集合)，ts(测试数据集)
输出：ts
Procedure makeup(uncover,ts) begin
  While(uncover 不为空) begin
    选择参数 pk 的一个取值 p，使得 p 在 uncover 的组合对中出现次数最多；
    构造一条测试数据 t，令 t[k]=p，令 t 的其余位置为'-'；
    For each pi (i≠k) do
      选择 pi 的某个值 v 来扩展测试数据 t(即令 t[i]=v)，使扩展后的 t 可以最大限
      度地覆盖 uncover 中的组合对
    End for
```

```
        把测试数据 t 加入 ts;
        把所有被 t 覆盖的组合对从 uncover 中删除;
      End while
   End makeup
```

1）上述算法的缺点

按照贪婪策略，只可能遍历有限局部范围的测试用例，在其中找一个覆盖 uc 中最多的，因此运行收敛速度较慢，贪婪选择的一条测试用例可能并不是最优的。

2）在上述算法中结合 SA 的方法

在众多的可选择测试用例集中使用 SA 进行选择，选择最优的一条。

10.2.3　成对组合测试在模拟退火算法中使用的框架

本框架受 AETG 算法[14]和参考文献[15]启发，构建所有参数覆盖组合 uc，算法基本思想是从一个空的测试用例集开始。每次利用模拟退火算法增加一个测试用例到测试用例集中，该测试用例为当前覆盖 uc 中参加组合最多的测试用例，并删除该测试用例在覆盖 uc 的参数组合，一直到 uc 为空。具体如下所述。

(1) 初始化参数组合 uc 和测试用例集 ts。

(2) 使用模拟退火算法计算当前覆盖 uc 最多的测试用例 tc。

(3) 将 tc 添加到集合 ts 中，$ts = ts \cup tc$，删除 tc 覆盖的 uc 中参数组合。

(4) 重复步骤(2)和(3)，直到 uc 为空。

10.2.4　算法的实现

根据上面的思路和框架，设计出如下的 SAPT1(模拟退火成对测试)。

算法 1：使用模拟退火算法补全测试数据集 ts。

输入：uc(待覆盖的两两取值组合对的集合)，ts(测试用例集，初始为空)。

输出：ts

```
void  SAPT1 (UC, TS) {
    while(isNotEmpty(UC)) {
      //模拟退火过程产生一个较优解
      随机产生一个测试用例 x;
      while(退火温度最低){
         // 等温过程
         while(true){
            x' = neighbour(x); //neighbour(x)是 x 周围的一个测试用例
                               //coverCount 是覆盖 uc 中的用例对的个数，
                                 目标函数
            if(coverCount(x')>coverCount(x)) {x = x'; }
            else{
```

```
                ζ = getE(); //取得能量变化 e^-ΔE/t
                if(ζ> rnd)  x = x';
            }
            等温过程完成，进行下一次退火
        }
      decrease(temperature) //以某种方式降温
    }
                                    //x 是当前的近似最优解，把 x 添加到测试用例集 ts 中
    ts.add(x);
    while(uc.contain(x)) {
        删除 uc 中该条已被覆盖的成对用例；
    }
  }
}
```

10.2.5 算法的效率分析

笔者根据上述算法框架，采用 Java 语言程序实现基于模拟退火的组合测试问题。下面针对不同的测试用例给出实现的实现效果。

表 10-1 中的数据根据选择测试文件对 3^5, 3^{10}, 3^{20}, 5^5, 5^{10}, 5^{20}, 10^5, 10^{10}, 10^{15}, $3^5 6^{10}$, $3^{10}6^{10}$, $3^{10}6^{20}10^5$ 等几类文件进行分析。其中，底数表示该类参数等价划分的个数，指数表示有多少个参数。

表 10-1 模拟退火测试用例生成

序号	测试用例	参数个数/个	等价划分类总数	组合对个数/个	测试用例个数/个	所用时间/ms	产生用例和成对组合比/%
1	3^5	5	15	90	42	188	46.67
4	5^5	5	25	250	120	756	48.00
2	3^{10}	10	30	405	47	515	11.60
9	$3^5 6^5$	10	45	900	206	2922	22.89
7	10^5	5	50	1000	611	7390	61.10
5	5^{10}	10	50	1125	149	2547	13.24
3	3^{20}	20	60	1710	55	3468	3.22
10	$3^5 6^{10}$	15	75	2610	304	17610	11.65
11	$3^{10}6^{10}$	20	90	3825	265	47719	6.93
12	$3^5 6^5 10^5$	20	95	4150	690	75531	16.63
6	5^{20}	20	100	4750	207	77078	4.36
8	10^{10}	10	100	4500	1035	89235	23.00
13	$3^{10}6^{10}10^5$	25	140	9325	639	802687	6.85
14	10^{15}	15	150	10500	1046	903047	9.96

成对测试算法用例生成分析图如图 10-3 所示。

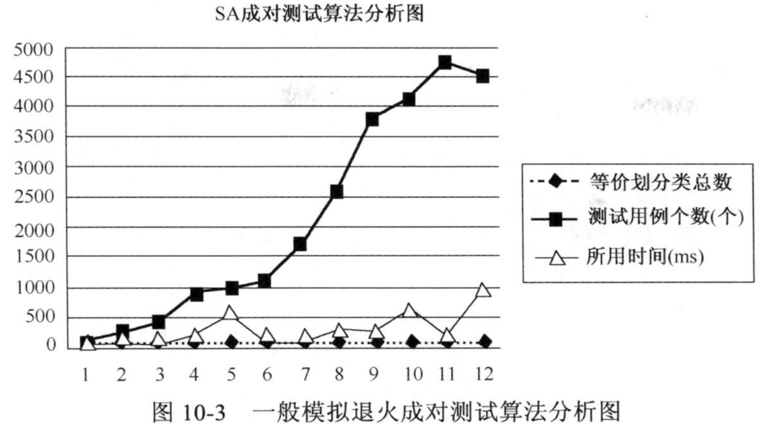

图 10-3　一般模拟退火成对测试算法分析图

10.2.6　小结

一般的模拟退火算法使用在成对组合测试的约简上具有很好的效率。参数个数和测试用例较少时，效率比较高。但是，存在如下的 3 个问题。

(1) 对于同一个测试用例文件、同一个算法，测试用例可随机产生。如果要从这些解中取得一个较好的测试用例，需再进行一次迭代，取得所有测试的最优解。这是一个值得改进的地方。

(2) 随着测试用例的增加，产生测试用例所用的时间也随之增加。如何使测试用例增加，而减少测试用例产生所用的时间，或者使产生测试用例的时间趋于一个合理的范围，是进一步须研究的问题。

(3) 针对第 1 个问题，下面提出一种方案，可以进一步提高模拟退火成对测试的准确度，同时大幅度降低测试用例生成的个数。

10.3　基于模拟退火算法的测试用例约简技术

10.3.1　采用模拟退火算法的用例约简

在原有基础上进行改造，基于模拟退火算法本身的缺陷，备选解是非常多的。考虑在原有模拟退火算法的基础上进行改造，主要是在产生一个随机解时，可以先从 uc 中找到两个匹配未覆盖数组最大的一对，这一对的数据并不改变，然后采用模拟退火算法。

10.3.2　约简算法的设计

(1) 初始化参数组合 uc 和测试用例集 ts。

(2) 使用模拟退火算法计算当前覆盖 uc 最多的测试用例 tc。

(3) 将 tc 添加到集合 ts 中，ts = ts∪tc，删除 tc 覆盖的 uc 中参数组合。

(4) 重复步骤(2)和(3)，直到 uc 为空。

根据上面的思路和框架，设计出如下的 SAPT2(模拟退火成对测试生成优化)。

算法 2：使用模拟退火算法补全测试数据集 ts。

输入：uc(待覆盖的两两取值组合对的集合)，ts(测试用例集，初始为空)。

输出：ts。

```
void  SAPT2 (uc, ts) {
      // 找到当前匹配未覆盖成对数组 uc 中最好的一对
      bestPair = maxMatch(UC);
      while(isNotEmpty(UC)) {
      //模拟退火过程产生一个较优解，随机产生一个测试用例 x;
      while(退火温度最低){
           // 等温过程
           while(true){
                //neighbour(x, bestPair)是x周围的一个测试用例，bestPair已经是
                //成对匹配的最优解，这个两个位置的参数不再改变
                x' = neighbour(x, bestPair);
                // coverCount 是覆盖 uc 中的用例对的个数，目标函数
                if(coverCount(x')>coverCount(x)) {x = x';}
                else{
                     ζ = getE();        // 取得能量变化 e^-ΔE/t
                     if(ζ> rnd)  x = x';
                }
                等温过程完成，进行下一次退火
           }
           decrease(temperature)    // 以某种方式降温
      }
      // x 是当前的近似最优解，把 x 添加到测试用例集 ts 中
      ts.add(x);
      while(uc.contain(x)) {
           删除 uc 中该条已被覆盖的成对用例;
      }
}
```

10.3.3　算法效率分析

为了分析比较模拟退火测试用例约简算法的效率，笔者分别针对前一节中的测试文件撰写爬山法、模拟退火和约简模拟退火成对组合测试用例生成算法进行实现，为了方便测试，笔者实现可视化的界面，如图 10-4 所示。

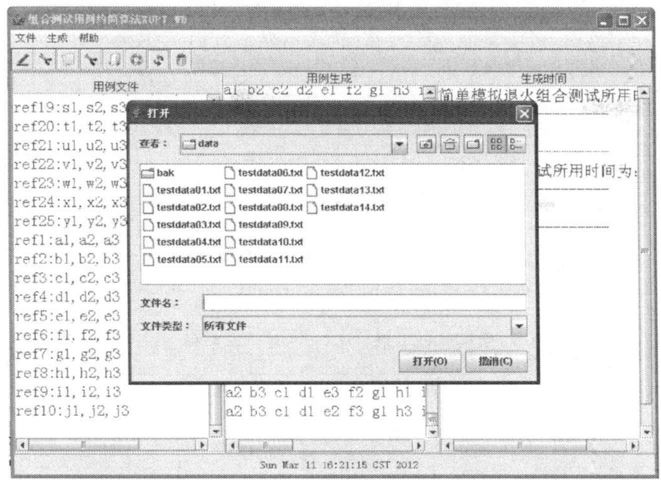

图 10-4　测试程序的界面

测试结果如图 10-5 所示。

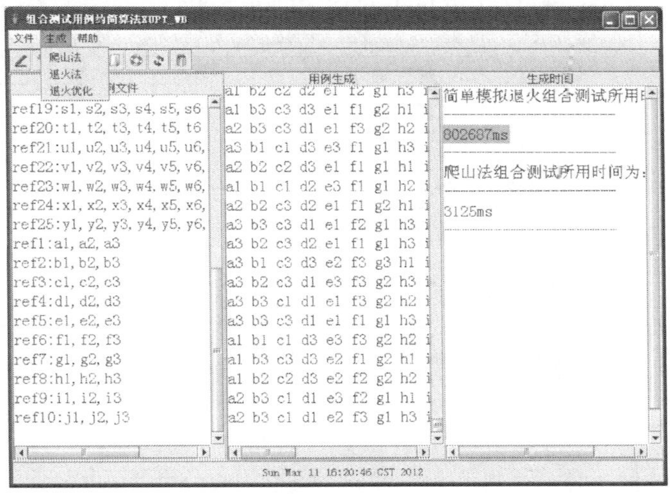

图 10-5　测试结果输出

针对不同的测试用例，笔者使用爬山法、模拟退火算法和约简模拟退火算法分别产生测试用例，分别就产生测试用例的个数和测试用例的时间进行分析，见表 10-2。其中，等价划分类总数记为 ρ；成对组合总数记为 α；测试用例个数(个)记为 ξ；所用时间(ms)记为 μ；产生用例和成对组合比(%)记为 β。

说明：

(1) 由于最后两行测试用例生成和前面的数据相差较大，主要是测试用例较大时，花费时间陡然上升，总体影响折线图的准确性，形成峭壁图，对之前的数据对比度便不够明显，因此，在统计图中没有加入这两行的数据，但是并不影响对三类算法的比较，特此说明。

（2）在测试用例一列中，a^b 表示 b 个参数，每个参数的等价划分类为 a 个

（3）上述测试结果是在机器环境为 Windows XP，内存 3.24GB，CPU intel Pentium dualE200 2.20G 下运行所取得的数据。

表 10-2　三类测试用例生成算法分析

序号	测试用例	ρ	α	爬山成对测试用例生成算法			模拟退火成对测试用例生成算法			约简模拟退火成对测试用例生成算法		
				ξ	μ	β/%	ξ	μ	β/%	ξ	μ	β/%
1	3^5	15	90	42	188	46.67	34	812	37.78	17	63	18.89
2	5^5	25	250	120	756	48.00	105	3703	42.00	59	125	23.60
3	3^{10}	30	405	47	515	11.60	121	4141	29.88	56	109	13.83
4	$3^5 6^5$	45	900	206	2922	22.89	268	17843	29.78	92	485	10.22
5	10^5	50	1000	611	7390	61.10	648	42562	64.80	234	735	23.40
6	5^{10}	50	1125	149	2547	13.24	160	12078	14.22	90	703	8.00
7	3^{20}	60	1710	55	3468	3.22	58	8578	3.39	37	2125	2.16
8	$3^5 6^{10}$	75	2610	304	17610	11.65	284	42187	10.88	132	11594	5.06
9	$3^{10} 6^{10}$	90	3825	265	47719	6.93	273	79781	7.14	132	31250	3.45
10	$3^5 6^5 10^5$	95	4150	690	75531	16.63	662	154516	15.95	272	57047	6.55
11	5^{20}	100	4750	207	77078	4.36	210	106813	4.42	130	70422	2.74
12	10^{10}	100	4500	1035	89235	23.00	623	147782	13.84	366	62140	8.13
13	$3^{10} 6^{10} 10^5$	140	9325	639	802687	6.85	649	845281	6.96	290	718032	3.11
14	10^{15}	150	10500	1046	903047	9.96	919	1113062	8.75	448	891829	4.27

① 爬山法成对测试用例生成算法分析统计图如图 10-6 所示。

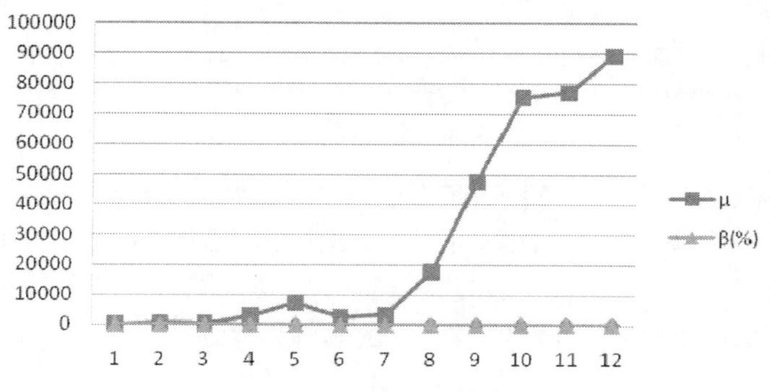

图 10-6　爬山法测试用例生成分析

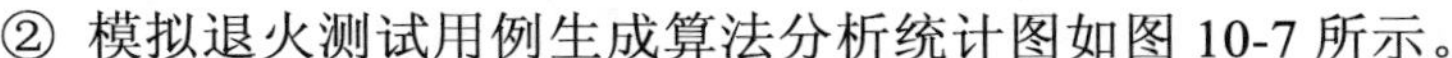
② 模拟退火测试用例生成算法分析统计图如图 10-7 所示。

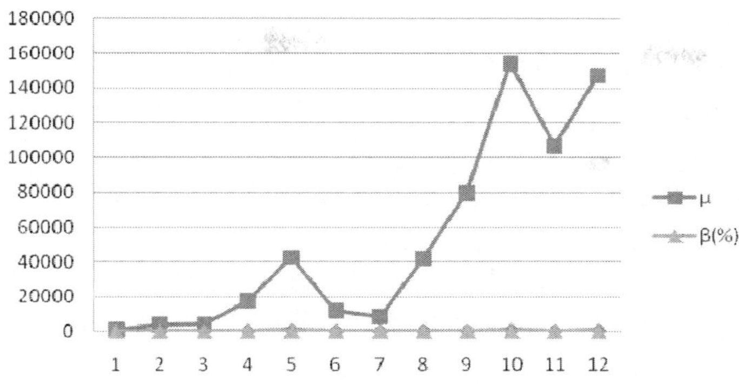

图 10-7　一般模拟退火成对测试用例生成分析

③ 约简模拟退火成对测试用例生成算法分析统计图如图 10-8 所示。

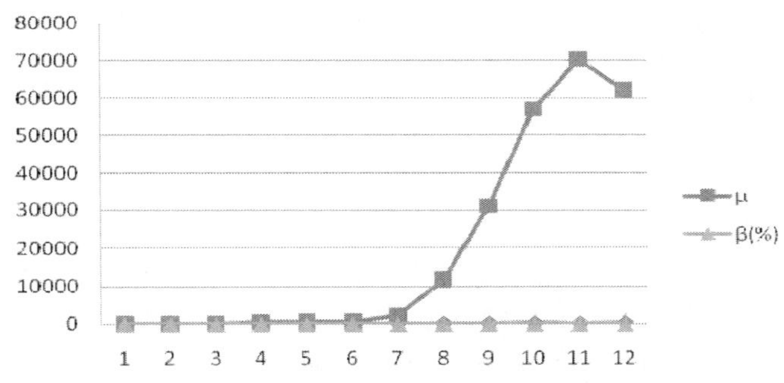

图 10-8　约简模拟退火测试用例生成分析

④ 三类成对测试用例生成算法的效率分析比较图如图 10-9 所示。

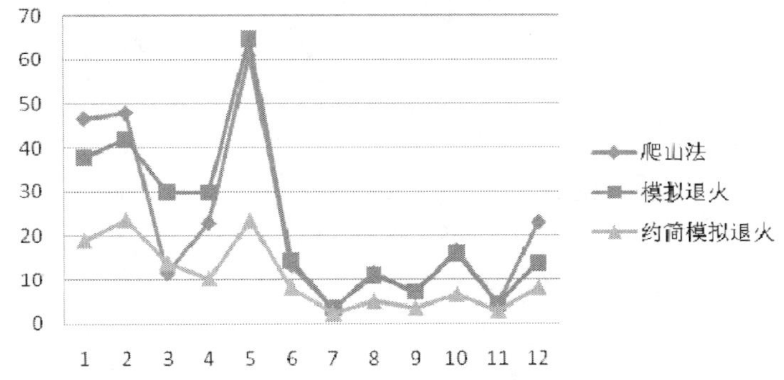

图 10-9　三类算法生成测试用例比较分析

10.3.4 小结

从表 10-2 中可以看出，随着测试参数横向和纵向的增加，测试用例的个数越来越多，产生测试用例的时间也成倍增加。简单的爬山成对测试用例生成算法甚至有时优于一般的模拟退火成对测试用例生成算法，约简模拟退火成对测试用例生成算法较一般模拟退火算法测试用例生成数量上大幅度降低，产生测试用例的时间也大幅降低。因此，约简模拟退火测试用例生成算法对测试用例的生成有较大幅度的改进。采用新的模拟退火算法的效率大大提高了成对匹配的效率。

对于稍大规模的测试文件，上述几种测试用例生成算法在生成测试用例时所需的时间较大，因此上述问题还需进一步的研究和改进。

约简模拟退火算法大大提高成对组合测试用例生成的效率。

但是，所有模拟退火算法的劣势在约简模拟退火算法中仍旧存在。因此，对于大规模的测试用例和成对组合测试用例的生成准确数字之间的误差还无法求解。对于大规模测试文件的测试用例生成和效率提升还需进一步研究。

参 考 文 献

[1] Bohachevsky. Generalized simulated annealing for function optimization. Techwometrics, 1986, 28(3): 209

[2] Arts E, Korst J. Simulated annealing and boltzmann machine. New York: Wiley & Sons, 1989

[3] Goffe W L, Ferrier G D, Rogers J. Simulated annealing : An initial application in econometrics. Computational Economics, 1992, 5(2): 133

[4] Ammann P, Offutt J. Introduction to Software Testing. Cambridge University Press, 2008

[5] 周吴杰, 张德平, 徐宝文. 快速生成两两组合测试用例集算法. 东南大学学报, 2011, 5(41)

[6] 陈翔, 顾庆, 王子元, 等. 一种基于粒子群优化的成对组合测试算法框架. 软件学报, 2011, 22(12): 2879-2893

[7] 陈翔, 顾庆, 王新平, 等. 组合测试研究进展. 计算机科学, 2010, 3(37): 1-5

[8] Mandl R. Orthogonal Lat in Squares: an application of experiment al design to compiler testing. Communication s of the ACM, 1985, 28(10): 1054-1058

[9] Hedayat A, Sloane N, Stufken J. Orthogonal Arrays : Theory and Applications. Springer Verlag, 1999

[10] Sloane N. Covering arrays and intersecting codes . Journal of combinatorial Designs, 1993,1(1) : 51-63

[11] Lei Y ,Tai K C. A test generation strategy for pairwise testing.Proc. of the 3rd IEEE International High-Assurance Systems Engineering Symposium, 1998: 254-261

[12] 王晓东. 计算机算法设计与分析. 2 版. 北京: 电子工业出版社, 2006

[13] Sherwood G. Effective testing of fact or combinations. The 3rd International Conference on Software Testing, Analysis and Review, 1994

[14] Cohen D M, Dalal S R, Fredman M L, et al. The AETG system: an approach to testing based on combinatorial design. IEEE Transactions on Software Engineering, 1997, 23(7): 437-444

[15] Shiba T, Tsuchiya T, Kikuno T. Using artificial life techniques to generate test cases for combinatorial testing. Proc. of the 28th Annual International Computer Software and Applications Conference(COMPSAC004). Hong Kong, 2004 (1): 72-77

第 11 章　基于协同进化的测试用例自动生成与约简

11.1　协同进化理论

11.1.1　协同进化的生物学基础

生命自从在地球上诞生以来，就开始了漫长的生物进化历程，低级、简单的生物类型逐渐发展为高级、复杂的生物类型。这一过程已由古生物学、胚胎学和比较解剖学等方面的研究工作所证实。生物进化的原因自古至今有各种不同的解释，其中被人们广泛接受的是达尔文进化论。达尔文进化论是人类对生物界认识的巨大成就，基本确定和证实生物的进化过程，使生物学建立在科学的基础上，有力地推动近代生物学的发展。

在达尔文进化论的体系中，最主要的是自然选择学说。自然选择学说认为，生物要生存下去，就必须进行生存斗争。在生存斗争中，具有有利变异的个体就容易存活下来，并且有更多的机会将有利变异传给后代；具有不利变异的个体就容易被淘汰，产生后代的机会也少得多。因此，凡是在生存斗争中获胜的个体都是对环境适应能力比较强的。达尔文把这种在生存斗争中适者生存，优胜劣汰的过程称为自然选择。

达尔文进化论是伟大的学说，是 19 世纪三大科学发现之一。它首次勾画出生命由简单到复杂、由低级向高级发展的模式。然而，任何伟大学者及其显赫的理论都受到历史的局限，达尔文及其进化论也是这样。诚如恩格斯所指出：“进化论本身还很年轻，所以，毫无疑问，进一步的探讨将大大修正现在包括严格的达尔文主义关于物种进化过程的观念。”由于科学的发展，特别是古生物学、生态学、遗传学和基因工程的飞跃发展，达尔文主义进化论受到越来越多的挑战。许多学者对生物进化理论作进一步探索，从分子水平到群体水平进行研究，把生物进化理论提高到新的阶段[1]。

诸多观点认为，达尔文进化论过多强调生存斗争，主要是繁殖过剩所引起的种内斗争，而忽略生物其他方面的种种联系，显然具有片面性。达尔文把繁殖过剩所引起的生存斗争当成生物进化的主要动力。他认为，没有这类斗争生物就不可能实现性状分支，并最终出现新物种，显然这也是不恰当的。其实，没有繁殖过剩，物种也会变异，变异的原因是多种多样的。大量事实说明，变异与遗传的交互作用才能决定生物进化的全过程。

近 30 多年来，生物学上兴起另一个重要的理论，就是生物多样性和协同进化论。该理论已经成为生态学的理论基础，并引用到人类社会而成为持续发展概念的基础。

应用生物多样性协同进化理论研究生物进化和环境保护，以及指导人类的社会行为比达尔文以生存斗争为中心的进化论进步而积极得多。

“协同进化”(Coevolution)一词最早由 Ehrlich 和 Rave 在讨论植物和植食昆虫相互之间的进化影响时提出[2]。Jazen 给出协同进化一个严格的定义[3]：协同进化是一个物种的性状作为对另一个物种性状的反应而进化，而后一物种的这一性状本身又是作为对前一物种性状的反应而进化。这一定义要求“特定性”——每一个性状的进化都是由于另一个性状；“相互性”——两个性状都必须进化。更严格的定义还要求同时性——两个性状必须同时进化。

协同进化论与达尔文进化论不同，认为某些生物种属的进化与另一些生物种属的进化相互关联、相互受益，既表现为不同物种、不同个体之间相互受益，也表现为不同物种、不同个体之间相互制约。协同进化基于生物多样性的相互依赖、相互制约、相互得益、相互协调的关系。

11.1.2　协同进化的动力学描述

由生态学研究可知，进化的基本单位是个体或种群。种群是指在特定时间内，由分布到同一区域的许多同种生物个体自然组成的生物系统。种群具有共同的基因库，彼此之间能够进行交配并产生有生殖能力的后代。因此，种群是种族生存的前提，是系统发展的结果。协同进化动力学系统是基于种群的基础上讨论的。

1. 种间竞争的协同进化动力学

对于在一定生态环境中的种群，其进化不仅受到自身适应度的影响，同时还受到环境和其他种群相互竞争的影响。如果不考虑种群间的相互作用，可以用下面的 Logistic 方程来描述种群增长与环境间的动力学特征

$$\frac{\mathrm{d}N}{\mathrm{d}t}=rN\left(1-\frac{N}{K}\right) \tag{11-1}$$

式中，K 表示环境负荷量，r 表示种群个体增长率，N 是种群的大小。这是一个单一种群的增长情况，只考虑种内竞争，即种群内部每增加一个个体，对种群本身增长的抑制作用为 $1/K$ 。

以 Logistic 方程为基础，进一步考虑种群间竞争的协同进化关系。假设有两个相互竞争的种群，P_1 和 P_2，它们都利用同一资源，那么式(11-1)可以改成

$$\left.\begin{aligned}\frac{\mathrm{d}N_1}{\mathrm{d}t}&=r_1N_1\left(1-\frac{N_1}{K_1}-\frac{\alpha_{21}N_2}{K_1}\right)\\ \frac{\mathrm{d}N_2}{\mathrm{d}t}&=r_2N_2\left(1-\frac{N_2}{K_2}-\frac{\alpha_{12}N_1}{K_2}\right)\end{aligned}\right\} \tag{11-2}$$

式(11-2)表示每个种群的增加量。式中，K_1和K_2表示在没有竞争的情况下种群P_1和P_2的环境负荷量；r_1和r_2表示种群P_1和P_2个体的最大瞬时增长率；N_1和N_2分别是种群P_1和P_2的大小；α_{12}和α_{21}是竞争系数，α_{ij}表示种群P_i的每个个体对种群P_j的竞争抑制作用。

由微分方程组(11-2)可知，种间竞争的结果主要取决于双方的竞争抑制及其K值的相对大小。表 11-1 给出两种群之间竞争可能产生的 4 种结果。

表 11-1　种群竞争的 4 种结果与α_{12}、α_{21}、K 的关系

种群 P_1	种群 P_2	竞 争 结 果
$K_1 > K_2 / \alpha_{12}$	$K_2 > K_1 / \alpha_{21}$	P_1胜，P_2灭亡
$K_1 < K_2 / \alpha_{12}$	$K_2 < K_1 / \alpha_{21}$	P_2胜，P_1灭亡
$K_1 < K_2 / \alpha_{12}$	$K_2 < K_1 / \alpha_{21}$	稳定平衡，P_1和P_2共存
$K_1 > K_2 / \alpha_{12}$	$K_2 > K_1 / \alpha_{21}$	不稳定平衡，各有获胜的机会

对于一个由n个不同种群组成的群落，上述竞争方程可改写成

$$\frac{\mathrm{d}N_i}{\mathrm{d}t} = r_i N_i \left(1 - \frac{N_i}{K_i} - \sum_{j=1,\, j\neq i}^{n} \frac{\alpha_{ji} N_j}{K_i}\right) \tag{11-3}$$

2. 捕食者与猎物系统的协同进化动力学

目前，已经有许多数学模型用来描述捕食者和猎物系统的动力学行为，其中著名的 Lotka-Volterra 模型是一个较简单且具有价值的模型。它有两个主要变量，即捕食者的种群大小P和猎物的种群大小N。假设：对于猎物，在没有捕食者的情况下，猎物的种群呈指数形式增长，即

$$\frac{\mathrm{d}N}{\mathrm{d}t} = r_1 N \tag{11-4}$$

另一方面，当捕食者找不到猎物时，它将面临饥饿甚至死亡。假设这种饥饿过程将导致捕食者种群呈指数形式下降，即

$$\frac{\mathrm{d}P}{\mathrm{d}t} = -r_2 P \tag{11-5}$$

如果捕食者和猎物共存于一个有限的空间，那么猎物的种群增长率就会随着捕食者的增长而降低。根据这个原理，方程(11-4)可以改写为

$$\frac{\mathrm{d}N}{\mathrm{d}t} = (r_1 - \varepsilon P) N \tag{11-6}$$

式中，ε是猎物所受被食的压力常数：ε越大，表示猎物所受的压力越大；$\varepsilon = 0$表示猎物完全不受捕食者的影响。

同样，捕食者种群的增长率也受到猎物种群密度的影响，即

$$\frac{\mathrm{d}P}{\mathrm{d}t}=\left(-r_2+\theta N\right)P \tag{11-7}$$

式中，θ 是捕食者捕杀猎物的效率常数；θ 越大，捕食效率越大，捕食者种群的增长也越快。

11.2　协同进化算法的发展现状

虽然进化算法较传统的方法具有较大的优越性，但也存在一些不足之处：首先，适应度函数是预先定义好的，而真正的适应度应该是局部的，是个体在与环境作生存斗争时自然形成，以及随环境变化而变化的；其次，进化算法只考虑了生物之间的竞争，而没有考虑生物之间协作的情形，真实情况是竞争与协作并存，这就是所谓的协同进化。

协同进化算法是近十几年来在协同进化论基础上提出的一类新的进化算法，协同进化算法与一般进化算法的区别在于：协同进化算法在进化算法的基础上，考虑种群与环境之间，种群与种群之间在进化过程中的协调关系。这方面的研究起步较晚，但由于其具备的优越性，越来越多的学者对此进行研究，目前协同进化算法已成为当前进化计算的一个研究热点。

11.2.1　基于种间竞争机制的协同进化算法

这类算法把种群分成几个子种群，这几个子种群有竞争关系，但同时又存在合作行为。种群间通过个体的迁移来达到信息交流的目的。

并行遗传算法是一种最简单的协同进化算法，包括三种模型：踏脚石模型[4-7]、粗粒度模型[8-9]和细粒度模型[9-13]。这三种模型都通过种群间个体的迁移等手段达到信息交换的目的，从而实现各种群的协同进化。这种协同进化并没有考虑种群间的差异，即每个种群的竞争系数都为 1，定期或不定期地进行信息交换。

Talk 和 Sun 提出协同进化增广 Lagrangian 方法求解约束优化问题[14]。采用的协同进化思想基于博弈的观点，用两个同时进化的种群表示相互对立的目标函数和约束，这两个对立种群就是静态二人零和博弈的两个局中人。每个种群有各自的进化过程，并且都会最优化各自的支付；种群中的每个个体表示局中人的一个策略，两个种群中所有的个体定义一个有限维的近似零和矩阵博弈。

曹先彬等[15-18]提出基于生态竞争模型的协同进化算法。该算法把种群分成若干子种群，算法在每次迭代中都一次进行进化和协同过程，其中进化过程采用遗传算法的操作方法，协同过程通过种群竞争方程计算种群密度，并根据计算出的种群密度调整各个子群的规模，从而实现根据适应度的情况动态地调整各个模式在种群中比例的目的。

11.2.2 基于捕食-猎物机制的协同进化算法

捕食-猎物关系是一种遭受选择压力个体间的一种反馈机制，这种反馈机制为系统变得复杂提供有力的驱动力。猎物为了尽可能不被猎食，通过发展某些手段更好地保护自己，但同时导致捕食者发展更好的袭击策略。这种协同进化过程导致捕食者和猎物之间的复杂度逐步增加。

Hillis 首先把捕食-猎物协同进化作为计算模型，并把这一类算法称为协同进化遗传算法[19]。Paredis 和 Matriks 提出一个采用生命期限适应度评价的协同进化遗传算法，用于一类 test-solution 问题。这种算法有两个种群：候选种群和测试种群，前者是问题的解，后者是事例或约束条件。候选解种群的个体适应度等于最近 20 个事例中它满足的个数，而测试种群的个体适应度等于最近 20 个个体中个体不满足它的个数。因此，候选解种群内个体与测试种群内个体具有相反的适应度，它们间构成一个捕食-猎物系统。协同进化遗传算法的操作作用在这两个具有相互作用的种群上。

11.2.3 基于共生机制的协同进化算法

这类算法把问题分解为几个子问题，每个子问题对应一个种群，并且每个种群用一个进化算法来进化。面对一个待解问题，每一个进化个体只对应问题的部分解，由不同种群个体构成的一个共生体对应问题的一个完整解。不同算法的区别在于个体适应度的计算方法不同。

Potter 和 De Jong 提出了用于函数优化的协同进化遗传算法(CCGA)[20]。考虑一个具有 N 个变量的待优化函数，CCGA 对每个变量维持一个种群，并用传统的遗传算法对每个种群进行优化。对于各个种群的单个个体只是部分解，个体适应度的计算需要从各个种群中选出个体构成问题的一个完整解来赋值。在 CCGA 算法中，初始化时个体适应度等于这个个体与从其他种群随机抽出一个个体及与其他种群内最优的个体构成一个完整解的适应度。这种方法比较简单，缺点是只能获得一个贪婪解。

郑浩然等提出多模式共生进化算法(MSEA)[21]，与 CCGA 算法不同之处在于：① MSEA 把优化函数变量分成几组，称为模式，各个模式采用不同的进化方式；② 个体适应度的计算方法不同，对于某个种群内的个体 a，MSEA 首先从各个种群随机选取 n 个个体与 a 组成 n 个完整解，然后计算这 n 个完整解的适应度，最后把这些解的适应度平均值作为个体 a 的适应度。这虽然能够克服了 CCGA 的缺点，但个体适应度的计算量较大。

Seredynski 针对 N 人博弈问题提出协同进化多智能体系统模型[22-23]。由于采用的非合作策略不能使系统到达 Nash 平衡点，同时获得最大报酬，因此 Seredynski 提出局部合作算子，个体的适应度等于其邻域内所有个体适应度的平均值。同时，证明这种局部合作算子能够把最大化收益点转变成 Nash 平衡点。在这个模型的基础上，Seredynski 又提出松散连结遗传算法[24]，该算法把问题分成几个子问题，每个子问题维持一个种群，个体的适应度等于相邻个体适应度和的平均值。同时将局部合作算子用于信用度分配机制，提出松散连结分类系统。

11.2.4　基于“组织”概念的协同进化算法

刘静等在 Wilcox 所提出的组织学习模型的基础上，结合遗传算法及协同进化的概念，提出组织协同进化优化算法[25]。该方法借鉴“组织”的概念，以组织表示一个种群，不同组织间采用交叉进化的方式。

11.3　组织进化优化算法

一般而言，无约束优化问题可描述为以下的数学模型：

$$\text{minimize } f(x),\quad x=(x_1,x_2,\cdots,x_n)\in S \tag{11-8}$$

式中，$S\subseteq R^n$，为搜索空间，其范围为 $\underline{x_i}\leqslant x_i\leqslant\overline{x_i}$，$i=1,2,\cdots,n$。

11.3.1　组织进化算子

1. 分裂算子

在该算子中，对组织 org 进行分裂的条件为

$$\left(|\text{org}|>\text{Max}_{\text{os}}\right)\text{or}\left\{\left(|\text{org}|\leqslant\text{Max}_{\text{os}}\right)\text{and}\left(U(0,1)<|\text{org}|/N_{\text{o}}\right)\right\} \tag{11-9}$$

式中，$|\text{org}|$ 表示 org 的成员个数，N_{o} 是初始化中组织的数目，$\max_{\text{os}}(<N_{\text{o}})$ 表示允许的最大组织成员个数，$U(0,1)$ 表示一个均匀分布产生器。$\max_{\text{os}}$ 和 N_{o} 均为预先设定的参数。如果一个父代组织 org_{p} 满足式(11-9)，则将它按如下方式分成两个子代组织，org_{c1} 和 org_{c2}：从 org_{p} 中随机选出 $|\text{org}_{\text{p}}|/3\sim 2|\text{org}_{\text{p}}|/3$ 个成员形成子代组织 org_{c1}，其余的成员形成子代组织 org_{c2}，然后，从当前的种群中删除组织 org_{p}，并把组织 org_{c1} 和 org_{c2} 加入下一代种群。

2. 吞并算子

设两个父代组织为 $\text{org}_{\text{p1}}=\{x_1,x_2,\cdots,x_M\}$ 和 $\text{org}_{\text{p2}}=\{y_1,y_2,\cdots,y_N\}$，且 Fitness($\text{org}_{\text{p1}}$) ⩾Fitness($\text{org}_{\text{p2}}$)，则用 org_{p1} 吞并 org_{p2} 来产生一个子代组织 $\text{org}_{\text{c}}=\{z_1,z_2,\cdots,z_{M+N}\}$，其中 $z_i=x_i$，$i=1,2,\cdots,M$。如果 $U_j(0,1)<AS$，$j=M+1,M+2,\cdots,M+N$，则 z_j 由吞

并策略 1 产生，否则由吞并策略 2 产生。$U_j(0,1)$ 的下标表示对每个 j 产生一个随机数，$AS \in (0,1)$ 是预先设定的参数。两种吞并策略分别由式(11-10)和式(11-11)给出。

设 $\mathrm{org_{p1}}$ 的领导为 $(x_1, x_2, \cdots, x_n)$，新个体为 $r_j = (r_{j,1}, r_{j,2}, \cdots, r_{j,n})$，$j = 1, 2, \cdots, N$，则在吞并策略 1 中，$r_j$ 由式(11-10)给出，即

$$r_{j,k} = \begin{cases} \underline{x_k}, & z_{j,k} < \underline{x_k} \\ \overline{x_k}, & z_{j,k} > \overline{x_k}; \quad k = 1, 2, \cdots, n \\ z_{j,k}, & \text{其他} \end{cases} \tag{11-10}$$

式中，$z_{j,k} = x_k + U_k(0,1) \times (x_k - y_{j,k})$。

在吞并策略 2 中，r_j 由式(11-11)产生，即

$$r_{j,k} = \begin{cases} \underline{x_k} + \beta \times \left(\overline{x_k} - \underline{x_k}\right), & U_k(0,1) < 1/n \\ x_k, & \text{其他} \end{cases}; \quad k = 1, 2, \cdots, n \tag{11-11}$$

式中，$\beta = U(0,1)$，且对每个 x_k 都不同。

r_j 计算出后，由式(11-12)确定 z_{j+M}，即

$$z_{j+M} = \begin{cases} r_j, & \mathrm{fitness}(r_j) \geqslant \mathrm{fitness}(y_j) \\ r_j, & \mathrm{fitness}(r_j) < \mathrm{fitness}(y_j), \left\{U_j(0,1) < \exp\left[(\mathrm{fitness}(r_j) - \mathrm{fitness}(y_j))\right]\right\} \\ y_j, & \text{其他} \end{cases} \tag{11-12}$$

由上可知，当 r_j 的适应度高于 y_j 时，r_j 进入 $\mathrm{org_c}$ 以提高组织的适应度；当 r_j 的适应度低于 y_j 时，r_j 将以一定的概率进入 $\mathrm{org_c}$，即 r_j 的适应度越接近 y_j，概率越大，这样有利于保持多样性。最后，从当前种群中删除 $\mathrm{org_{c1}}$ 和 $\mathrm{org_{c2}}$，并把 $\mathrm{org_c}$ 加入下一代种群。

3. 合作算子

设两个父代组织为 $\mathrm{org_{p1}} = \{x_1, x_2, \cdots, x_M\}$ 和 $\mathrm{org_{p2}} = \{y_1, y_2, \cdots, y_N\}$。如果 $U(0,1) < CS$，则两个子代组织 $\mathrm{org_{c1}}$ 和 $\mathrm{org_{c2}}$ 由合作策略 1 产生，否则由合作策略 2 产生。$CS \in (0,1)$ 是预先设定的参数，两个合作策略分别由式(11-13)和式(11-14)给出。

设 $\mathrm{org_{p1}}$ 的领导为 $(x_1, x_2, \cdots, x_n)$，$\mathrm{org_{p2}}$ 的领导为 $(y_1, y_2, \cdots, y_n)$，合作产生的两个新个体为 $q = (q_1, q_2, \cdots, q_n)$ 和 $r = (r_1, r_2, \cdots, r_n)$，则在合作策略 1 中，$q$ 和 r 由式(11-13)产生，其中 $\beta_k = U_k(0,1)$。那么

$$\begin{cases} q_k = \beta_k \times x_k + (1 - \beta_k) \times y_k \\ r_k = (1 - \beta_k) \times x_k + \beta_k \times y_k \end{cases}, \quad k = 1, 2, \cdots, n \tag{11-13}$$

在合作策略 2 中，q 和 r 由式(11-14)产生，其中 $1<i_1<n$，$1<i_2<n$，且 $i_1<i_2$。

$$\begin{cases} q=(x_1,x_2,\cdots,x_{i_1-1},y_{i_1},y_{i_1+1},\cdots,y_{i_2},x_{i_2+1},x_{i_2+2},\cdots,x_n) \\ r=(y_1,y_2,\cdots,y_{i_1-1},x_{i_1},x_{i_1+1},\cdots,x_{i_2},y_{i_2+1},y_{i_2+2},\cdots,y_n) \end{cases} \tag{11-14}$$

q 和 r 产生后，org_{c1} 和 org_{c2} 分别由式(11-15)和式(11-16)确定，即

$$\mathrm{org}_{c1}=\begin{cases} \{x_1,x_2,\cdots,x_{i-1},q,x_{i+1},x_{i+2},\cdots,x_M\}, & \exists x_i\in \mathrm{org}_{p1},\mathrm{fitness}(x_i)<\mathrm{fitness}(q) \\ \mathrm{org}_{p1}, & \text{其他} \end{cases} \tag{11-15}$$

$$\mathrm{org}_{c2}=\begin{cases} \{y_1,y_2,\cdots,y_{i-1},r,y_{i+1},y_{i+2},\cdots,y_M\}, & \exists y_i\in \mathrm{org}_{p2},\mathrm{fitness}(y_i)<\mathrm{fitness}(r) \\ \mathrm{org}_{p2}, & \text{其他} \end{cases} \tag{11-16}$$

最后，从当前种群中删除 org_{p1} 和 org_{p2}，并把 org_{c1} 和 org_{c2} 加入到下一代种群中。

事实上，吞并策略 1 是一种启发式交叉算子，吞并策略 2 是一个变异算子，合作策略 1 是算术交叉，而合作策略 2 是一种离散交叉算子。为了方便说明，可将这 4 种策略分别称为 AnStr1、AnStr2、CoStr1 和 CoStr2。这三种算子在算法中起到不同的作用。分裂算子限制组织的大小，并且使一部分组织直接进入下一代，有利于维持种群的多样性。吞并策略 AnStr1 和 AnStr2 充分利用领导的信息，其作用相当于局部搜索。由于组织的领导是适应度最高的成员，在它附近可能存在更好的解，因此吞并算子的作用等价于对较好的解进行局部爬山操作。另一方面，吞并算子使较好的解有更大的发展空间。合作算子通过两个组织间领导的相互作用来增加彼此的适应度。

11.3.2　组织进化优化算法

(1) 初始化具有 N_o 个组织的种群 P_o，且每个组织只有一个成员，令 $t\leftarrow 0$。

(2) 若满足终止条件，则输出结果并结束，否则转(3)。

(3) 对于 P_t 中的每个组织，如果满足分裂条件式(11-9)，则执行分裂算子。

(4) 如果 P_t 中的组织个数大于 1，则转(5)，否则转(6)。

(5) 从 P_t 中随机选择两个父代组织 org_{p1} 和 org_{p2}，然后随机选择吞并算子或合作算子作用在这两个父代组织上，并转(4)。

(6) 把 P_t 中剩余的组织加入到 P_{t+1}，令 $t\leftarrow t+1$，并转(2)。

在初始化中，每个组织只有一个成员，整个种群共有 N_o 个组织。随着种群的进化，组织个数有所变化，但种群内的个体数是不变的，因此 N_o 对应传统遗传算法中种群的大小。总而言之，组织进化算法(OEA)不但保证种群的多样性，而且把局部搜索和全局搜索有机地结合起来。另一方面，OEA 不从所有的个体中选出用于产生下一代的父代个体，而从组织中选取，这既保证多样性，又保证所选个体的质量，因此 OEA 具有更大的概率产生更好的下一代。

11.4 基于组织进化粒子群优化的测试用例自动生成

随着软件产品化及软件危机的不断出现，软件测试作为发现软件中缺陷的主要手段和唯一有效的方法而日益重视。软件测试中处于重中之重的测试用例设计要求也随之上升到更高的层次。

在诸多的软件测试方法中，组合测试充分考虑系统中各种因素，以及因素间相互作用可能产生的影响，并可以根据实际需要，用尽可能少的测试数据尽可能多地覆盖影响系统的因素。在实际的软件测试中，测试数据通常只需达到对各个参数两两组合的覆盖。因此，在软件测试中，两两组合覆盖方法是一种实用而有效的方法，所以两两组合覆盖的测试数据生成一直是人们研究的重要课题[26]。

近年来，组合覆盖方法已经在软件测试中得到比较成功的应用，其中测试用例的生成技术主要包括三类，分别为代数方法、启发式算法和元启发式算法。代数方法能产生符合要求的最小测试用例集，如基于正交表的构造方法[27]、二水平二维组合覆盖表的构造方法[28]等，但这类方法大多都要求因素集合中所有的因素可选取值的数量相等，事实上这不太可能。由于启发式算法解决 NP 问题的优越性，它在组合测试用例生成问题中也得到广泛的应用，大多数采用逐条生成测试用例的方式。每次按照一定的规则产生一条测试用例，直到所有的测试因素全部都覆盖为止，如 CATS[29]、AETG[30]、TCG[31]、DDA[32]及解空间树法 PSST[33]等。元启发式搜索算法[34-36]近年来也被广泛应用于组合测试用例生成问题，如爬山算法、模拟退火算法、遗传算法、蚁群算法等。该类方法解决测试用例生成问题时主要有两种策略，一种是直接以组合测试用例集为目标进行搜索，直接以二维矩阵作为可行解进行迭代，直到得到的矩阵满足覆盖需求的条件；另一种是在 One-Test-At-a-Time 的框架下，使用元启发式搜索算法生成单条测试用例。这类策略以单条测试用例作为可行解，其解空间相对较小，运行效率上优势明显。

考虑到已有方法的一些不足之处，结合 One-Test-At-a-Time 算法的主要框架，在两两组合测试中引入组织进化及粒子群优化算法的思想，充分结合两者的优点，并针对组合测试用例自动生成问题提出一种新的算法 OEPST（using Organizational Evolutionary Particle Swarm Techniques to generate test cases for combinatorial testing）。

11.4.1 两两覆盖组合测试模型

假设影响待测系统软件的参数一共有 N 个，形成集合 $P=\{P_1,P_2,\cdots,P_N\}$，对于其中的任何一个参数 $P_i\in P$，$1\leqslant i\leqslant N$，经过等价类划分等前期处理后包含 L_i 个可能的取值，用 V_i 表示，即 $V_i=\{V_{i,1},V_{i,2},\cdots,V_{i,D_i}\}$。称一个 N 元组 $(v_1,v_2,\cdots,v_N)$（$v_1\in V_1$，

$v_2 \in V_2$，…，$v_N \in V_N$）为待测系统的一条测试用例；同样，称一个由多个这样的 N 元组所构成的集合为该待测系统的一个测试用例集。如果一个测试用例集 ts 满足两两测试，那么对于任意两个参数的取值组合 $(V_{i,l}, V_{j,k})$，存在一个测试用例 tc，使得 $(V_{i,l}, V_{j,k})$ 被 tc 覆盖。

11.4.2　算法框架

受 One-Test-At-a-Time 算法启发，首先构建所有的参数覆盖组合 uc，然后从一个空的测试用例集开始，每次利用组织进化粒子群优化算法增加一个测试用例到测试用例集中，该测试用例为当前覆盖 uc 中参数组合最多的测试用例，同时删除该测试用例在 uc 覆盖的参数组合，一直到 uc 为空为止。具体描述如下所述。

（1）初始化参数组合 uc 和测试用例集 ts。

（2）利用组织进化粒子群优化算法计算当前覆盖 uc 最多的测试用例 tc。

（3）将 tc 添加到集合 ts 中，同时删除 tc 覆盖的 uc 中参数组合。

（4）重复步骤(2)和(3)，直到 uc 为空。

11.4.3　编码方式

编码就是将问题的潜在解使用适合算法的基因编码表示。在组合测试中，由于不同的参数取值个数不同，一个参数在基因编码中所占的位数也不同。对于每一个参数 x_i，其可能取值为 k_i，则该参数所占基因位长度 l_i 必须满足条件：$2^{l_i-1} \leqslant k_i \leqslant 2^{l_i}$。如果某一编码没有对应的取值，则可取所有取值中的任意一个，以加大覆盖力度。另一方面，为了避免参数类型转换，采用参数取值的序号来表示参数的实际取值。

例如，假设一个系统 S 输入由 4 个参数 (P_1, P_2, P_3, P_4) 组成，参数取值个数依次为 4,2,2,3。那么测试用例(3,0,1,2)就表示 P_1 取第 3 个值，P_2 取第 0 个值，P_3 取第 1 个值，P_4 取第 2 个值。整个系统可以采用长度为 6 的二进制编码表示：P_1 占用位 b_0 和 b_1，P_2 占用位 b_2，P_3 占用位 b_3，P_4 则占用位 b_4 和 b_5。对于 P_4 而言，前 3 个编码 00,01,10 分别为 $v_{4,0}, v_{4,1}, v_{4,2}$，编码 11 可以随机选取这 3 个中的一个。

11.4.4　适应度函数

在生成测试用例集时，要求在满足两两覆盖测试准则的前提下，测试用例数尽可能少，因此在每一代进化时选择尽可能多的覆盖 uc 中参数组合的测试用例。设群体数量为 N，个体 TC_i 覆盖的 uc 中参数组合数为 C_i，$1 \leqslant i \leqslant N$，则个体 TC_i 的适应度函数可以表示为 $f_i = C_i \Big/ \sum_{i=1}^{N} C_i$，其中 N 为候选的个体个数，且有 $\sum_{i=1}^{N} f_i = 1$。

11.4.5　协同进化算子

1．分裂算子

若组织 org 满足 $|\text{org}| > \text{Max}_{\text{os}}$，则进行分裂操作，其中 $|\text{org}|$ 表示组织 org 中的成员(粒子)个数，$\text{Max}_{\text{os}}(< N_{\text{o}})$ 表示允许的最大组织成员数，N_{o} 是初始化中所有的组织成员个数总和，Max_{os} 和 N_{o} 均为预先设定的参数。分裂的具体操作为：从 org 中选择 1/3～2/3 个成员组成子代组织 org_{c1}，其他成员组成子代组织 org_{c2}，然后从当前种群中删除组织 org，并把两个新的组织加入到下一代进化种群中。

2．协作合并算子

由两个组织中的领导产生两个新的个体(类似于离散交叉算子作用)加入到原有组织当中，同时原来两个组织进行合并。

假设两个父代组织分别为 $\text{org}_1 = \{x_1, x_2, \cdots, x_{m1}\}$ 和 $\text{org}_2 = \{y_1, y_2, \cdots, y_{m2}\}$，$m_1$ 和 m_2 分别为组织 org_1 和 org_2 的成员(粒子)个数，x_p 和 y_q 分别为组织 org_1 和 org_2 的领导，则由 org_1 和 org_2 合并产生的一个子代组织为 $\text{org}_{\text{c}} = \{x_1, \cdots, x_{p-1}, x'_p, x_{p+1}, \cdots, x_{m1}, y_1, \cdots, y_{q-1}, y'_q, y_{q+1}, \cdots, y_{m2}\}$。令 $U = (u_1, u_2, \cdots, u_n)$ 和 $L = \{l_1, l_2, \cdots, l_n\}$ 是分别由 x_p 和 y_q 相互协作后得到的新个体，产生方式如下：

$$\begin{cases} U = \left(x_{p,1}, x_{p,2}, \cdots, x_{p,i_1-1}, y_{q,i_1}, y_{q,i_1+1}, \cdots, y_{q,i_2}, x_{p,i_2+1}, x_{p,i_2+2}, \cdots, x_{p,n}\right) \\ L = \left(y_{q,1}, y_{q,2}, \cdots, y_{q,i_1-1}, x_{p,i_1}, x_{p,i_1+1}, \cdots, x_{p,i_2}, y_{q,i_2+1}, y_{q,i_2+2}, \cdots, y_{q,n}\right) \end{cases} \tag{11-17}$$

式中，$1 < i_1 < n$，$1 < i_2 < n$，且 $i_1 < i_2$。

U 和 L 产生后，x'_p 和 y'_q 分别由

$$x'_p = \begin{cases} U, & \text{fitness}(U) \geqslant \text{fitness}\left(x_p\right) \\ x_p, & \text{其他} \end{cases} \quad \text{和} \quad y'_q = \begin{cases} L, & \text{fitness}(L) \geqslant \text{fitness}\left(y_q\right) \\ y_q, & \text{其他} \end{cases} \tag{11-18}$$

决定。最后，从当前种群中删除 org_1 和 org_2，并把 org_{c} 加入到下一代种群。

3．自学习算子

自学习算子通过利用组织领导的有用信息来指导组织个体不断进化。设两个父代组织为 $\text{org}_{i1} = \{x_1, x_2, \cdots, x_{m1}\}$ 和 $\text{org}_{i2} = \{y_1, y_2, \cdots, y_{m2}\}$，$m_1$ 和 m_2 分别为组织 org_{i1} 和 org_{i2} 的成员个数，且 $\text{fitness}(\text{org}_{i1}) \geqslant \text{fitness}(\text{org}_{i2})$。将自学习算子作用在由协作合并算子得到的组织 org_{c} 上，得到新的组织。具体的方式为以领导的值作为参考来对其他的个体进行变异。

4. 速度更新算子

令 $h^g(t)=(h_1^g,h_2^g,\cdots,h_n^g)^{\mathrm{T}}$ 表示所有组织中的最优领导经历的位置，$h^i(t)=(h_1^i,h_2^i,\cdots,h_n^i)^{\mathrm{T}}$ 表示第 i 个组织的领导经历过的最好位置，则第 i 个组织中的粒子在第 k 代的速度，以及位置的更新方式为

$$\begin{cases} v_j^i(k+1)=w(k)v_j^i(k)+c_1r_1[h_j^i(k)-x_j^i(k)]+c_2r_2\left[h_j^g(k)-x_j^i(k)\right] \\ x_j^i(k+1)=x_j^i(k)+v_j^i(k+1) \end{cases} \tag{11-19}$$

式中，w 是惯性权因子，c_1 和 c_2 为加速常数，r_1 和 r_2 是两个在[0,1]范围内服从均匀分布的随机向量。

11.4.6　算法描述

假设测试用例中涉及的参数个数为 N，分别为 $(x_1,x_2,\cdots,x_N)$，每个参数的可能取值分别为 k_i 个，算法设计如下所述。

(1) 初始化参数组合 UC 和测试用例集 ts(ts 初始为空)。

(2) 以组织进化粒子群优化算法计算当前覆盖 uc 最多的测试用例 tc。

① 初始化。假设包含 N_o 个组织，每个组织包含 M 个粒子，这些组织形成种群 P_k，此时 $k\leftarrow 0$ (每个粒子就是一个测试用例)；

② 判断是否满足终止条件，若是则终止，跳转到第(3)步，否则转到③；

③ 更新组织中每个粒子的速度与位置信息；

④ 从 P_k 中选择两个父代组织，完成协作合并算子，得到 org_c；

⑤ 对 org_c 执行自学习操作，得到 org_d；

⑥ 若 org_d 满足分裂条件，则执行分裂算子；

⑦ 若 P_k 中组织的个数大于 1，则转④，否则转⑧；

⑧ 若 P_k 中只有一个组织，对其进行分裂条件判断，进行分裂算子操作，否则转⑨；

⑨ 令 $k\leftarrow k+1$，转②。

(3) 将 tc 添加到集合 ts 中，并删除覆盖 tc 的 uc 中的参数组合。

(4) 重复步骤(2)和步骤(3)，直到 uc 为空。

11.4.7　实验结果与分析

为了测试所提算法 OCPST 的性能，采取 5 组数据进行测试，如表 11-2 所示。其中，R1 表示 4 个 3 值参数组合；R2 为 13 个 3 值参数组合；R3 为 20 个 10 值参数组合；R4 为 100 个 2 值参数组合；R5 有 61 个参数，其中 15 个 4 值参数，17 个 3 值参数，29 个 2 值参数。

表 11-2　测试数据属性

数据集	参数个数	每个参数的取值个数
R1	4	3
R2	13	3
R3	20	10
R4	100	2
R5	61	15(4), 17(3), 29(2)

以上文所讨论的 OCPST 实现一个组合测试工具，其中的参数设置为 $N_o = 10$，$M = 10$，$\max_{os} = 20$，$c_1 = c_2 = 2$，$w = 0.4 \sim 0.9$，最大迭代次数设置为 200 代。对一种输入参数的组合运行 5 次，并取其平均值，运行结果如表 11-3 所示。同时，表列出 AETG，IPO 和 GACT 对这 5 组测试数据的生成结果。

表 11-3　OCPST 生成结果与其他算法的比较

方法	R1	R2	R3	R4	R5
AETG	9	15	180	10	41
IPO	9	19	218	15	36
GACT	9	18	197	15	37
OCPST	9	16	185	14	34

由表 11-3 可知，该算法能找到符合要求的测试用例集，且集合包含的测试用例较少。组合数目比较小时，算法并不占优势；在组合数据较大时，算法所得结果已经比较接近 AETG 的结果。

为了进一步测试算法的性能，对 4 值输入的参数进行测试，其参数个数从 10 以 10 的步长增加到 50，表 11-4 给出此种情况下 3 种方法的生成结果。

表 11-4　*n* 个 4 值输入参数的测试用例数

n	10	20	30	40	50
IPO	31	40	46	49	52
GACT	29	36	40	43	47
OCPST	29	34	39	40	43

同样，固定输入参数的个数为 10 个，但每个参数的取值个数从 5 以步长 5 增加到 20，表 11-5 给出此种情况下 3 种方法的生成结果。

表 11-5　10 个输入参数不同取值个数的测试用例数

n	5	10	15	20
IPO	45	171	363	621
GACT	44	150	324	562
OCPST	42	144	307	541

由上述测试结果可知，尽管 OCPST 在参数个数较少，取值个数较少的组合情况下没有太多的优势，但是在组合数目较多的情况下，优势比较明显，能比其他方法显著减少生成的组合测试用例数目。

11.5 结　束　语

本章结合组合测试用例生成特点引入独特的组织进化思想及性能优越的粒子群优化算法，并结合 AETG 生成框架，提出一种基于组织进化粒子群优化的测试用例自动生成算法(OCPST)。仿真实验结果表明，该方法在组合数据较大的情况下具备了比较明显的优势，能显著减少测试用例生成的个数。

参 考 文 献

[1] 孙关龙. 达尔文进化论的局限性. 科技潮, 2002, 11: 20-21

[2] Ehrlich P R, Raven P H. Butterflies and plants: a study in coevolution. Evolution, 1965, 18: 586-608

[3] Jazen D H. When is it coevolution. Evolution, 1980, 34: 611-612

[4] Tanese R. Parallel genetic algorithm for a hypercube. Proc. of the 2nd International Conference on Genetic Algorithms, 1987: 177-183

[5] Tanese R. Distributed genetic algorithm. Proc. of the 3rd International Conference on Genetic Algorithms. Morgan Kaufmann, 1989: 434-439

[6] Muhlenbein H, Schomisch M, Born J. The parallel genetic algorithm as function optimizer. Proc. of the 4th Conference on Genetic Algorithms. Morgan Kaufmann, 1991: 271-278

[7] Starkweather T, Whitley D, Mathias K. Optimization using distributed genetic algorithm. Parallel Problem Solving from Nature, Lecture Notes in Computer Science. Springer-Verlag, 1991, 496: 176-184

[8] Petty C C, Leuze M R. A theoretical investigation of a parallel genetic algorithm. Proc. of the 3rd International on Genetic Algorithms. Morgan Kaufmann, 1989: 398-405

[9] Kroger B, Schwenderling P, Vornberger O. Parallel genetic packing of rectangles. Iparallel Problem Solving From Nature, Lecture Notes in Computer Science. Springer-Verlag, 1991, 496: 160-164

[10] Murayama T, Hirose T, Konagaya A. A fine-gained parallel genetic algorithm for distributed parallel system. Proc. of the 6th International Conference on Genetic Algorithms. Morgan Kaufmann, 1993: 184-190

[11] Schleuter M G, ASPARAGOS: An asynchronous parallel genetic optimization strategy. Proc. of the 3rd International Conference on Genetic Algorithms. Morgan Kaufmann, 1989: 422-427

[12] Tamaki H, Nishikawa Y. A parallel genetic algorithm based on neighborhood model and its application to the Jobshop scheduling. Parallel Problem Solving from Nature II. Elsevier Science, 1992: 573-582

[13] Baluja S. Structure and performance of fine-grain parallelism in genetic search. Proc. of the International Conference on Genetic Algorithms. Morgan Kaufmann, 1993: 155-162

[14] Jea T M, Chan S B. Coevolutionary argmented Lagrangian methods for constrained optimization. IEEE Transactions on Evolutionary Computation, 2000, 4(2): 114-124

[15] 郑浩然. 基于生态特征的进化与协同研究. 中国科学技术大学博士论文, 2000

[16] Cao X B, Li J L, Wang X F. Research on coevolutionary optimization based on ecological cooperation. Journal of Software, 2001, 12(4): 521-528

[17] 曹先彬, 王煦法. 基于生态竞争模型的遗传强化学习. 软件学报, 1996, 10(6): 658-662

[18] 曹先彬，罗文坚，王煦法，基于生态种群竞争模型的协同进化. 软件学报，2001,12(4): 556-562

[19] Hillis W D, Coevolving parasites improve simulated evolution as an optimization procedure. Artificial life II, Redwood City. CA: Addison-Wesley, 1992: 313-324

[20] Potter M A, De Jong K A. A cooperative coevolution: an architecture for evolving coadapted subcomponents. Evolutionary Computation, 2000, 8(1): 1-29

[21] 郑浩然, 唐爱军, 何劲松. 共生进化在参数学习中的应用. 计算机工程与应用, 2002, 38(15): 11-12

[22] Seredynski F, Zomaya A F. Coevolution and evolving parallel cellular automate based scheduling algorithms. Artificial Evolution: the 5th International Conference on Evolution Artificielle. Heidelberg: Springer-Verlag,2001: 362-374

[23] Seredynski F. Coevolutionary Game-Theoretic Multi-Agent Systems: the application to mapping and scheduling problems. Technical Reports: tr-96-045. International Computer Science Institute. Berkeley

[24] Seredynski F. Loosely Coupled Distributed Genetic Algorithms. Parallel Problem Solving from Nature-PPSN III, 1994: 514-523

[25] 刘静, 钟伟才, 刘芳, 等. 组织协同进化分类算法. 计算机学报, 2003, 26(4): 446-453

[26] Kobayashi N, Tsuchiya T, Kikuno T. A new method for constructing pairwise covering designs for software testing. Information Processing Letters, 2002, 81(2): 85-91

[27] Yu Lie, Tai K C. A test generation strategy for pairwise testing. IEEE Transactions on Software Engineering, 2002, 28(1): 109-111

[28] 聂长海，徐宝文，史亮. 一种新的二水平多因素系统两两组合覆盖测试数据生成算法. 计算机学报, 2006, 29(6): 841-848

[29] Grindal M, Offutt J, Andler S F. Combination testing strategies: a survey, GMU technical report ISE-TR-04-05. George Mason University, 2004, 6

[30] Cohen D M, Dalal S R, Fredman M L, et al. The AETG system: an approach to testing based on combinatorial design. IEEE Transactions on Software Engineering, 1997, 23(7): 437-444

[31] Tung T W, Aldiwan W S. Automating test case generation for the new generation mission software system. Proc. of IEEE Aerospace Conference, 2000: 434-437

[32] Colbourn C J, Cohen M B, Turban R C. A deterministic density algorithm for pairwise interaction coverage. Proc. of IASTED International Conference on Software Engineering. Innsbruck, 2004,2: 345-352

[33] 史亮, 聂长海, 徐宝文. 基于解空间树的组合测试数据生成. 计算机学报, 2006, 29(6): 849-857

[34] Cohen M B, Colbourn C J, Ling A C H. Constructing strength three covering arrays with augmented annealing. Discrete Mathematics, 2008, 308(13): 2709-2722

[35] Cohen M B, Gibbons P B, Mugridge W B. Constructing test suites for interaction testing. Proc. of the 25th International Conference on Software Engineering. Portland, 2003,5: 38-48

[36] Numela K J. Upper bounds for covering arrays by tabu search. Discrete Applied Mathematics, 2004, 138: 143-152

第 12 章　基于族群进化算法构造最优组合测试用例集

组合软件测试方法是一种设计测试用例的方法，依据一定的组合覆盖准则产生测试用例。根据不同的覆盖程度，组合覆盖可以分为单因素覆盖、成对组合覆盖（也称为两两组合覆盖）、三三组合覆盖等。这种方法力求用尽可能少的测试用例覆盖尽可能多的影响因素。其中，成对组合覆盖已在软件测试领域中得到广泛的应用，人们在应用成对组合覆盖方法对软件系统进行测试时发现了很多传统方法难以发现的错误[1]，研究发现大约有 70%的软件故障由一个或两个参数的相互作用而引发[2]，因而对组合覆盖测试技术研究具有重要的意义。

12.1　研 究 背 景

设一个待测系统（Software Under Test, SUT）具有 k 个参数，这些参数分别有 $v_1,v_2,\cdots,v_k$ 个可能的取值，大部分的组合测试方法都使用覆盖数组来描述 SUT。Cohen 等给出了覆盖数组 CA（Covering Array）和混合覆盖数组 MCA（Mixed level Covering Array）的定义[3]：覆盖数组 CA（$N;t,k,v$）是一个值域大小为 v 的 $N\times k$ 矩阵，任意的 $N\times t$ 子矩阵包含在 v 值域上所有大小为 t 的排列。其中，t 为强度，k 为阶数，v 称为序。一个覆盖数组如果具有最小的行数，则为最优的。这个最小的行数称为覆盖数（Covering Array Number），记为 CAN（t,k,v）。MCA 与 CA 的主要差异在于 MCA 中的每个参数的值域可以不相同，而 CA 可以看成 MCA 的一个特例，在处理时并没有区别[4]。

Seroussi 和 Bshouty 的工作[5]表明,构造最优 t 覆盖数组这个问题是 NP 完全的，因而人们尝试用各种代数构造方法与启发式算法生成规模尽可能小的测试数据集。代数构造方法中典型的方法是正交数组（Orthogonal Array, OA）[6]，但在构造这些矩阵时，某些数学构造方法只适用于 CA；相对于代数构造方法，启发式搜索算法能够给出较优的近似结果，因此近年来该方法成为组合测试研究的一个热点。在此类研究中逐条生成测试用例（One-Test-At-a-Time）的策略得到广泛应用，即每次均选择一条“最优”测试用例，使其能最大限度地覆盖未覆盖 t 元组，直到所有的 t 元组都被覆盖。例如，Shiba[7]等分别提出使用禁忌搜索，以及模拟退火、遗传算法和蚁群算法的求解方法；查日军[8]等则提出以交叉熵和粒子群优化算法为基础来生成成对组合测试用例集。该机制的基本步骤可描述如下。

算法 1：基于 One-Test-At-a-Time 策略生成测试用例。

```
初始化测试数据集 ts 为空集；
```

```
根据系统初始化组合覆盖集 CombSet;
while (CombSet≠∅)
    由启发式算法选择生成一个最优测试数据 ti，加入到测试数据集 ts 中;
    更新 CombSet，删除由测试数据 ti 覆盖所有的两两组合对;
end while
```

由于一次运算只能得到一条测试用例，因此需要较长的计算周期才能得到完整的测试用例集。而且，此策略也缺少对测试用例集生成过程进行整体协调和优化的能力，因此即使规模较小问题，往往也只能得到近似解。例如，对于表 12-1 中的测试系统，可用表 12-2 中的 9 条测试用例覆盖所有的 54 个二元组且无重复，而基于 One-Test-At-a-Time 策略算法每次运算将优先选择可覆盖 6 个二元组的个体，因此很可能先后选中 a0b0c0d0、a1b1c1d1 和 a2b2c2d2 这三条满足最优条件的测试用例加入 ts。但此后不论从其余 78 个测试用例中选取任意一个测试用例，其所覆盖的二元组都至少有一个和已有三条测试用例所覆盖二元组重复。此时，测试用例集无法成最优的用例集。

表 12-1　一个四参数测试系统

变量 数值	*A*	*B*	*C*	*D*
0	a0	b0	c0	d0
1	a1	b1	c1	d1
2	a2	b2	c2	d2

表 12-2　一个最优两两组合测试用例集

ID	*A*	*B*	*C*	*D*
1	a0	b0	c0	d0
2	a0	b2	c2	d1
3	a0	b1	c1	d2
4	a1	b0	c2	d2
5	a1	b1	c0	d1
6	a1	b2	c1	d0
7	a2	b0	c1	d1
8	a2	b2	c0	d2
9	a2	b1	c2	d0

一些学者将覆盖数组的构造问题转化为其他类型的问题，然后借鉴这些问题的理论和方法来研究覆盖数组，如转化为可满足问题(SAT)[9]或整数规划问题[10]等。本章提出通过编码将组合测试用例域映射到一个二进制编码空间，将组合测试用例集的生成问题转换为一个编码优化问题，再基于族群进化算法对此编码空间进行搜索以发现高质量的个体，最后通过对此个体进行解码得到一组优化后的成对组合测试用例集。仿真实验表明，这种基于族群进化算法对测试用例集进行整体优化和生成的方法不仅是可行的，而且是有效的，对多个测试用例都可得到目前的最优结果。

12.2　基于进化算法整体构造和优化组合测试数据

基本思想是希望利用编码机制将组合测试用例空间映射到一个编码空间，并基于进化算法(Evolution Algorithm, EA)对此编码空间进行搜索，以发现最优编码模式，再通过解码机制从此最优编码模式中解读出相应组合测试用例集的结构信息，并构造产生最优的组合测试用例集。

以下是基于 EA 对组合测试用例数据进行整体优化和生成的主要步骤。

算法 2： 测试用例集的整体优化生成策略。

```
根据测试系统对测试用例域进行编码;
随机初始化群体;
while (the termination criteria aren't reached)
     使用基于二进制编码的 EA 对问题空间进行迭代搜索;
end while
对群体中的最优个体进行解码，并编译和构成产生一组最优的成对组合测试用例;
```

图 12-1 为基于进化算法构造组合测试用例数据的基本模型。不同于 One-Test-At-a-Time 策略，本文提出的方法通过编码机制将测试用例的全集映射到一个基于二进制编码的编码空间，这表明任意一个个体所携带的编码具有对整个测试用例全集的信息表达能力，因此编码空间中的最优编码模式对应的测试用例集一定是最优的。同时，利用 EA 所具有良好的鲁棒性和并行计算性能，以及全局优化能力，能以较高的效率来搜索编码空间中的最优模式。所以，该策略不仅可在测试用例集的构造过程中不断对测试用例集的结构进行调整，而且可在全局范围内对测试数据的结构进行优化，并生成完整的测试用例集。因此，本文提出的方法具有良好的全局优化能力，有可整体构造用例集，以及方法简单易行等特点。其中，编码、搜索和解码是三个主要过程。

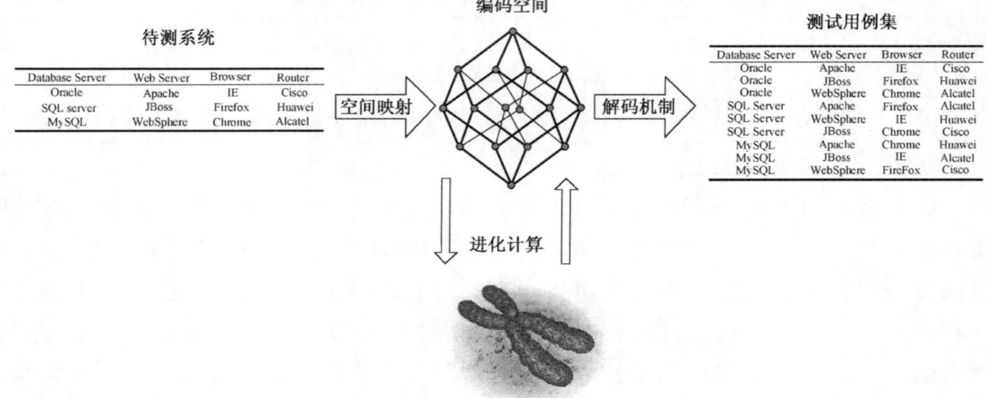

图 12-1　基于进化算法构造组合测试用例数据

12.2.1 编码

编码的目的是将一个组合测试问题域映射到一个二进制编码问题空间，以下是一些在后文中使用的基本定义。

定义 1　一个 EA 的群体可表示为 N，规模为 n，而基于二进制编码的个体可表示为 $A_i(i=1,2,\cdots,n)$，编码结构可表示为

$$A=(B, I) \tag{12-1}$$

式中，L 为编码长度；基因串 $B=b_0,b_1,\cdots,b_{L-1}$，$b\in\{0,1\}$；序号串 $I=0,1,\cdots,L-1$。

定义 2　一个 SUT 的测试用例域可表示为 Φ，对于覆盖数组 CA$(N;t,k,v)$，其规模为$|\Phi|=v^k$；一个测试用例集可表示为 Ψ，显然 Ψ 是 Φ 的一个子集，即 $\Psi\subseteq\Phi$。

定义 3　若对 Φ 中的每个测试用例进行顺序编号，且规定编号从 0 开始，则最后一个个体的编号为$|\Phi|-1$，而 Φ 中的一个测试用例可表示为 $t_j\in\Phi$, $j=0,1,\cdots,|\Phi|-1$。

例如表 12-1 中的从 a0b0c0d0，a0b0c0d1 到 a2b2c2d2 共 81 个测试用例的编号可顺序表示为 0, 1, ⋯, 80。

令 $L=|\Phi|$，则 B 中每个基因位按顺序可与测试域中的每个测试用例一一对应。设序号串 I 中序号为 j 的基因位的值为 1(即 $b_j=1$)时，对应测试用例域中序号为 j 的测试用例选中作为测试用例，即 $t_j\in$ts，反之相反。按照此结构，个体 A_i 所携带的基因信息就可表示一个测试用例集 Ψ。例如，对于表 12-1 中的测试系统，若 A_i 中序号分别为 2,16,41,77 的 4 个基因位的值为 1，则其表示的测试用例集由测试用例 t_2,t_{16},t_{41},t_{77} 组成，其内容为 a0b0c0d2，a0b1c2d1，a1b1c1d2 和 a2b2c1d2。

12.2.2 解码

解码是编码的逆过程，其主要目的是通过解析个体二进制编码的结构获得测试用例集的组成信息。为了便于处理，用一个 v 进制数来表示一条测试用例的具体内容，并利用一个测试用例的序号，通过一次十进制数向 v 进制数的转换过程来获得测试用例的具体信息。

定义 4　对于覆盖数据 CA$(N;t,k,v)$，一个测试用例的内容可表示为一个 v 进制数，其中数的每一位对应 CA 中的每一个因素。第 j 个因素的值可表示为 k_j，其值域为 $k_j\in\{0,1,\cdots,v-1\}$。一个用 v 进制数表示的测试用例与其十进制序号的转换关系为

$$j=k_jv^j+\ldots+k_1v^1+k_0v^0 \tag{12-2}$$

以表 12-1 中的测试系统为例，参数从 A 到 D 分别为所表示 v 进制数的高位和低位，则其对应关系如表 12-3 所示。对于表 12-3 中一个测试用例 t_j，其所表示的内容和其对应二进制编码基因位的序号串的关系为

$$I_j=A_j3^3+B_j3^2+C_j3^1+D_j3^0 \tag{12-3}$$

表 12-3　v 进制数表示的测试用例和序号的对应关系

A	B	C	D	序　号
0	0	0	0	0
0	0	0	1	1
0	0	0	2	2
0	0	1	0	3
0	0	1	1	4
⋮	⋮	⋮	⋮	⋮
2	2	2	2	80

显然，已知某个测试用例的序号，就可用式(12-2)的逆过程求出其所对应测试用例表示的信息。对于任意 k 个参数的解码算法描述如下所述。

算法 3： 解码算法。

```
读取个体 A_i 的编码信息;
For j = 0 to L
  If (b_j==1) //解码 t_j 的内容
    dnum=I_j, m=0;
    While (dnum>0)
      x= dnum%v;
      dnum/=v;
      z_{j,m}=x; //得到 t_j 的第 m 个参数的值
      m++;
    end while
  end if
end for
```

12.2.3　适应度函数的设计

个体A_i所携带信息的价值可从其所表示的测试用例集对待覆盖集的覆盖程度和测试用例的个数两个角度来判断。因此，适应度函数可表示为以下二元组，即

$$\text{fitness} = f(\omega,\theta) \tag{12-4}$$

式中，ω 为对覆盖集的覆盖程度指标，θ 为测试用例个数。在下文的实验中，使用

$$\text{fitness} = \omega\mu - \theta \tag{12-5}$$

计算适应度。式中，ω 为对覆盖集的覆盖个数，显然$0<\omega\leqslant v^t C_k^t$，且$0<\theta\leqslant|\Phi|$，而 $\mu>0$ 为调节参数。

12.2.4　基于进化算法构造组合测试用例集机制的特点

该机制具有以下优点：

(1) 由于 EA 在计算过程可对个体的编码结构不断进行优化调整，因此在构造过程中组合测试用例集的结构也就具有动态改变的能力，可通过 EA 进行全局优化。

(2) 编码空间中的一个任意模式包含一组测试用例数据的完整信息，因此该机制可一次计算就生成整个测试用例集，运算过程简单，构造效率高。

(3) 可通过空间映射机制控制问题转化所引起的问题规模膨胀的现象。

(4) 进化算法是一种适合求解大型优化问题的智能算法，在对许多困难问题(NP 难或者 NP 完全等)的求解中获得良好的效果。因此，利用 EA 所具有良好的并行性和鲁棒性，特别是对计算中数据的不确定性也有很强适应能力的特点，可以在较短的时间得到高质量的解。

但是，该机制进化算法的优化性能成为直接影响所产生的组合测试用例集质量的关键。因此，针对空间映射机制所产生的新问题空间的特点设计性能高效、可靠的进化优化算法就成为本研究的一个核心问题。

12.3 族群进化算法

在传统进化算法中，群体组织与遗传操作的随机性决定算法的搜索过程既有可能使群体收敛到问题的全局最优解，又有可能只收敛到局部最优解。因此，如何在抑制群体产生早熟的同时有效提高算法的搜索效率，成为进化算法研究的一个重要方面。族群进化算法[11]利用族群机制来调控群体结构的演变过程，并通过以族群为单位的进化过程来协调群体的全局搜索和局部搜索，以提高群体的抗早熟能力，以及搜索的效率。

12.3.1 基于二进制编码的族群进化评估指标

设 L 为 m 维个体 A_i 的编码长度，其适应度为 $F_i>0$，$F_{\max}$ 和 F_{avg} 分别表示当前群体的最优适应度和平均适应度，A_{best} 为当前群体中拥有最大适应度的个体。基于个体对群体多样性保持，以及适应度增长两方面作用的综合评价，EGEA 使用竞争指数作为对个体质量的评价指标。个体 A_i 的竞争指数为

$$Q\left(A_i, A_{\text{best}}\right) = Q_i = D_i^{\varsigma \bar{R}_i} \tag{12-6}$$

式中，ς 为调节参数，相对适应度比 $\bar{R}_i = (F_{\max} - F_i)/(F_{\max} - F_{\text{avg}})$ 作为在适应度的角度评估个体价值的指标，加权编码差异度 $D\left(A_i, A_j\right) = D_{ij} = \delta_{ij} \Big/ \sum\limits_{w=1}^{m}\left(\sum\limits_{k=1}^{L_w}\eta_{w,k}\right)$ 用来衡量个体间的编码差异率。实际应用时主要关注个体与 A_{best} 的差异率，所以常用的公式为 $D(A_i, A_{\text{best}})=D_i$，其中 $\delta_{ij} = \sum\limits_{w=1}^{m}\left[\sum\limits_{k=1}^{l_w}\left(b_{w,k} \times \eta_{w,k}\right)\right]$，$b_{w,k} = \begin{cases}1, a_{i,w,k} \neq a_{j,w,k} \\ 0, a_{i,w,k} = a_{j,w,k}\end{cases}$。$b_{w,k}$ 的权值

为 $\eta_{w,k}=l_w-k_w+1$，其中 l_w 为个体第 w 维的编码长度，$k=1,\cdots,l_w$。图 12-2 为竞争指数与相对适应度比和加权编码差异度的关系曲线。以竞争指数为基础，高于群体平均适应度且与群体中最优个体编码差异更大的个体获得更强的竞争能力，反之则相反。

第 k 代群体的编码多样性为

$$\gamma_k=\frac{1}{n-1}\sum_{i=1}^{n-1}\left(\frac{1}{n-i}\sum_{j=i+1}^{n}D_{ij}\right) \tag{12-7}$$

若 $\eta_{w,k}=1$，则 $\gamma\in(0,1)$。

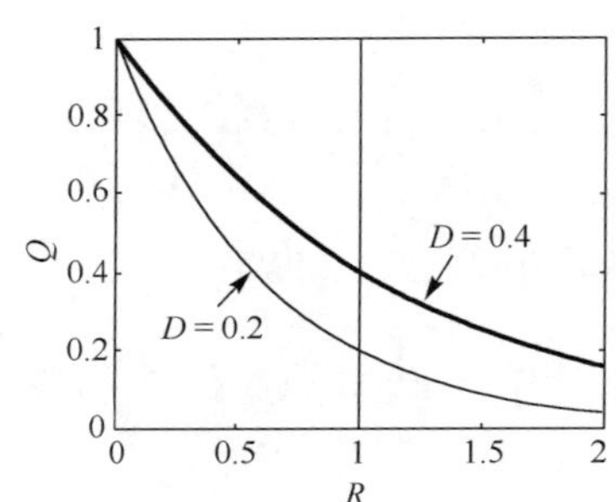

图 12-2　竞争指数曲线

12.3.2　基于二进制编码的族群聚类

针对二进制编码个体的族群聚类首先须筛选出竞争指数大于大配子系数 $\lambda\in(0,1)$ 的大配子个体 M，接着以族群半径系数 $\theta\in(0,1)$ 为族群间距参数，对大配子进行聚类和分类以建立族群组织。

算法 4：族群聚类。

步骤 1 筛选大配子：计算群体的竞争指数并从中挑选大配子，大配子系数 λ 表示为

$$\lambda=(\bar{Q}+\nu)/2 \tag{12-8}$$

式中，$\bar{Q}$ 为当前群体的平均竞争指数，常数 $\nu\in(0,1)$。

步骤 2 确定族群半径：族群半径系数 θ 表示为

$$\theta=(\gamma+\varepsilon)/2 \tag{12-9}$$

式中，γ 为当前群体的多样性指标，常数 $\varepsilon\in(0,1)$。

步骤 3 聚类族群中心个体：对大配子按其竞争指数排序，以当前群体中最优个体 A_{best} 为第一个族群中心个体 $A_{\text{best}}\in A_c$，并按队列顺序依次判断，若 A_i 对于已有的 A_c 都有 $D(A_i,A_c)>\theta$，则 $A_i\in A_c$。

步骤 4 分类大配子：以族群中心个体为每个族群的核心，对其余大配子进行分类，形成族群组织。对于非族群中心个体 $A_i\in M$，若 $\min(A_i,A_c)=A_c(j)$，则 $A_i\in E_j$。

步骤 5 分配繁殖空间：族群 $E(k)$ 的繁殖规模为

$$S(k)=n\frac{Q_c(k)}{\sum Q_c} \tag{12-10}$$

式中，$Q_c(k)$ 为族群 $E(k)$ 中心个体的竞争指数，ΣQ_c 为族群中心个体竞争指数之和，n 为群体规模。

12.3.3　族群双轨协同进化

族群聚类过程使群体能够按照进化特征的差异形成若干个平行的进化单元，其中每个单元代表群体中蕴含的一种进化趋势。EGEA 以族群为单位来控制群体的繁殖过程，同时族群的分类能力也使 EGEA 可方便地从群体中筛选出典型个体，并从这些个体所承载的信息中可以发现有价值的经验知识。利用这类后验知识可以修正个体的编码，从而影响群体的结构，起到加速信息交换、提高收敛速度的作用。结合族群繁殖过程，以及基于族群的自学过程，形成族群双轨协同进化。图 12-3 为该进化机制的主要流程图。

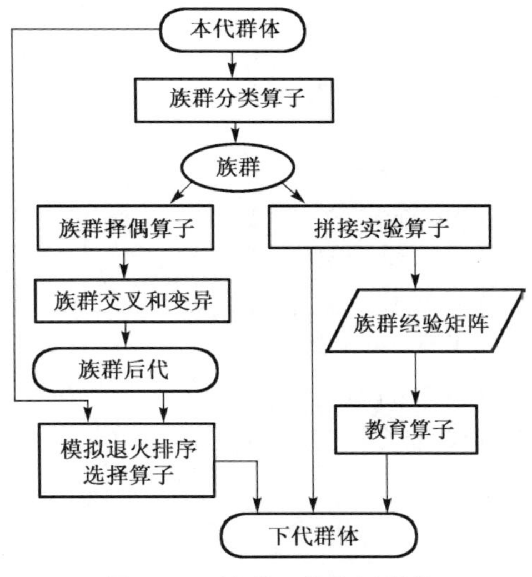

图 12-3　族群双轨协同进化

1. 族群择偶繁殖

在以族群为单位的群体繁殖过程中，择偶算子负责父挑选个体，其基本步骤为：首先依据竞争指数，以轮盘赌选择方式从当前族群所属的大配子中挑选个体 M_i；接着依据竞争指数，以轮盘赌选择方式从整个群体中挑选普通配子个体 A_j；最后进行般配判断，双方的般配率为

$$\omega_{ij} = D_{ij}(Q_i + Q_j) \tag{12-11}$$

如果 ω_{ij}>random(0,1)，则择偶成功，否则重新配对。择偶机制可自适应地调节族群繁殖的概率，此概率不仅取决于父个体自身的质量，同时也取决于父个体间的特征差异，从而使具有较高质量和一定差异的父个体具有更多的繁殖机会。

配对成功后将由交叉算子和变异算子产生族群后代，本文采用的交叉算子为多点交叉算子，变异概率由

$$p_m = \begin{cases} \text{random}(0.001, 0.01), & \max(Q_i, Q_j) = 1 \\ 1 - \max(Q_i, Q_j), & \text{其他} \end{cases} \tag{12-12}$$

确定。

族群变异根据父代个体的竞争能力自适应地控制后代个体的变异概率，若父代个体的竞争指数较高，则其后代个体将具有较高的稳定度，从而保证优良基因模式的生存概率；反之，以不同的概率改变其后代个体的结构，从而促使竞争能力较弱的模式以不同幅度搜索新的模式。

族群的繁殖过程完成后由模拟退火排序选择算子[12]，依据竞争指数从当前群体和族群后代中挑选产生下代群体。

2. *基于族群的自学习机制*

族群进化机制所具有的分类能力使 EGEA 可以方便、有效地从群体中筛选出典型个体。族群的自学习机制利用经验矩阵(Experience Matrix, EM)来存储这些典型个体，并以这些信息为基础通过拼接实验重组个体，以分离出蕴含于典型个体中有价值的基因片段，同时利用这些经验信息来影响下代群体的结构，以实现引导和加速群体进化的目的。

(1) 经验矩阵。每个族群中的中心个体是最典型的个体，以维为单位，可以将一个族群中心个体切割为 m 个信息单元(Information Unit, IU)，该信息单元的基本结构表示为

$$\text{IU} = (\text{BC}, \text{RC}, \text{WV}) \tag{12-13}$$

式中，BC 为 IU 的二进制编码信息，RC 为 IU 的实数编码信息，而 WV 则表示该信息单元的权值。

基于上述结构的信息单元，可利用 EM 来存储多个族群中心个体的信息。如果族群存在 e 个中心个体，则一个族群经验矩阵可以表示为

$$\text{EM} = \begin{Bmatrix} \text{IU}_{11} & \cdots & \text{IU}_{1j} & \cdots & \text{IU}_{1m} \\ \vdots & & \vdots & & \vdots \\ \text{IU}_{e1} & \cdots & \text{IU}_{ej} & \cdots & \text{IU}_{em} \end{Bmatrix} \tag{12-14}$$

(2) 拼接实验算子。基于 EM，拼接实验算子以维为单位使用不同的 IU 尝试进行个体重组，以发现更优秀的个体，同时验证被采用的 IU 的价值，从而实现从这些典型个体中分离出有价值基因片段的目标。

算法 5：拼接实验算子。

步骤 1：初始化 EM。$\mathrm{IU}_{ij}(i=1,\cdots,e, j=1,\cdots, m)$的权值为

$$W_{ij} = F_i / F_{\text{best}} \tag{12-15}$$

步骤 2：重组实验个体。以维为单位，依次从各维的 e 个 IU 中依据 WV 通过轮盘赌选择方式挑选出 m 个 IU，并组合产生试验个体 A_{test}。在此过程中，IU_{ij}被选择的概率为 $\mathrm{WV}_{ij} / \sum_{i=1}^{e} \mathrm{WV}_{ij}$ 。

步骤 3：评估实验效果。计算 A_{test}的适应度值 F_{test}，此次实验的效果为

$$\rho = F_{\text{test}} / F_{\text{best}} \tag{12-16}$$

如果 $\rho>1$,暂令 $Q_{\text{test}}=1$ 并用 A_{test}随机替换下代群体中的一个个体，实验中被选中 IU 的 WV 值修改为 $\mathrm{MV}'=\mathrm{MV}+t\rho$；如果 $\rho<1$, A_{test}被放弃，被选中 IU 的 WV 值修改为 $\mathrm{MV}' = \mathrm{MV}+\rho/t$，一般设置 $t=2$。

步骤 4：若实验次数限制 $e\times m$ 已达到，则终止此算子，否则返回步骤 2。

通过该算子的处理，EM 中各 IU 的权值发生显著的变化，依据该统计结果可以从 EM 中筛选出一些有价值的信息单元。

(3) 教育算子。教育算子以一定概率选择经验矩阵中较有竞争力的信息单元，用于修正下代群体中个体的结构。

算法 6：教育算子。

步骤 1：从下代群体中随机选择一个个体 A_i，则其接受教育的概率为

$$P_{\text{education}}=1-Q_i \tag{12-17}$$

步骤 2：对 A_i的每一维依次进行判断，如果 $P_{\text{education}}>\mathrm{random}(0,1)$，则依据 IU 的 WV 值通过轮盘赌选择方式从 EM 中对应维的 e 个 IU 中选择一个单元替代 A_i现有的编码信息，否则保留该维信息。

步骤 3：评估被教育个体的适应度值，并用其替换原有个体。

12.3.4　EGEA 的执行过程

设第 k 代群体 N 中个体规模为 n，族群 E_k 的规模为 ξ, C_k表示第 k 代的族群后代个体。接受教育比例 $\Psi\in(0,1)$，表示下代群体中有 Ψn 个个体接受教育操作，则 EGEA 的执行过程如下所述。

算法 7：EGEA。

```
begin
    k=0;
    initialize population N_0;
    evaluate the race exponent (N_0);
    while (the termination criteria aren't reached) do
    begin
        E_k=ethnic group clustering (N_k);
        for i=1 to ξ do
        while (C_k(i) aren't reached S(i)) do
            C_k (i)=mutation(crossover(mate(E_k(i), N_k)));
        evaluate the race exponent (N_k, C_k);
        select next population (N_k, C_k);
        EM_k=initialize experience matrix (E_k);
        N_{k+1}=education(splice experiment(EM_k),Ψ);
        evaluate the race exponent (N_{k+1});
        k = k +1;
    end
end
```

对群体进行族群聚类，以及以族群为单位的繁殖过程是一种依据对群体结构分析进行群体进化过程的自适应调控机制。在实施族群进化过程中，一方面不断在问题的解空间中发现新的有价值区域，并在这些区域建立族群并繁殖后代，而竞争中处于劣势的族群萎缩直至淘汰，这种群体中族群的新陈代谢过程保证算法全局搜索的效率；另一方面，围绕大配子进行的族群繁殖过程保证典型模式的生存概率与重组概率，起到局部求精的作用。所以，族群繁殖过程可有效协调群体全局搜索和局部搜索的关系。另外，基于族群的自学机制可通过族群间信息的交换和重组过程加速群体的收敛速度，因此族群进化机制可以在有效提高群体抗早熟的同时显著地提高群体的搜索效率。

12.4 仿真实验

基于算法 4，使用标准遗传算法(CGA)与族群进化算法(EGEA)实现两种构造算法并对 CA(N;2,k,2)，k=3,…,9，CA(N;2,k,3)，k=3,…,7，CA(N;3,k,2)，k=4,…,8，以及 CA(N;3,k,3)，k=4,…,7 四组共 19 个两两组合和三三组合测试问题进行预实验。两种算法都使用 VC++6.0 编写代码，并运行在 Windows XP 操作系统的个人计算机(AMD Phenom 2.1GHz, 1GM)上。表 12-4～表 12-7 分别表示标准遗传算法(CGA)与 EGEA 对 CA(N;2,k,2)、CA(N;2,k,3)、CA(N;3,k,2)，以及 CA(N;3,k,3)中每个测试问题独立运算 20 次后的实验统计结果。其中，已知最优结论来自 Colbourn 的信息网站[13]。

表 12-4　基于 EGEA 与 CGA 对 CA(*N*;2,*k*,2)的计算统计结果

k	*Φ*	组合规模	最佳用例集规模	由 CGA 生成的用例集规模				由 EGEA/PAD 生成的用例集规模				迭代次数
				最大值	最小值	平均值	方差	最大值	最小值	平均值	方差	
3	8	12	4	4	4	4	0	4	4	4	0	20
4	16	24	5	5	5	5	0	5	5	5	0	20
5	32	40	6	6	6	6	0	6	6	6	0	50
6	64	60	6	6	6	6	0	6	6	6	0	200
7	128	84	6	12	6	9.4	2.48	6	6	6	0	500
8	256	112	6	18	6	11.3	4.37	12	6	9.8	2.85	1000
9	512	144	6	66	42	52.9	11.8	41	28	33.7	9.13	2000

表 12-5　基于 EGEA 与 CGA 对 CA(*N*;2,*k*,3)的计算统计结果

k	*Φ*	组合规模	最佳用例集规模	由 CGA 生成的用例集规模				由 EGEA/PAD 生成的用例集规模				迭代次数
				最大值	最小值	平均值	方差	最大值	最小值	平均值	方差	
3	27	27	9	9	9	9	0	9	9	9	0	100
4	81	54	9	9	9	9	0	9	9	9	0	500
5	243	90	11	18	11	16.7	2.64	13	11	11.6	0.53	1000
6	729	135	12	20	15	18.3	2.25	19	13	15.9	2.86	2000
7	2187	189	12	265	207	235.5	20.8	194	153	181.4	15.68	2000

通过对实验结果的分析首先可以发现，基于 CGA 的构造算法分别找到所有 19 个组合测试问题中 11 个问题的目前已知最优解，而基于 EGEA 的构造算法则找到 15 个问题的目前已知最优解。此实验结果首先说明本研究提出的方法是可行的。其次，通过观察 Φ 的变化可以发现，CA 问题的规模是按指数级增长的。当 t=2 时，CGA 对 Φ 小于 500 的 CA 都具有较好的求解能力，而 EGEA 则对 Φ 接近 1000 左右的 CA 都具有较好的求解能力；当 t=3 时，CGA 的求解能力明显下降，而 EGEA 对 Φ 接近 200 左右的 CA 依然具有较好的求解能力。这说明高效的优化算法可以更有效地求解更复杂的组合测试用例构造问题。

表 12-6　基于 EGEA 与 CGA 对 CA(*N*;3,*k*,2)的计算统计结果

k	*Φ*	组合规模	最佳用例集规模	由 CGA 生成的用例集规模				由 EGEA/PAD 生成的用例集规模				迭代次数
				最大值	最小值	平均值	方差	最大值	最小值	平均值	方差	
4	16	32	8	8	8	8	0	8	8	8	0	100
5	32	80	10	13	10	11.2	1.16	11	10	10.4	0.48	200
6	64	160	12	17	15	16.4	1.24	14	12	13.6	0.72	500
7	128	280	12	22	17	19-4	2.31	17	12	14-4	2.18	1000
8	256	448	12	63	42	54.2	14.6	41	38	39.5	1.63	2000

表 12-7　基于 EGEA 与 CGA 对 CA(N;3,k,3)的计算统计结果

k	Φ	组合规模	最佳用例集规模	由 CGA 生成的用例集规模				由 EGEA/PAD 生成的用例集规模				迭代次数
				最大值	最小值	平均值	方差	最大值	最小值	平均值	方差	
4	81	108	27	31	29	30	0.89	29	27	27.8	0.76	500
5	243	270	33	51	39	44	4.31	45	33	37.2	4.92	1000
6	729	540	33	108	96	101.5	5.89	59	42	48.9	5.76	2000
7	2187	945	40	356	296	335.6	28.9	254	193	218.4	21.68	2000

在文献[10]中，Williams 将最优测试集构造问题转换为 0-1 整数规划问题来进行求解。在文献[14]中，Hartman 则使用 CTS（Combinatorial Test Services）工具包来求解 CA 问题。表 12-8 为基于 CGA 和 EGEA 的构造方法和上述文献中记录的对 12 个 CA 问题求解的比较结果。对于 CA(N;2,k,2)，当 k 小于 9 时，由本方法得到的结果与文献[14]中的结果相同，且明显好于文献[10]中的结果；对于 CA(N;2,k,3)，当 k 小于 7 时，由本方法得到的结果好于或与文献[14]中的结果相同，且明显好于文献[10]中的结果。同时，也可发现随着 Φ 规模的增大，本方法所需计算时间的增加量明显小于文献[10]中方法所需时间的增加量。例如，当 v 为 3 且 k 为 5 时，文献[10]是在系统运行 6.5 小时强行关闭后得到解，而本方法在个人计算机上只运行 74s 和 70s 就可得到该问题已知的最优解。这说明本方法不但是可行的，而且是有效的。当 Φ 的规模控制在一定范围内时，该方法具有解的质量高、时间消耗小的特点。

由于 CA 问题的复杂度是 NP 难的，且其问题规模是呈指数规模增长的。此外，根据文献[15,16]中对最小测试用例集边界的分析可知，在最优编码模式中数值为 1 的基因位只占很小的比例。因此最优编码模式的结构具有一定的特殊性。这些都增加了 EA 搜索的难度，影响了本方法对大规模 CA 问题的求解效果。

表 12-8　本文提出方法的实验数据与其他文献中记录结果的对比

v		2							3				
k		3	4	5	6	7	8	9	3	4	5	6	7
文献[13]	Min	4	5	6	6	6	6	6	9	9	15	15	15
文献[11]	Min	4	5	6	6	6	–	–	–	9	13	–	–
	Time/s	<0.01	0.01	0.70	16.57	441.21	–	–	–	0.08	6.5(h)	–	–
CGA	Min	4	5	6	6	6	6	42	9	9	11	15	207
	Time/s	<0.01	0.01	0.06	7.92	65.73	185.6	265.3	0.06	0.11	73.6	249.9	593.4
EGEA	Min	4	5	6	6	6	6	28	9	9	11	13	153
	Time/s	<0.01	<0.01	0.04	4.19	55.67	124.5	252.4	0.05	0.10	69.8	206.3	556.6

12.5　结　　论

本章所介绍的是一种基于族群进化算法进行组合测试数据整体优化和生成的方法。实验结果显示这种方法不仅是可行的，且在一定的问题规模范围内是非常有效的。

参考文献

[1] Dunietz I S, Ehrlich W K, Szablak B D,et al. Applying design of experiments to software testing: experience report. Proc. of the 19th International Conference on Software Engineering. Boston, 1997: 205 - 215

[2] Kuhn D R, Reilly M J. An investigation of the applicability of design of experiments to software testing. Proc. of the 27th NASA/IEEE Software Engineering Workshop. NASA Goddard Space Flight Center, 2002: 91-95

[3] Cohen M B, Gibbons P B, Mugridge W B, et al. Constructing test suites for interaction testing. Proc. of the Int'l Conf. on Software Engineering（ICSE）. Los Alamitos: IEEE Press, 2003: 38-48

[4] 严俊,张健. 组合测试: 原理与方法. 软件学报, 2009, 20(6): 1393-1405

[5] Seroussi G, Bshouty N H. Vector sets for exhaustive testing of logical circuits. IEEE Transactions on Information Theory, 1988, 34(3): 513-522

[6] Yan J, Zhang J. A backtracking search tool for constructing combinatorial test suites. The Journal of Systems and Software, 2008, 81（10）: 1681-1693

[7] Shiba T, Tsuchiya T, Kikuno T. Using artificial life techniques to generate test cases for combinatorial testing. Proc. of the IEEE Annual Int'l Computer Software and Applications Conf.（COMPSAC）. Los Alamitos: IEEE Press, 2004: 72-77

[8] 查日军, 张德平, 聂长海, 等. 组合测试数据生成的交叉熵与粒子群算法及比较. 计算机学报, 2010, 33(10):1896-1908

[9] Yan J, Zhang J. Backtracking algorithms and search heuristics to generate test suites for combinatorial testing. Proc. of the IEEE Annual Int'l Computer Software and Applications Conf.（COMPSAC）. Los Alamitos: IEEE Press, 2006: 385-394

[10] Williams A W, Probert R L. Formulation of the interaction test coverage problem as an integer program. Proc. of the 14th Int'l Conf. on the Testing of Communicating Systems（TestCom）. Berlin: Kluwer, 2002: 283-298

[11] 陈皓, 崔杜武, 崔颖安, 等. 族群进化算法. 软件学报, 2010, 21(5): 978-990

[12] 陈皓, 崔杜武, 严太山, 等. 基于竞争指数的模拟退火排序选择算子. 电子学报, 2009, 37(3): 586-591

[13] Colbourn C J. CA tables for t= 2,3,4,5,6.2009. http://www.public.asu.edu/~ccolbou/src/tabby/catable.html

[14] Hartman A, Raskin L. Problems and algorithms for covering arrays. Discrete Mathematics 2004,284: 149-156

[15] Chateauneuf M, Kreher D L. On the state of strength-three covering arrays. J. Combin. Designs. 2002, 10: 217-238

[16] Martirosyan S, Trung T V. On t-covering array. Designs, Codes and Cryptography, 2004, 32: 23-339